사회복지학개론

류기덕 · 안외자 · 김문수 · 이원주 · 류동수

KNOWLEDGE COMMUNITY 공동체

머리말

우리 사회에서 복지에 대해 본격적인 관심을 갖기 시작한 시기를 1980년대 초반으로 볼 때, 사회복지학은 이제 불혹의 나이에 접어들었다고 볼 수 있다. 이제는 '사회복지'라는 용어가 우리 사회에서 보편적인 단어로 자리매김하고 있다. 전국 대부분의 대학에서 사회복지학을 가르치고, 많은 학생들이 사회복지에 관심을 가지고 있다. 또한 행정부문에서도 '복지'가 중심적 역할을 하고 있다. 과거의 '동사무소'가 '행정복지센터'라고 명칭이 변경될 정도로 사회복지가 우리 사회에 깊숙이 들어와 있으며, 다양한 영역에서 연관되어 있다.

사회복지학은 다양하고, 복합적인 학문체계로 구성되어 있어서 체계적인 학습이 필요하다. 어쩌면 깊이보다는 넓이를 중요시하는 학문으로 사회학, 정치학, 경제학, 법학, 행정학, 심리학 등 다양한 학문을 포함한다. 이러한 학문체계를 이해하기 위해서는 단편적인 지식이나 사고보다는 종합적으로 사고하는 프레임이 필요하다.

사회복지학은 인간의 심리나 행동, 환경 등을 연구하는 실천학문으로 현장에는 사회복지사로서 역할을 해낼 수 있도록 하는 것이 중요하다. 이를 위해서 대학에서 전문적인 지식과 기술, 태도를 갖춘 사회복지사 인력양성이 필요하다. 사회복지학은 현대 지식·정보화 사회에서 클라이언트가 가진 심리적, 정서적 어려움을 어떻게 극복해야 할 것인가? 서비스 제공자는 어떤 지원책을 마련해야 하는가? 등에 대한 방향과 지침을 제공하는 학문이다. 따라서 사회복지학은 어쩌면 전공학문인 성격을 가지면서 국민 모두가 알아야 하는 교양으로 이해하는 것이 필요하다. 이러한 관점에서 이 책의 구성과 특징은 다음과 같다.

첫째, 전체의 구성을 보면 제4부로 되어 있으며, 제1부는 사회복지기초로 사회복지학의 이해, 인간행동과 사회환경에 대한 이해, 사회복지조사의 이해에 관한 내용으로 구성되어 있다. 제2부는 사회복지실천으로 사회복지실천 이론과 기술, 지역사회복지에 대한 이해를 중심으로 구성되어 있다. 제3부는 사회복지 행정과 정책으로 정책이론과 분석틀, 사회보장제도, 사회복지법제와 실천, 행정활동에 필요한 다양한 지식 등으로 구성되어 있다. 제4부는 사회서비스 영역으로 아동복지서비스, 노인복지서비스, 장애인복지서비스에 대한 주요 내용으로 구성되어 있다.

둘째, 이 책의 특징은 기본적인 틀은 사회복지사 1급 시험과목을 중심으로 단원을 구성하였으며, 각 단원마다 기본적인 개념을 파악하는 데 초점을 두고 있다. 대학 신입생인 1학년이 사회복지에 대한 기본적인 개념 위주의 학습을 통해 상위과목을 학습하는 데 도움이 되도록 이해하기 쉽고, 필요한 내용 위주로 기술하였다.

이 책을 저술하는 데 집필자들의 연구를 바탕으로 하였으며, 상호 협력하에서 논리적이고, 체계적으로 서술하여 일부에 치중하지 않고, 개론 과목에 충실하도록 노력하였다. 그럼에도 불구하고 여전히 미흡한 부분은 차후 수정과 보완이 필요하다고 생각한다. 끝으로 출판에 응해 주신 공동체 대표님께 감사드리며, 편집부 직원 선생님들의 노고에 깊이 감사드린다.

2022. 3.

저자 일동

차 례

PART 04 사회서비스

PART 01

사회복지기초

제1장 사회복지학의 이해
제2장 인간행동과 사회환경의 이해
제3장 사회복지조사의 이해

제1부는 사회복지학에서의 기본적인 개념을 중심으로 서술하고 있다. 제1장에서는 사회복지학이 무엇인가에 대해서 알아보았다. 제2장은 인간행동과 사회환경에 대한 내용으로, 인간발달 과정과 이론에 대한 내용이 중심을 이루고 있다. 또한 인간행동이 사회환경에 의해서 영향을 받는 정도를 제시하고 있다. 제3장은 사회복지조사에 대한 내용으로 사회복지서비스를 제공하기 위한 인간의 욕구를 파악하는 데 사용된 다양한 지식과 기술을 서술하고 있다.

Chapter

01 사회복지학의 이해

1. 사회복지 개념과 기능

1) 사회복지의 일반적 개념

(1) 사회복지의 개념

사회복지는 사회(social)라는 부분과 복지(welfare)라는 부분이 합성된 개념으로 볼 수 있다. 여기에서 사회적이라는 개념은 사회 안에서 개인과 집단, 사회 전체의 삶의 질과 관련된 부분을 포함한다. 복지(welfare)라는 개념에서 well은 편안히 잘 지내는 상태나 만족스러운 상태를 의미하고, fare는 일이 잘되어 나간다는 의미를 가진다. 따라서 복지는 만족하고 편안한 상태를 의미하는 목적지향적인 개념과 그러한 상태를 달성하기 위한 활동을 의미하는 수단지향적인 개념을 내포하고 있다.

(2) 협의 및 광의 개념에서 본 사회복지

① 협의의 사회복지 개념

빈곤한 사람이나 노인, 아동, 장애인과 같은 사회적 약자를 대상으로 하는 복지활동을 말한다. 협의의 개념은 사회복지가 꼭 필요한 사람에게 자원을 집중함으로써 경제적 효율성을 높이는 것으로 선별적으로 대상자를 선정한다.

② 광의의 사회복지 개념

개인과 사회 전체의 복지를 증진시키려는 모든 행태의 사회적 노력을 말하는 것으로, 사회정책, 보건, 의료, 고용 등을 포괄하고 있다. 사회문제의 치료와 예방, 인적자원의 개발, 인간 생활의 향상에 직접적인 관련을 갖는 일체의 시책과 과정을 포함한다(Romanyshyn, 1971). 소득분배나 인간의 존엄성, 사회통합 등 보편적인 접근을 선호한다.

2) 사회복지 개념의 분류

(1) 잔여적 복지와 제도적 복지

윌렌스키(Wilensky)와 르보(Lebeaux)는 사회복지의 기능에 따라 사회복지 개념을 잔여적 복지와 제도적 복지로 구분하였다.

① 잔여적 복지(residual welfare)

사회복지를 가족 및 시장경제가 제 기능을 원활히 수행하지 못할 경우 파생되는 문제를 보완·보충·해소하기 위한 제도로 이해한다(공공부조). 이는 평상시에는 가족 및 시장경제 같은 주요 제도들이 제 기능을 수행하기 때문에 사회복지가 불필요하다고 본다. 또한 사회복지제도는 사회 유지와 발전을 위해 제일선(first line)에서 필요한 필수적 기능이 아니며, 안전망(safety-net) 기능을 수행할 뿐이라고 본다. 대표적인 예로 공공부조인 국민기초생활보장제도를 들 수 있다.

② 제도적 복지(institutional welfare)

제도적 복지는 보편주의, 자유주의 이념에 기반을 두고 있다. 현대사회에서는 가족과 시장경제가 평상시에도 온전히 운영되기 힘들기 때문에 사회복지제도가 사회 유지와 발전에 필수적일 수밖에 없다고 본다. 사회복지는 다른 사회제도와 동시에 제일선(first line)에서 기능을 수행하며, 다른 사회제도와 중복되는 기능과 함께 독자적인 기능을 확보한다. 이는 사회문제 발생 원인으로 사회구조적 책임(국가 책임)을 강조하며,

국민의 권리를 강조한다. 제도적 개념의 사회복지는 예방적, 보편적, 포괄적인 성격을 갖는다. 또한 사회복지는 사회통합 효과가 크고 낙인감이 낮다는 장점이 있으나, 필요하지 않은 사람에게도 자원이 배분되기 때문에 비용-효율성이 잔여적 개념의 사회복지에 비해서 떨어지는 측면이 있다. 대표적인 예로 사회보험을 들 수 있다.

(2) 선별적 복지와 보편적 복지

선별적 복지란 사회복지 대상을 사회적 약자나 요보호 대상자로 한정하여 자산조사 등을 통하여 선별한다. 이는 빈곤층을 대상으로 실시하는 공공부조 정책을 말하며, 효율성은 높지만 비인간화와 낙인감을 유발하는 문제점이 있다.

보편적 복지란 사회문제는 사회체계 자체가 불완전하고 불공평해서 발생하는 것으로 보고, 사회복지를 국민의 권리로 보는 입장이다. 기여자와 수혜자를 구별하지 않기 때문에 낙인감이 감소하고, 사회통합 효과가 큰 장점이 있다.

3) 사회복지 개념의 변화

로마니신(Romanyshyn, 1971)은 서구 사회를 중심으로 산업자본주의에서 19세기 후기 산업사회로 변화하면서 사회복지 개념이 자선과 교정, 복지국가, 복지사회로 점차 변화되었다고 설명하고 있다. 전기 산업사회에서 후기 산업사회로 변화되면서 사회복지 관점의 변화를 보면 다음과 같다.

(1) 잔여적 개념에서 제도적 개념으로 변화

잔여적 개념은 사회복지를 시장이나 가족과 같은 정상적인 사회구조를 통하여 욕구를 충족할 수 없는 사람들이 최후로 의지하는 것으로 본다. 이는 응급적이고 일시적인 구호에 그치며, 도움을 필요로 하는 사람들의 성격상의 결합을 강조한다.

반면에 제도적 개념은 변화하는 사회·경제환경에 사람들이 잘 대처하도록 일선에서 돕는 서비스가 현대사회에 필요하다고 본다. 이러한 관점에서 사회복지는 정상적이고, 사회제도로 최일선의 기능을 수행하는 것으로 받아들여지게 되었다.

(2) 자선에서 시민의 권리로 변화

자선으로서 복지가 자선을 바라보는 19세기 중산층의 관점(자선관)을 반영하는 것이라면 시민권으로서의 복지개념은 노동자들이 시민계급으로 성장하는 과정에서 획득한 권리라고 본다. 18세기 노동자들은 신체의 자유, 언론의 자유, 재산의 자유 등 자유권을 확보하고 난 후, 19세기 중반에 와서 정치권(참정권)을 확보했다. 이를 바탕으로 20세기 초반에 사회권으로서 복지에 대한 권리인 사회권(1919년 최초의 생존권 보장 독일의 바이마르 헌법)이 확보되었다.

(3) 특수성에서 보편성으로 변화

사회복지를 빈민에 대한 특별한 서비스로 보는 것에서 벗어나, 많은 사람들이 보편적으로 가지고 있는 욕구를 충족시키는 프로그램으로 보는 것이다. 현대 산업사회에서 실업, 노령, 장애, 사망 등 사회적 위험에 많은 사람들이 노출되어 있기 때문에 보편적인 사회복지 프로그램이 필요하게 되었다.

(4) 최저수준(최저 생활보장)에서 적정수준(최적 생활보장)으로 변화

사회의 경제수준이 높아짐에 따라 사회복지 수준의 기준이 최저(minimum) 수준의 보장으로부터 적정(optimum)수준의 보장으로 이동하였다. 이러한 변화는 절대적인 빈곤 개념을 대체하여 상대적인 빈곤 개념이 등장하게 되면서 더욱 강조되었다.

(5) 개인의 변화에서 사회개혁으로 변화

과거에는 주로 문제의 원인을 개인의 도덕적 결함에서 오는 것으로 보고, 이를 해결하기 위해서 개인을 변화시켜야 한다고 하였다. 그러나 오늘날에는 대부분 사회복지 문제의 발생 원인을 구조적인 사회제도의 결함에서 찾고 있다. 그렇기 때문에 개인의 변화보다는 사회개혁을 강조하고, 사회구조의 변화를 통해 문제를 해결하고자 한다.

2. 사회복지학의 성격

1) 사회복지학의 개념

사회복지학은 본질적으로 인간과 사회문제에 대한 과학적 분석과 문제해결을 위한 노력의 결과로 이루어진 지식체계로 사회과학의 한 분야이다. 그러나 사회과학으로서 사회복지학은 순수 사회과학인 정치학, 경제학, 사회학, 심리학 등의 분야에 비해서 이론의 형성과 발전이라는 측면에서 그 학문적 축적이 상대적으로 빈약한 편이다. 이 점은 사회복지학이 학문으로서 출발한 때가 19세기로 그 역사가 짧을 뿐만 아니라, 순수이론 중심이 아닌 문제해결 중심의 실천지향적인 응용사회과학이라는 특성 때문이다.

그러나 제2차 세계대전 이후 사회복지학은 복지국가로의 발전에 힘입어 학문 내부로부터 다양한 이론개발에 대한 논의와 함께 고유의 연구영역과 방법에 대한 개발에 노력하였다.

사회복지학의 이론적 체계는 크게 사회사업학(social work)과 사회정책학(social policy)으로 구분된다. 사회사업학은 구체적인 문제해결의 실천방법을 중심으로 한 전문직으로서 발전되어 왔다. 반면 사회정책학은 개인의 복지향상을 목적으로 국가가 제공하는 사회서비스와 관련된 제반 사회현상에 대한 연구를 대상으로 발전되었다. 사회사업학은 사회사업의 전문기술 발달로 특히 미국에서 활발한 연구와 실천이 이루어지고 있으며, 사회정책학은 영국에서 사회행정학으로 출발하여 사회서비스와 관련된 연구와 실천이 이루어지지고 있는데, 일반적으로 사회복지학은 이 양자를 모두 포함한다.

2) 사회복지학의 특성

타 학문분야와 비교하여 나타나는 사회복지학의 특성은 다음과 같다.

(1) 다학문적 성격

사회복지학의 학문적 주제가 남을 돕는 원조행위라고 하지만 그 행위는 국가, 기업, 또는 자원단체 등에 의해 시행되는 집합적 행위이기 때문이다. 그것에 대한 이해를 위해서는 사회과학의 여러 분야가 제공되는 지식들의 활용이 요구된다. 이와 같은 다학문적 성격은 사회복지사들로 하여금 사회과학도로서의 긍지를 높여주고 있지만, 그에 못지않게 어려움을 제공해 주고 있다. 왜냐하면 다양한 지식의 습득과 함께 비판 능력을 겸비할 수 있을 정도의 깊이 있는 지식을 습득한다는 것이 쉽지 않기 때문이다. 그뿐만 아니라 상이한 학문분야가 제시하는 이론들 간의 상호연계성을 파악하는 것이 어렵기 때문이다.

(2) 사회과학의 가치성 관련

사회복지의 기본 개념은 개인주의적 전통과 집합주의적 전통으로 대별될 수 있는데, 사회복지학의 주류는 집합주의에 가깝다고 말할 수 있을 정도로 가치지향적인 것이 특징이다. 여기서 사회복지학은 인간의 모든 원조행위를 무차별적으로 취급하는 것이 아니라 영리 목적의 상업적 행위와는 구별될 수 있는 탈상품화를 연구 주제로 하는 것이다. 그뿐만 아니라 클라이언트의 존엄성, 자율성, 그리고 발전가능의 잠재력에 대한 강조에서 볼 수 있듯이 타 학문분야에 비해 특정 가치의 중요성을 인정하고, 수용하는 강도가 높다.

(3) 절충주의적 태도

사회복지가 상호 협동적 사회의 구현을 지향하기 위해 평등의 가치에 대해 핵심적 중요성을 부여하며, 동시에 개개인에게 주어진 과제를 과학적인 방법에 의하여 그 법칙을 규명하는 학문이다. 따라서 사회복지사들은 상대적으로 더 높은 수준의 평형감각을 요구받게 된다. 즉, 이상과 현실, 정신과 물질, 이기심과 이타심, 권리와 의무, 자유와 평등 등과 같은 상호충돌 가능성이 있는 양극단의 어느 하나를 선택하기보다 양자의 장점을 함께 극대화하려는 것이다.

3) 사회복지학의 연구방법

사회현상을 규명하는 사회과학은 경험과학, 역사과학, 실천과학, 인식과학적 특성을 가지고 있는데, 이 특성은 사회복지학의 과학적 성격에서 찾아볼 수 있다. 사회복지학은 경제학, 정치학, 사회학, 심리학, 행정학, 법학, 문화인류학 등에 관한 사회현상을 취급하는 과학이며 이론, 역사, 정책 부분을 포함하고 있다.

사회복지학의 실천은 구체적으로 연구방법론과 직접적인 관련이 있다. 예컨대 사회복지 역사의 연구방법은 크게 두 가지가 있다. 첫째, 사회복지의 대상을 사회·경제적 조건의 변동에 관련시켜 시대적 특징을 확실히 하는 것이다. 즉, 자본주의 발전단계에 대응시켜 당시의 사회복지 대상의 특징을 설명하는 시도이다. 이 방법은 사회복지 외부에 있는 일반적인 사회·경제적 조건에서 사회복지를 연구하는 것이다. 둘째, 사회복지에 있어 원조대상자의 처우원칙, 즉 사회복지적 원조의 목적과 그 목적을 실현하기 위한 방법의 변천 및 대상 인식에 착안하여 여러 가지 사회복지 활동을 관찰하는 것이다.

이렇게 보면 사회복지 역사의 연구방법은 전자를 외재적 연구방법이라고 하고, 후자는 내재적 연구방법이라고 한다. 따라서 전자는 사회·경제·정치적 조건의 변동과 자본주의의 발전단계에 대응시켜 사회복지의 체계를 연구하는 방법이고, 후자는 사회복지 내부의 원조대상의 처우원칙, 원조의 목적과 방법을 연구한다.

4) 사회복지학과 사회과학

현대사회의 사회현상은 매우 복잡하고 다양하여 하나의 학문으로 전체 사회현상을 파악하기가 어렵다. 이러한 사회현상을 잘 이해하기 위해서는 여러 학문분야의 연구를 통한 종합적인 접근이 요청된다. 사회과학의 여러 학문분야는 인접학문과의 다학문적 접근을 통하여 사회현상을 올바르게 파악할 수 있게 된다. 특히 사회복지는 인간의 삶의 질과 관련된 사회적 개입의 체계로서 인접 사회과학 학문과 밀접한 상호관계를 가지고 있다.

사회과학이 사회현상 또는 인간관계 현상을 탐구 대상으로 하는 과학이라면, 사회과학의 하위학문과 실천영역으로서 사회복지는 사회현상, 또는 인간관계에서 나타나는 사회문제에 대처하기 위한 사회적 개입체계이다. 사회과학과 사회복지학의 관계를 분명히 하기 위해서는 사회과학의 발달과정과 그 속에서 사회복지의 등장과 전개를 검토해 보는 방법이 유용할 것이다. 근대 시민사회의 지적 도구로서의 사회과학은 양적, 질적 발전에도 불구하고 기존의 사회과학 영역으로는 해결할 수 없는 인간욕구와 관련되는 사회문제에 직면하게 되었다. 더욱이 자본주의 사회가 성숙하면 할수록 이러한 인간의 욕구와 관련된 사회문제는 단순히 기본적 욕구의 미충족을 넘어서서 불평등, 차별, 소외의 영역까지 확대되었다.

사회복지학의 기본적 성격은 사회적 존재로서의 인간의 생존을 위하여 그들에게 당면하고 있는 사회문제를 과학적 방법으로 해결하려는 학문이다. 그렇기 때문에 문제해결의 영역은 광범위하고 복잡하다. 따라서 사회복지의 학문적 접근은 다양한 학문과 관련이 있다.

① 사회학

사회학은 문화・퍼스낼리티・사회화・사회행동・사회집단 등 사회의 전반을 연구 대상으로 하는 광범위한 학문이다. 이 중에서 사회복지학에 공헌할 수 있는 영역을 보면 사회・경제적 계층에 관한 개념, 지역사회의 성격과 거기서 일어나고 있는 사회적 과정에 대한 개념, 가족의 역할・기능・구조・유형에 대한 내용들이 포함된다.

② 경제학

사회복지사들은 현재 경제적 상황과 경향에 대한 정보를 활용할 수 있어야 한다. 그리고 경제가 개인과 사회복지 프로그램에 미치는 영향을 인식해야 하며, 이에 맞추어 현재와 미래의 프로그램을 계획할 수 있어야 한다. 구체적으로 경제학이 공공복지 프로그램에 준 영향을 보면 적절한 생활수준의 유지와 소득분배, 생활수준의 측정과 결정, 조세와 복지서비스와의 관계, 노동이나 저임금 같은 노동문제에 관한 지식과 자료를 제공해 준다.

③ 정치학

사회복지사들은 기초 사회과학인 정치학의 지식을 가져야 하는데 첫째, 복지서비스에 대한 정부의 기능, 둘째, 정부의 구조와 과정, 역사적 배경, 개인에 대한 관계 및 의미, 정부구조 내에서 사회복지의 위치 및 정부의 발전과정, 셋째, 공공정책의 형성과 개선에 참여할 수 있는 방법에 관한 지식이다.

④ 법학

사회복지는 법적 근거가 있어야 서비스를 제공할 수 있다. 복지권, 환경권 등이 헌법과 사회복지사업법에 기초하여 시행되고 있다. 특히 권리로부터의 사회복지・사회보장을 주장하고 있는 현대사회에서는 특히 법적인 장치로서 복지수급권, 생존권에 대한 지식이 필요하다.

⑤ 심리학

심리학은 원래 독일과 영국에서 시작되었지만 현재는 미국에서 인간의 심층적 이해, 인간이 당면하는 실제적인 문제들의 해결 및 심리장애 치료에 많은 기여를 하고 있다. 심리학은 혼자 있거나 다른 사람과 함께 있는 개인의 마음과 행동의 법칙을 규명하는 과학이다. 심리학이 사회복지학에 기여하고 있는 부분은 인간행동 유형을 규정하고, 개인이 가지고 있는 문제를 해결하는 데 상당한 영향력을 주고 있다.

3. 사회복지의 가치와 윤리

1) 사회복지의 가치

(1) 인간의 존엄성(dignity)

사회복지가 나아가는 본질적인 목적은 바로 인간의 존엄성을 보장하는 것이다. 이는 사람이라면 누구나 국적, 성별, 인종, 종교, 나이, 소속 등 어떠한 것에도 방해 또는 차별받지 아니하고, 그 존재만으로 존중받아야 한다는 천부적 가치에 대한 신념이라고 볼 수 있다. 이러한 인간존중, 존엄성은 인권사상으로 발전하여, 인간은 누구나 존엄한 가치가 있으므로 존중받을 권리가 있다는 신념이 구체화되어 명문화되었다. 1948년 제3차 UN총회에서 '인권에 관한 세계선언'을 하였으며, 이 선언은 오늘날 세계 어디에서나 인권존중, 존엄성에 대한 정도를 평가하는 기본적인 지표가 되고 있다.

모든 사람은 태어나면서부터 자유로우며, 동등하게 존엄성과 권리를 보장받아야 한다. 인간이라는 이유만으로 지구상의 모든 사람들과 똑같은 권리를 가지고 있으며, 이 권리는 양도할 수 없는 것으로, 누구도 빼앗을 수 없는 권리이다. 모든 개인은 자신이 누구든지, 어디에 살든지 관계없이 존엄성을 보장받아야 한다.[1] 이러한 인간존엄에 대한 내용은 우리나라 헌법(제10조)에도 명문화되어 있다. 우리나라 헌법 제10조를 보면 "모든 국민은 인간으로서

1) 세계인권선언문(1948) 제1조

의 존엄과 가치를 가지며, 행복을 추구할 권리를 가진다. 국가는 개인이 가지는 불가침의 기본적 인권을 확인하고 이를 보장할 의무를 가진다"라고 되어있다.

(2) 사회정의(social justice)

사회복지사가 사회적 불의에 직면할 때, 사회정의라는 가치가 중요하게 여겨진다. 사회복지사는 사회적으로 취약계층이라고 불리는 클라이언트를 만나게 되며, 이러한 사람들과 집단을 위해 사회적 변화를 추구한다. 사회복지사의 사회변화를 위한 노력으로는 빈곤, 실업, 차별 등 다양한 불의를 상대하게 되며, 이를 위해 필요한 정보와 서비스, 자원에게 접근, 연계, 제공할 수 있도록 노력하여야 한다. 물론 사회정의가 개인의 가치 및 조직의 가치와 상반될 때에는 딜레마에 빠지게 되기도 한다.

(3) 자유(freedom)

자유는 개인이 언제나 속박에서 벗어나 무엇인가를 할 수 있으며, 동시에 선택할 수 있는 모든 것을 포함한다. 즉, 그 안에는 강요와 강압이 배제되고, 개인이 선택하는 바로 행동할 수 있는 힘과 능력을 가지고 있다는 것을 의미한다. 이러한 자유는 우리나라 헌법 제2장 제12조에서 22조까지 걸쳐 보장되어 있는데, 신체의 자유, 거주 이전의 자유, 직업선택의 자유, 사생활의 비밀, 통신의 비밀, 양심, 종교, 언론・출판, 집회・결사, 학문과 예술의 자유가 바로 그것이다. 사회복지에서 자유라는 가치는 클라이언트의 자기존중성을 보장하며, 비밀보장을 실천하는 가치로 볼 수 있다.

(4) 평등(equality)

평등이란 사람은 모두 인간다운 삶을 영위할 수 있는 권리가 있다는 인간 존엄성과 인권에 대한 신념을 구체화시키고자 하는 가치이다. 일반적으로 평등의 수준에 따라 세 가지로 분류된다.

첫째, 결과의 평등은 일명 수량적 평등이라고도 하는데, 이는 모든 사람에게 욕구나 능력의 차이 없이 사회적 자원을 똑같이 배분하는 것을 의미한다. 이는 곧 사회주의 이념과도 맞물려 있는 가치적 평등이며, 현실적으로는 불가능한 상태로 보고 있다.

둘째, 비례적 평등은 개인의 욕구, 노력, 능력, 기여에 따라 사회적 자원을 배분하는 공평을 개념으로 보는 것이다. 결과적 평등은 현실적으로 불가능하며, 비례적 평등은 자본주의 사회에서 당연하게 받아들여지는 평등의 개념이다.

셋째, 기회의 평등이란 얼핏보면 기회의 평등이 모든 평등의 기본 요소라고 느껴지지만, 결국은 결과의 평등은 생각하지 않은 채 기회만 주어지는 극히 제한적이며 소극적인 평등의 개념이다. 개인의 능력은 상관없이 과정상의 기회, 참여의 기회만 똑같으면 괜찮다는 것이다.

(5) 사회적 연대(social solidarity)

사회적 연대란 두 사람 이상이 무슨 일을 함께 하거나 책임지는 것을 의미하며, 인간의 사회성에 대한 의미를 담고 있다. 사회적 연대를 통해 취약계층의 이익을 대변하며, 이는 곧 사회적으로 소외된 계층의 사회적 통합을 지원하게 된다. 사회 전체가 상호의존성을 기반으로 안정이 강화되어 공동체 기능이 강화될 수 있도록 하게 한다. 역사적으로 볼 때 인보관 운동을 통하여 사회적 연대는 오랜 역사성을 가지고 실천되어 왔으며, 사회복지 측면에서는 지역사회복지 향상을 위해 중요하게 생각되어야 할 가치로 평가되고 있다.

2) 사회복지의 윤리

사회복지는 인간의 가치와 존엄성을 전제로 사회정의의 필요성을 옹호하며, 개인과 집단의 개별적 차이를 존중하고 보호하는 실천학문이다. 또한 사회복지는 사회구성원의 존엄성을 유지·발전시키기 위하여 공정한 사회구조를 제공하는 것을 목표로 하는 인권 전문직이라 할 수 있다.

사회복지사가 인간을 어떻게 생각하는가는 클라이언트를 돕는 서비스의 질과 정책 결정에 중대한 영향을 미친다. 따라서 사회복지사는 사회복지실천에 관한 지식과 기술 습득에 앞서 진지한 철학적·윤리적 고뇌를 필요로 한다. 각 대학에서는 사회복지 전공자가 사회복지 현장에 나가기 전에 다양한 훈련 기회를 제공하여 도덕적인 품성과 자세를 갖추게 할 의무가 있다. 또한 삶에 질문을 던져 좋은 사고를 할 수 있도록 돕는 것이 철학이고, 좋은 사고를 옳은 행동으로 실천하도록 이끄는 것이 윤리이다.

대학에서 사회복지를 전공하는 학생들은 사회복지사가 왜 윤리와 철학을 필수로 이해해야 하는지에 대한 답을 발견해야 할 것이다. 이렇게 윤리와 철학은 인간존엄을 바탕으로 클라이언트 문제를 해결하기 위한 가치판단의 기준과 옳은 행동 지침을 제공하는 데 의의가 있다.

윤리란 어떤 행동에 대한 옳고 그름을 나타내는 판단기준으로 사회복지사가 반드시 지켜야 하는 행동원칙이나 지침을 말한다. 사회복지사는 현장에서 윤리적 딜레마를 경험하는데, 두 가지 혹은 그 이상의 도덕적 원칙이나 의무가 모두 나름대로의 장단점이 있어 명확한 결정을 내리기 어렵다. 윤리적 딜레마는 두가지 이상의 가치나 원칙, 의무 등이 상충하여 발생하는 것이다. 로웬버그와 돌고프(Lowenberg & Dolgoff)의 윤리적 기준틀을 보면 다음과 같다.

〈표 1-1〉 **로렌버그와 돌고프 윤리적 기준틀**

단 계	윤리원칙	주요 내용
윤리원칙1	생명보호의 원칙	• 인간의 생명보호가 다른 모든 것보다 우선한다.
윤리원칙2	평등 및 불평등의 원칙	• 능력이나 권력이 같은 사람들은 똑같이 취급받을 권리가 있고, 능력이나 권력이 다른 사람들은 다르게 취급받을 권리가 있다.
윤리원칙3	자율과 자유의 원칙	• 클라이언트의 자율성과 독립성, 그리고 자유는 중시되나 무제한적인 것은 아니라는 것으로서 자신이나 타인의 생명을 위협하거나 학대할 권리 등은 없다.

윤리원칙4	최소 해악(최소 손실)의 원칙	• 선택 가능한 대안이 모두 유해할 경우에는 가장 최소한으로 유해한 것을 선택해야 한다.
윤리원칙5	삶의 질의 원칙	• 지역사회는 물론이고, 개인과 모든 사람의 삶의 질을 좀 더 증진시킬 수 있는 것을 선택해야 한다.
윤리원칙6	사생활 보호와 비밀보장의 원칙	• 실천가가 클라이언트에 대해서 알게 된 사실을 다른 사람에게 공개해서는 안된다.
윤리원칙7	성실(진실성과 완전공개)의 원칙	• 클라이언트와 여타의 관련된 당사자에게 오직 진실만을 이야기하여 모든 관련 정보를 완전히 공개해야 한다.

3) 우리나라 사회복지사 윤리강령

(1) 사회복지사의 윤리강령 전문

사회복지사는 인본주의·평등주의 사상에 기초하여, 모든 인간의 존엄성과 가치를 존중하고 천부의 자유권과 생존권의 보장활동에 헌신한다. 특히 사회적, 경제적 약자들의 편에 서서 사회정의와 평등, 자유와 민주주의 가치를 실현하는 데 앞장선다. 또한 도움을 필요로 하는 사람들의 사회적 지위와 기능을 향상시키기 위해 저들과 함께 일하며, 사회제도 개선과 관련된 제반 활동에 주도적으로 참여한다.

사회복지사는 개인의 주체성과 자기결정권을 보장하는 데 최선을 다하고, 어떠한 여건에서도 개인이 부당하게 희생되는 일이 없도록 한다. 이러한 사명을 실천하기 위하여 전문적 지식과 기술을 개발하고, 사회적 가치를 실현하는 전문가로서의 능력과 품위를 유지하기 위해 노력한다.

이에 우리는 클라이언트·동료·기관 그리고 지역사회 및 전체 사회와 관련된 사회복지사의 행위와 활동을 판단, 평가하며 인도하는 윤리기준을 다음과 같이 선언하고 이를 준수할 것을 다짐한다.

(2) 사회복지사의 기본적 윤리기준

① 전문가로서의 자세

첫째, 사회복지사는 전문가로서의 품위와 자질을 유지하고, 자신이 맡고 있는 업무에 대해 책임을 진다.

둘째, 사회복지사는 클라이언트의 종교, 인종, 성, 연령, 국적, 결혼상태, 성취향, 경제적 지위, 정치적 신념, 정신, 신체적 장애, 기타 개인적 선호, 특징, 조건, 지위를 이유로 차별 대우를 하지 않는다.

셋째, 사회복지사는 전문가로서 성실하고 공정하게 업무를 수행하며, 이 과정에서 어떠한 부당한 압력에도 타협하지 않는다.

넷째, 사회복지사는 사회정의 실현과 클라이언트의 복지 증진에 헌신하며, 이를 위한 환경 조성을 국가와 사회에 요구해야 한다.

다섯째, 사회복지사는 전문적 가치와 판단에 따라 업무를 수행함에 있어, 기관 내외로부터 부당한 간섭이나 압력을 받지 않는다.

여섯째, 사회복지사는 자신의 이익을 위해 사회복지 전문직의 가치와 권위를 훼손해서는 안 된다.

일곱째, 사회복지사는 한국사회복지협회 등 전문가 단체 활동에 적극 참여하여, 사회정의 실현과 사회복지사의 권익옹호를 위해 노력해야 한다.

② 전문성 개발을 위한 노력

첫째, 사회복지사는 클라이언트에게 최상의 서비스를 제공하기 위해, 지식과 기술을 개발하는 데 최선을 다하며 이를 활용하고 전파할 책임이 있다.

둘째, 클라이언트를 대상으로 연구하는 사회복지사는 저들의 권리를 보장하기 위해, 자발적이고 고지된 동의를 얻어야 한다.

셋째, 연구과정에서 얻은 정보는 비밀보장의 원칙에서 다루어져야 하고, 이 과정에서 클라이언트는 신체적, 정신적 불편이나 위험, 위해 등으로부터 보호되어야 한다.

넷째, 사회복지사는 전문성을 개발하기 위해 노력하되, 이를 이유로 서비스의 제공을 소홀히 해서는 안 된다.

다섯째, 사회복지사는 한국사회복지사협회 등이 실시하는 제반교육에 적극 참여하여야 한다.

③ 경제적 이득에 대한 태도

첫째, 사회복지사는 클라이언트의 지불능력에 상관없이 서비스를 제공해야 하며, 이를 이유로 차별대우를 해서는 안 된다.

둘째, 사회복지사는 필요한 경우에 제공된 서비스에 대해, 공정하고 합리적으로 이용료를 책정해야 한다.

셋째, 사회복지사는 업무와 관련하여 정당하지 않은 방법으로 경제적 이득을 취하여서는 안 된다.

(3) 사회복지사의 클라이언트에 대한 윤리기준

① 클라이언트와의 관계

첫째, 사회복지사는 클라이언트의 권익옹호를 최우선의 가치로 삼고 행동한다.

둘째, 사회복지사는 클라이언트의 대하여 인간으로서의 존엄성을 존중해야 하며, 전문적 기술과 능력을 최대한 발휘한다.

셋째, 사회복지사는 클라이언트가 자기결정권을 최대한 행사할 수 있도록 도와야 하며, 저들의 이익을 최대한 대변해야 한다.

넷째, 사회복지사는 클라이언트의 사생활을 존중하고 보호하며, 직무수행과정에서 얻은 정보에 대해 철저하게 비밀을 유지해야 한다.

다섯째, 사회복지사는 클라이언트가 받는 서비스의 범위와 내용에 대해, 정확하고 충분한 정보를 제공함으로써 알 권리를 인정하고 존중해야 한다.

여섯째, 사회복지사는 문서, 사진, 컴퓨터 파일 등의 형태로 된 클라이언트의 정보에 대해 비밀보장의 한계, 정보를 얻어야 하는 목적 및 활용에 대해 구체적으로 알려야 하며, 정보 공개 시에는 동의를 얻어야 한다.

일곱째, 사회복지사는 개인적 이익을 위해 클라이언트와의 전문적 관계를 이용하여서는 안 된다.

여덟째, 사회복지사는 어떠한 상황에서도 클라이언트와 부적절한 성적 관계를 가져서는 안 된다.

아홉째, 사회복지사는 사회복지 증진을 위한 환경조성에 클라이언트를 동반자로 인정하고 함께 일해야 한다.

② 동료의 클라이언트와의 관계

첫째, 사회복지사는 적법하고도 적절한 논의 없이 동료 혹은 다른 기관의 클라이언트와 전문적 관계를 맺어서는 안 된다.

둘째, 사회복지사는 긴급한 사정으로 인해 동료의 클라이언트를 맡게 된 경우, 자신의 의뢰인처럼 관심을 갖고 서비스를 제공한다.

(4) 사회복지사의 동료에 대한 윤리기준

① 동료

첫째, 사회복지사는 존중과 신뢰로서 동료를 대하며, 전문가로서의 지위와 인격을 훼손하는 언행을 하지 않는다.

둘째, 사회복지사는 사회복지 전문직의 이익과 권익을 증진시키기 위해 동료와 협력해야 한다.

셋째, 사회복지사는 동료의 윤리적이고 전문적인 행위를 촉진시켜야 하며, 이에 반하는 경우에는 제반 법률규정이나 윤리기준에 따라 대처해야 한다.

넷째, 사회복지사가 전문적인 판단과 실천이 미흡하여 문제를 야기시켰을 때에는, 적절한 조치를 취하여 클라이언트의 이익을 보호해야 한다.

다섯째, 사회복지사는 전문직 내 다른 구성원이 행한 비윤리적 행위에 대해, 제반 법률규정이나 윤리기준에 따라 조치를 취해야 한다.

여섯째, 사회복지사는 동료 및 타 전문직 동료의 직무 가치와 내용을 인정, 이해하며, 상호 간에 민주적인 직무관계를 이루도록 노력해야 한다.

② 수퍼바이저

첫째, 수퍼바이저는 개인적인 이익의 추구를 위해 자신의 지위를 이용해서는 안 된다.

둘째, 수퍼바이저는 전문적 기준에 의해 공정하게 책임을 수행하며, 사회복지사, 수련생, 실습생에 대한 평가는 저들과 공유해야 한다.

셋째, 사회복지사는 수퍼바이저의 전문적 지도와 조언을 존중해야 하며, 수퍼바이저는 사회복지사의 전문적 업무수행을 도와야 한다.

넷째, 수퍼바이저는 사회복지사, 수련생 및 실습생에 대해 인격적, 성적으로 수치심을 주는 행위를 해서는 안 된다.

(5) 사회복지사의 사회에 대한 윤리기준

첫째, 사회복지사는 인권존중과 인간평등을 위해 헌신해야 하며, 사회적 약자를 옹호하고 대변하는 일을 주도해야 한다.

둘째, 사회복지사는 필요한 사회서비스를 개발하기 위한 사회정책의 수립, 발전, 입법, 집행에 적극적으로 참여하고 지원해야 한다.

셋째, 사회복지사는 사회환경을 개선하고 사회정의를 증진시키기 위한 사회정책의 수립, 발전, 입법, 집행을 요구하고 옹호해야 한다.

넷째, 사회복지사는 자신이 일하는 지역사회의 문제를 이해하고, 그것을 해결하는 일에 적극적으로 참여해야 한다.

(6) 사회복지사의 기관에 대한 윤리기준

첫째, 사회복지사는 기관의 정책과 사업 목표에 달성, 서비스의 효율성과 효과성의 증진을 위해 노력함으로써, 클라이언트에게 이익이 되도록 해야 한다.

둘째, 사회복지사는 기관의 부당한 정책이나 요구에 대하여, 전문직의 가치와 지식을 근거로 이에 대응하고 즉시 사회복지윤리위원회에 보고해야 한다.

셋째, 사회복지사는 소속기관 활동에 적극 참여함으로써, 기관의 성장발전을 위해 노력해야 한다.

(7) 사회복지윤리위원회의 구성과 운영

첫째, 한국사회복지사협회는 사회복지윤리위원회를 구성하여, 사회복지윤리실천의 질적인 향상을 도모하여야 한다.

둘째, 사회복지윤리위원회는 윤리강령을 위배하거나 침해하는 행위를 접수받아, 공식적인 절차를 통해 대처하여야 한다.

셋째, 사회복지사는 한국사회복지사협회의 윤리적 권고와 결정을 존중하여야 한다.

4. 사회복지제도의 발달

1) 영국 구빈법 시대 사회복지 발달과정

(1) 엘리자베스 구빈법(The Elizabethan Poor Law, 1601)

엘리자베스 구빈법(The Elizabethan Poor Law, 1601)은 빈민구제를 국가(정부) 책임으로 인식하고 빈민에 대해 전국적 단위로 국가가 공적부조를 실시하였다. 이는 구빈행정 체계(추밀원, 치안판사, 구빈감독관)를 국가 중심으로 개편하였으며, 강제적이고 처벌적인 성격을 가지고 있었다. 노동능력에 따라서 빈민을 구분하고 차등적으로 처우하였는데 빈민의 구분은 다음과 같다.

〈표 1-2〉 엘리자베스 구빈법의 빈민 구분

빈민의 구분	주요 내용
노동능력이 있는 빈민	• 작업장이나 교정원에서 강제노동을 실시하였으며, 노동을 거부하면 형벌에 처하도록 하였다.
노동능력이 없는 빈민	• 구빈원이나 자선원에 수용하여 최소한의 구제를 제공하며(원내구제), 집이 있는 경우 원외구호를 허용하여 의식주를 위한 현물을 지급하였다.
요보호 아동	• 강제로 도제로 보내거나 고아원에 수용하여 위탁보호하였다.

엘리자베스 구빈법의 운영상의 특징을 보면, 각 지역 치안판사의 지도하에 구빈감독관을 각 교구에서 임명하여, 구빈감독관이 빈민에 대한 급여, 교구민에 대한 세금징수 업무를 수행하였다.

전달체계는 교구 중심의 지방행정을 단위로 하였고, 각 교구는 그 지역에서 구빈세를 부과하여 지역의 빈곤에 대한 책임을 졌다. 그 재정은 교구단위로 자치적으로 운영하도록 하였다(빈민의 국가 책임, 구빈행정체계 구축, 구빈세, 교구단위 자치 운영 등).

엘리자베스 빈민법은 교구 내 빈민의 수에 따라 구빈세의 부담과 급여수준에 편차가 클 수밖에 없었고, 교구 간 급여 차이로 빈민들이 처우가 더 나은 교구로 이동하는 문제가 발생하였다.

(2) 정주법(The Settlement Act, 1662)

정주법은 대규모 농영지주들의 요구를 반영해 제정된 법으로 당시 무너져가는 장원제를 지키기 위해, 특히 농촌지역 노동자들의 이주를 제한하기 위한 목적으로 제정된 법이다. 정주법(The Settlement Act, 1662)은 빈민들의 자유로운 이동을 금지하여 빈곤문제를 교구단위로 해결하고자 하였다(거주지 제한법, 자유로운 이동금지, 농촌노동자 이주 제한 조치).

(3) 작업장법(The Workhouse Act, 1772)

작업장법은 18세기 중상주의[2] 이념을 배경으로 빈민의 노동력을 활용해 국가의 부를 증대시키고자 하는 의도로 제정되었다. 노동능력이 있는 빈민을 수용하여 강제로 노동을 시키기 위해 설립된 시설로 작업장(workhouse)을 설치하였다

작업장법의 주요 내용은 첫째, 구빈감독관과 교회 집사들에게 작업장을

2) 중상주의는 16~18세기 300년간 유럽의 경제정책 및 경제사상으로 상업자본(유통)의 중요성을 강조한 정책으로 국가를 부강하게 하는 것은 근면과 성실한 노동력이라고 보고 있다. 근면한 빈민의 노동이 국부와 직결된다고 보면서 빈민들의 나태 제거와 노동윤리, 빈민들에 대한 저임금 지급을 강조하였다.

건립할 수 있는 권한, 둘째, 작업장에 빈민을 고용하고 수용하도록 민간업자와 계약할 수 있는 권한, 셋째, 작업장 입소를 거부하는 빈민에게 구제를 제공하지 않을 권한 등을 부여하였으며, 넷째, 빈민의 노동력 활용을 위해 작업장을 적극 활용하고, 이를 위해 교구 연합 공동작업장을 설치할 수 있도록 하였다.

작업장법의 문제점은 작업장에서 생산된 생산물은 사기업에서 생산된 물품에 비해서 경쟁에서 떨어지며, 경영면에서도 열악하여 오히려 교구민의 세 부담만 증가하였다. 그리고 빈민의 혹사, 노동력의 착취 등 많은 문제가 발생하였다. 그러나 이는 오늘날 자활 프로그램과 유사한 성격을 지닌 제도라고 볼 수 있다.

(4) 길버트법(The Gilbert's Act, 1782)

이 법은 작업장 빈민의 비참한 생활과 착취를 개선할 목적으로 제정된 인도주의적 제도이다. 노동능력이 있는 빈민과 실업자에 대해 작업장보다는 인근의 직장에 취업하도록 알선해 주는 원외구호를 장려하였다. 영세한 교구들이 연합해 공동으로 작업장을 설립할 수 있도록 하여 작업장 운영비용을 절감하도록 하였다. 교구연합은 최초로 유급 구빈사무원(오늘날 사회복지사)을 채용하였으며, 원외구제 확대로 교구민의 구빈세 부담을 가중시켰다.

(5) 스핀햄랜드법(The Speenhamland Act, 1795)

이 법의 제정 목적은 노동자의 최저생활을 보장하기 위한 것이며, 길버트법과 더불어 인도주의 성격을 갖는 제도이다. 최저생계비를 설정하여 최저생활 기준에 미달되는 임금의 부족액을 보조하는 임금보조제도로 전국적으로 시행하였다. 이때 최저생계비는 생활비(빵 가격 중심)와 부양가족 수에 따라 다르게 정하였다.

저임금 노동자의 임금에 대해 최저생계비에 모자라는 부분을 지방세(구빈세)에서 보조하여 최저생계를 보장했으며, 빵 가격 인상에 대응해 임금 보조금도 인상하였다.

이 법의 의의는 빈민구제에서 최초로 가족수를 고려하였으며, 오늘날 가족수당이나 최저생활보장의 기반이 되었다는 것이다. 경제적 불황기에 최소한의 생계보장이 안 되는 노동자의 보호권리를 인정하였다.

한계로는 구빈지출 비용의 증가로 구빈세 부담을 증가시켜 불만이 가중되었고, 이러한 불만은 1834년 신구빈법 제정에 큰 영향을 미치게 되었다. 신구빈법에서는 이 임금보조제도를 전면 철폐하고 작업장 내 노동을 다시 강조하게 되었다. 이 법의 임금보조정책은 빈민의 독립심과 노동동기와 노동능률을 저하시켰다(임금보조, 노동자의 최저생활보장, 최저생계비, 노동동기 저하).

(6) 공장법(Factory Act, 1883)

이 법은 공장에서 비인도적인 처우를 받는 아동을 위해 만들어진 법으로 아동의 노동조건과 작업환경 개선(아동의 야간노동 금지, 9세 이하 아동 고용금지, 공장 감독관의 파견, 노동시간에 대한 교육, 위생환경 개선 등)을 목표로 이루어졌다. 공장법은 아동노동복지법의 효시로 볼 수 있으며, 노동시간을 비롯한 노동조건을 규제하는 최초의 법으로 평가된다. 사회적 강자를 규제하고, 약자를 보호하기 위한 국가의 간섭이 점차 보건위생, 주택 등 다른 영역으로 확대되어 가는 계기를 마련해 주었다.

(7) 신구빈법(개정구빈법, The New Poor Law, 1834)

개정구빈법은 스핀햄랜드제도(구빈세 재원의 임금보조제도) 등으로 구빈비용이 증가한 것에 대한 불만이 증가하고, 구빈세 부담이 크게 증가하여 지주계급들이 불만을 가지게 되어 등장하게 되었다. 기존 구빈법이 교구단위로 하여 자치적으로 재정을 운영하다 보니 지역 간 부담 정도와 급여수준에 편차가 발생하였다. 작은 교구와 농어촌교구가 큰 교구와 산업지역교구보다 비용부담이 증가하였다.

1820년대에 들어오면서 구빈제도에 대한 불만의 표출이 확대되면서 지주

계급 외에 농업노동자들이 구빈원을 공격하는 일이 발생하였다. 이에 따라서 왕립구빈법조사위원회가 발족되어 2년간 조사활동으로 구빈법을 대폭 개정한 신구빈법을 1834년에 실시하였다.

1834년에 실시한 신구빈법은 길버트법이나 스핀햄랜드법이 가지는 인도주의적인 경향을 줄이고, 억압정책으로 다시 회귀하는 원칙을 확립하였다. 신구빈법의 3대 원칙을 보면 다음과 같다.

① 전국적 균일처우의 원칙

빈민의 처우를 전국적으로 통일한다는 원칙으로 구빈법의 행정단위를 교구연합으로 변경하였다. 이로써 지방행정의 중앙집권화를 통해서 전국의 구빈행정을 지휘·통제하게 되었다.

② 열등처우의 원칙

국가로부터 구제받는 자의 처우는 최하층 노동자의 생활조건보다 낮아야 한다는 원칙이다. 이 원칙은 오늘날 공공부조 수급자의 생활수준이 최저임금 노동자의 생활수준보다 높지 않아야 한다는 것이다. 이는 형평성에 부합한다는 공공부조의 암묵적인 원칙을 말하며, 노동 가능한 빈민에 대한 구제를 국가가 거절할 수 있는 법적 근거를 제공하였다.

③ 작업장 수용의 원칙

원칙적으로 원외구제를 제한하는 것으로 노동능력자 및 그 가족에 대한 구제는 작업장 내에서만 제공되는 것으로 한정한다. 작업장 내에서는 제복 착용, 열악한 식사, 식사 중 대화 금지, 면회 금지, 담배 및 홍차금지, 선거권 박탈 등 다양한 제한이 있었다.

2) 영국의 민간복지활동

(1) 자선조직협회(C.O.S: Charity Organization Society)

자선조직협회의 설립은 1861년 런던에 640여 개 자선단체가 존재하였다. 이들의 자선사업 지출 규모는 구빈법 지출을 상회하는 수준이었으나 자선단체들 간의 협력이나 연대, 조정이 이루어지지 않았다. 이로 인하여 자원의 낭비, 무분별한 자선에만 의지하려는 도덕적 타락 등 다양한 문제가 발생하였다.

이러한 문제를 해결하기 위해서 자선단체들 간의 협력과 정보교환을 통해 자선의 효율성을 높일 수 있는 조직적 활동을 펼치기 위해 1869년 영국 런던에 최초의 자선조직협회(C.O.S: Charity Organization Society)가 설립되었다.

자선조직협회의 설립 목적은 자선단체와 구빈법, 자선단체들 간 협력과 조정을 통해 중복과 누락을 없애고, 빈민에 대한 적절한 조사에 기초한 알맞은 원조를 제공하여 빈민의 생활조건을 향상시키는 데 목적이 있다.

자선소직협회에서 빈곤을 바라보는 입장을 보면 빈곤의 원인과 책임은 사회구조가 아니라 빈곤한 개인의 성격적 결함(도덕적 실패)과 나태함에 있다고 보고 있다. 빈민도 근면, 자조, 검약의 미덕을 행하면 빈곤을 탈피할 수 있다고 보고 있다. 따라서 빈곤 구제의 핵심은 사회개혁이 아닌 빈민의 변화에 있다는 것이다.

자선조직협회의 실천방법 및 특징을 보면, 자선의 중복과 낭비를 방지하기 위해 자선단체들을 등록하여 그들의 활동을 조사하였다. 클라이언트의 상황에 대한 철저한 조사와 평가(자산조사 및 상태조사)를 기초로 원조를 제공하고자 하였으며, 자선의 과학화를 추구하였다. 우애방문원들의 빈곤가정 방문을 통해 빈민의 도덕성을 교정·교화하고자 하였다. 빈곤가정을 직접 방문하는 우애방문원의 훈련을 위한 지침서에는 호별방문의 조건과 방문원의 자질, 방문 시 유의사항들이 상당히 자세히 기술되어 있었다.

자선조직협회는 과학적 자선(scientific charity)에 기초를 마련하였으며, 사회조사(social survey) 기술의 발전과 사회사업 종사자의 훈련에 기여하였다. 자선조직협회는 산발적이고 자의적이던 구제사업을 조정하였으며, 당초 계획만큼 성공을 거두지 못했지만, 빈곤대책의 사회적 조직화의 필요성을 제기한 점에서 의의를 찾을 수 있다.

자선조직협회는 우애방문원에 의한 면밀한 개별 조사, 대상자 선정을 위한 위원회 사례회의, 그 과정을 통해 축적된 방대한 양의 케이스 등은 서비스의 개별화와 더불어 개별사회사업(casework) 발전의 기틀을 마련해 주었다. 초기에는 무급봉사자였던 우애방문원을 유급 직원화하면서 전문적이고, 체계적인 개입이 이루어지게 되었으며, 이러한 과정을 통해 자선활동이 전문적인 사회복지활동으로 발전해 갈 수 있게 되었다.

지선조직협회는 어떤 문제를 바라볼 때 항상 가족이라는 장에서 고려하였다. 실례로 1946년에 자선조직협회 명칭이 가족복지협회(Family Welfare Association)로 개칭되어 현재까지 명맥이 유지되고 있다.

(2) 인보관 운동(Settlement House Movement)

인보관 운동이란 빈곤문제가 심각한 지역사회 문제를 해결하기 위해 지식인이 그 지역에 현지 정착(settlement)해 함께 살면서 지역사회의 문제를 해결하고자 하는 운동이다. 여기에서 지역사회 문제란 빈곤, 비위생뿐만 아니라 지역주민이 그것을 문제라고 인식하지 못하는 문제, 그 문제해결에 주민 자신은 아무런 역할도 할 수 없다고 생각하는 문제도 포함되었다.

인보관 운동의 빈곤관과 활동 방향은 다음과 같다. 빈곤은 개인의 성격, 생활습관 때문에 발생하는 게 아니라 사회적 문제이다. 따라서 국가의 적극적 개입, 사회개혁을 통해서만 해결이 가능하다. 그러나 국가개입에 의한 사회개혁만으로는 불가능하기 때문에 빈부 간 사회적 격차를 줄이기 위해서는 지식인이 빈곤지역에 정착해 빈민과 함께 살면서 그 지역의 생활환경을 개선하는 것이 필요하다. 빈곤과 고통의 원인이 주로 환경적 요인에 있으므로 주택, 공중보건, 고용착취 등의 환경개선을 위한 활동에 주력해야 한다.

또한 교육의 부족은 빈민의 주체성을 훼손하므로, 지식인이 빈곤지역에 정착하여 생활하면서 교육적인 환경을 창출함으로써 그러한 문제를 완화할 수 있다. 이들은 빈곤지역에 들어가 함께 거주(Residence)하며, 지역 환경을 조사(Research)하고, 주택 · 공중보건 · 고용착취 등의 사회문제를 해결하고, 생활환경을 개선하고자 빈민보호를 위한 조직화, 입법활동 등을 통한 사회개혁(Reform)에 노력하였다(3R: Residence, Research, Reform 실천). 인보관 운동은 집단사회복지 발전의 기초가 되었으며, 지역사회복지(community welfare)의 기본적 모형을 제공하였다. 또한 인보관운동은 사회복지실천모델들 중에서 권한부여모델(empowerment model)의 기원으로 볼 수 있다.

인보관 운동과 자선조직협회를 비교하면 다음과 같다.

〈표 1-3〉 자선조직협회와 인보관 운동의 비교

구분	자선조직협회	인보관 운동
이념 및 이론	• 사회진화론, 인도주의와 박애사상	• 사회 교육 및 사회개혁
주요 활동가	• 중산층 부인 중심 자원봉사자(우애방문원)	• 대학생, 교수 등 지식인
도덕성에 대한 관점	• 기독교적 도덕성을 강조 • 빈자의 나태함을 비난 • 가치 있는 빈민과 가치 없는 빈민을 나누어 선별적으로 도움을 제공	• 도덕성의 다양한 관점
빈곤의 원인	• 개인책임 강조	• 사회구조(환경요인)적인 책임 강조
활동목표	• 개인의 변화	• 사회의 변화
강조점	• 자선의 효율성	• 지역사회 참여를 통한 빈곤문제의 해결
실천 장소	• 가정방문과 자산조사 실시	• 빈곤지역에 거주하며 3R실천
영 향	• 과학적 자선을 시작, 개별사회사업, 사회복지조사 발전에 기여	• 집단사회사업, 지역사회복지발전에 기여
최 초	• 영국 런던(1869), 미국 뉴욕(1877)	• 영국 런던 토인비홀(1884), 미국 뉴욕 그린길드(1886)

3) 사회보험제도의 등장과 전개

(1) 사회보험제도 도입의 특징

사회보험제도 도입의 특징을 보면 대체로 가부장제도가 강한 국가일수록 사회보험이 상대적으로 쉽게 도입되었고(독일), 자유주의 전통이 강한 국가일수록 사회보험 도입에 많은 시간이 걸렸다(미국). 사회보험은 본인의 의사와 관계없이 일정한 조건이 충족되면 강제 가입하는 것이기 때문에, 상대적으로 자유주의 전통이 강한 사회에서는 개인의 자유에 반하는 국가개입을 반대하는 정서가 강하게 작용하였다. 영국의 사회보험은 노동자 정당과 우호적 관계에 있던 자유당 정권(로이드 조지)에 의해, 독일은 사회통제의 성격을 띤 권위주의적개혁(비스마르크)을 통해 이루어졌다.

(2) 영국의 사회보험제도 도입 과정

1906년 총선에서 자유당이 집권보수당을 누르고 다수당이 되어 제1차 세계대전이 발발한 1914년까지 개혁정책을 추진하였다. 이 시기인 1911년에 사회보험이 국민보험법이라는 명칭으로 시행되었다. 자유개량시대에 각종 사회입법이 추진된 배경에는 노동자 정당인 노동당의 압력과 사회개혁에 대한 노동자의 강력한 요구가 있었다.

1911년 국민보험법은 제1부는 건강보험법으로 독일의 건강보험을 모델로 추진되었다. 제2부는 실업보험으로 저임금으로 매우 불안정한 고용형태라고 알려졌던 직종들의 종사자를 대상으로 실시하였다.

(3) 베버리지 보고서(Beveridge Report, 1942)

① 배경 및 5대 사회악, 3대 전제조건

영국은 1941년 6월 사회보험 및 관련 사업에 관한 각 부처 연락위원회를 구성하였다. 기존의 사회보험과 복지 프로그램의 전면 재검토를 한 결과 1942년에 획기적인 개혁내용이 담긴 보고서인 베버리지 보고서를 발표하였다.

당시 영국의 사회문제를 무지(ignorance), 불결(squalor), 나태(idleness), 궁핍(want), 질병(disease) 등 5대 사회악으로 규정하고, 이 중 궁핍을 제거하기 위한 것이 사회보장이라고 보았다. 베버리지는 여러 사회보장제도 중에서 사회보험을 가장 중시했다. 사회보험의 성공을 위한 3대 전제로 완전고용, 포괄적 의료서비스, 보편적 가족(아동)수당을 제시했다. 베버리지 이념의 핵심은 보편주의로 모든 시민을 포함하며 동일급여를 제공한다는 것이다.

② 사회보장계획의 주요 내용

사회보장 대상에 모든 시민을 포함하고, 대상자 집단을 경제적 곤란의 원인과 그 보호방법에 따라 분류한다. 연금은 자산조사 없는 정액제에 최저수준 이상이어야 한다. 재정은 피보험자, 사용자, 국가가 공동 부담한다. 소득과 관계없이 모든 국민이 정액의 갹출금을 낸다. 사회보험으로 해결되지 않는 부분은 근대적이고, 인도주의적인 공공부조가 담당한다.

3대 원리로 첫째, 포괄성의 원리인 조직 형태를 일원화하여, 전 국민에게 적용한다(보편주의 원리). 둘째, 평등성의 원리로 모든 국민에게 동일(균일)한 갹출(기여)과 급여를 적용한다. 셋째, 국민최저수준[3)]의 원리로 다른 자산이 없어도 최저생활이 가능할 수 있는 최저생활보장의 급여 수준을 설정한다.

③ 6대 기본 원칙

베버리지 보고서에서 제시한 6대 기본 원칙을 보면 다음과 같다.

〈표 1-4〉 베버리지 보고서 6대 기본 원칙

구 분	주요 내용
충분한 급여	• 급여수준은 일상생활을 영위하는 데 충분할 정도가 되어야 한다.
정액급여	• 급여는 소득에 관계없이 동일해야 한다.
정액기여	• 소득에 관계없이 동일하게 갹출한다.
행정책임의 통합	• 기존의 복잡하고 산만한 사회보험을 하나의 통일된 체계로 통합한다. • 기여금과 급여를 단일한 사회보험기금으로 운영하는 통합적 행정방식을 따른다.
포괄성	• 모든 사람을 포괄한다.
분류화	• 인구층을 근로자, 자영업자, 전업주부, 기타 노령인구, 취업 전 청소년, 노동 불능 고령자로 6개 층으로 분류한다.

베버리지 보고서를 근거로 1944년에 사회보장청이 설치되고 이후 가족수

3) 국민최저선이란 사회구성원이 어떤 경우라도 그 이하로 떨어져서는 안 되는 최저한의 소득수준으로 베버리지 보고서는 사회보장을 통해 국민최저선을 구현하고자 했으며, 보편주의 원칙을 강조하고 있다.

당법(1945), 국민보험법(1946), 산업재해법(1946), 국민보건서비스법(1946), 국민부조법(1948) 등이 제정되었다. 이로써 약 350년간 유지되어 온 구빈법은 국민부조법(1948)의 실시로 완전 폐지되었고, '요람에서 무덤까지' 사회보장시스템을 갖추게 되었다.

(4) 독일의 사회보험

독일은 1870년대 이후 30년간 유럽에서 가장 강한 사회주의운동이 행해진 국가로 사회주의 활동은 독일체제에 심각한 위협이었고, 이는 사회보험 도입의 주요 원천으로 작용하였다. 특히 국가주도의 압축적 산업화가 이루어지면서 이 과정에서 많은 사회문제가 발생해 다양한 대응이 필요하였다. 비스마르크(Bismarck)는 독일 통일에 이어 독일 민족 내부의 통일, 즉 사회통합의 필요성을 절감하고 소위 채찍(노동운동을 앞세운 사회주의자에 대한 탄압: 사회주의자 진압법)과 당근정책(노동자 계급을 국가 내로 통합시키려는 사회보험 등 사회입법 조치)을 전개했다. 비스마르크의 3대 사회보험을 보면 다음과 같다.

〈표 1-5〉 비스마르크 3대 사회보험

사회보험 종류	주요 내용
질병보험법(1883)	• 세계 최초의 사회보험법으로 적용 대상은 육체노동자와 저임금 사무 노동자
산업재해보험법(1884)	• 사용자만 보험료 부담으로 운영하며, 유족에 대해서도 보호를 제공하는 연금을 시행(대상자는 질병보험법과 동일)
폐질 및 노령연금법(1889)	• 적용대상자는 질병보험법과 동일

(5) 미국의 사회보험

미국은 1929년에 시작된 대공황으로 인하여 사회복지 부분에 큰 변화와 전환을 맞이하게 되었다. 1933년 루스벨트(Roosevelt) 행정부는 뉴딜정책(New Deal Policy)[4]을 경제위기 극복 수단으로 시행하였다. 1935년에 사회보장법을

4) 1933년 제32대 대통령으로 취임한 루즈벨트는 부흥, 구제, 개혁을 골자로 하는 정책을 선포하였다. 뉴딜정책의 사상적 배경은 케인즈주의이며, 소비자의 구매력을 증가시켜 유효수요를 창출함

제정하여 1940~1960년 세계 경제의 호황 속에서 풍요한 사회를 이룩하였다. 이후 1964년 존슨(Johnson) 대통령은 빈곤과의 전쟁을 선언하고, 빈곤퇴치 운동을 전개하였다. 1965년에는 빈곤가정의 아동에게 정부가 보육 혜택을 제도적으로 보장함으로써, 구조적인 악순환을 끊기 위해서 헤드스타트(Head Start) 제도를 도입하였다.

으로써 경제를 살리는 정책을 추진하였다(소비 중심의 경제학).

Chapter

02 인간행동과 사회환경의 이해

1. 인간의 생애주기와 발달과업

1) 인간발달의 특징

(1) 인간발달의 특징

인간의 발달은 개인마다 차이가 있지만 모든 인간이 공통적으로 보여주는 발달적인 양상이 존재한다. 이러한 인간발달의 특징은 다음과 같다. 인간발달은 전 생애에 걸쳐 전인적(전체적), 통합적, 체계적, 연속적으로 진행된다. 여기서 발달이란 시간의 경과에 따른 인간의 모든 변화를 의미한다. 따라서 신체적 · 사회적 · 심리적 · 인지적 발달 등 모든 측면의 변화가 이루어지며, 이들 변화는 각기 독립적으로 변화하는 것이 아니라 서로 유기적으로 연결되어 서로 영향을 주고 받는다.

인간발달은 분화와 통합의 과정을 거치며, 유전적 요인과 환경의 상호작용 속에서 진행된다. 또한 발달은 상승하는 변화와 하강하는 변화, 질적 변화와 양적 변화 모두를 포괄한다. 발달은 일정한 방향이나 순서를 통해서 일어나며, 발달의 이러한 특징을 발달의 순서성의 원리라고 한다. 즉, 발달은 상부에서 하부로, 중심에서 말초로, 전체에서 특수한 부분으로 진행된다.

인간발달은 개인 차이가 있으며, 발달에는 결정적 시기가 있다. 특정한 내용의 발달은 일정한 시기에 최고의 변화를 보여주지만 이 시기에 적절한 발달을 이루지 못하게 되면 발달상의 문제를 가져올 수 있다. 따라서 발달은 점성원리에 따른다.

(2) 발달과 유사개념

발달과 관련성을 갖는 유사한 개념으로 성장, 성숙, 학습이 있다. 그리고 이들은 발달적 변화의 주요 요인이 된다. 따라서 발달의 개념을 정확하게 이해하기 위해서는 이들 개념을 제대로 이해해야 한다.

첫째, 성장은 인간의 발달적 변화를 가져오는 요인으로서 신체나 인지가 양적으로 상승하는 변화를 말한다. 즉, 나이가 들면서 키가 크고 몸무게가 느는 것과 같은 양적변화를 말한다. 둘째, 성숙은 유전인자가 가진 정보에 따른 체계적 변화로 기능적 변화를 가져오는 것을 말한다. 셋째, 학습은 후전적 경험, 훈련, 연습 등을 통해 일어나는 행동의 변화를 말한다. 예를 들면, 신호등의 불빛에 따라서 길을 건너거나 멈추는 행동을 하는 것과 같은 대부분의 인간행동은 경험을 통해서 학습된 것이다.

(3) 인간발달이론이 사회복지실천에 기여하는 유용성

인간발달이론이 사회복지실천에 기여하는 점은 다음과 같다. 첫째, 개인적인 발달상의 차이를 파악할 수 있게 해주며, 적응과 부적응을 판단하는 기준을 제시한다. 둘째, 생활주기를 순서대로 정리할 수 있는 준거틀을 제공하며, 전 생애에 걸쳐 일어나는 안정성과 변화의 과정을 이해할 수 있다. 셋째, 다양한 연령층의 클라이언트를 이해할 수 있는 기반을 제공하고, 이전 발달단계의 결과가 다음 단계에 미치는 영향을 파악할 수 있게 한다. 넷째, 개인의 성장과정에서 나타나는 문제의 원인을 이해하는 데 유용하고, 사회복지사가 파악해야 할 클라이언트에 관한 사항을 사정할 수 있게 한다. 다섯째, 특정 발달단계에 나타나는 특징적 발달요인, 발달에 영향을 주는 다양한 신체・심리・사회적 요인, 발달단계에 따른 클라이언트의 욕구와 문제, 각 발달단계별 발달과업을 이해할 수 있게 한다. 여섯째, 클라이언트의 발달과업 수행에 필요한 서비스가 무엇인지 파악할 수 있게 한다.

2) 인간발달 행동에 영향을 주는 사회체계

(1) 가족체계

가족은 사회의 가장 기본적인 단위이며, 인간의 생리적·정서적·경제적 욕구 등을 충족시켜 주는 1차 집단이다. 가족은 보호와 애정, 경제적 부양, 자녀의 양육과 사회화, 종족보존, 교육 등 다양한 기능을 수행한다. 따라서 사회복지사가 다양한 문제와 상황에 처해있는 클라이언트를 효과적으로 지원하기 위해서는 한 개인에게 가장 일차적이고, 직접적인 환경체계인 가족을 이해하는 것이 매우 중요하다.

(2) 집단체계

체계로서의 집단은 한 개인으로서 서로 인식하고 상호작용하며, 사회적 실체로서 집단에 대한 의식을 공유하고, 구성원들의 집단과 연관된 행동에 의해 영향을 받는다. 또한 집단은 자연적이고, 표현적인 행동이 지배적인 두 명 이상으로 구성된 사회조직의 한 형태로 정의된다. 인간의 성격은 한 개인이 집단에 소속되어 고유의 지위, 권리, 역할을 부여받고 타인과 상호작용을 함으로써 형성되고, 그러한 집단성원과의 관계를 통하여 지속적으로 성장하고 변화하며 수정된다.

집단의 유형은 집단의 크기, 성원 간의 상호작용, 정서적 결속 정도, 집단의 구성 방법, 집단의 목적에 따라서 분류한다.

① 사회적 관계에 따른 유형: 1차 집단과 2차 집단

1차 집단은 혈연과 지연을 중심으로 자연발생적으로 형성된 집단으로 가족, 또래집단 등을 들 수 있다. 2차 집단은 정서적 결속이 미약하고, 특별한 목적 성취를 위하여 상호작용하는 집단을 의미한다(회사 등).

② 집단의 목적에 따른 유형: 치료집단과 과업집단

치료집단의 주요 목적은 교육, 성장, 치유, 사회화 등이다. 치료집단을 목적 중심으로 분류하면 교육집단, 성장집단, 지지집단, 치유집단, 사회화집단으로 구분할 수 있다. 과업집단은 조직문제에 대한 해결책 모색이나 성과물 산출을 위한 집단이다.

(3) 조직체계

조직은 특정한 목적을 달성하기 위해서 의도적으로 설립한 체계로서 일정한 크기와 구조를 가지고 구성원들이 업무에 의해서 상호 관련되어 있는 사회적 단위이다. 조직은 위원회, 클럽, 정당의 형태를 취하면서 합당한 권리를 행사할 수 있는 체계를 갖춘 집합체이다.

(4) 지역사회체계

지역사회는 한 지역을 구성하는 주민들과 조직체의 지리적 분포로 이루어지는 활동영역을 강조하는 지리적 의미의 지역사회와 지역사회 주민들 간의 합의성, 일체성, 공동생활양식, 공통의 관심과 가치, 그리고 공동노력을 강조하는 사회적 동질성을 띤 기능적 지역사회가 있다.

모든 지역사회가 공통으로 수행하는 주요 기능은 경제제도로 생산・분배・소비의 기능과 가족제도로 사회화 기능, 정치제도로 사회통제기능, 종교제도로 사회통합의 기능, 사회복지제도로 상호부조 기능이 있다.

(5) 문화체계

문화는 인간의 생활양식으로서 사회구성원들에게 내면화되어 인간행동에 영향을 미친다. 이것은 보편성, 사회성, 공유성, 학습성, 체계성, 축적성, 다양성 등의 특성을 지니고 있으며, 은둔문화, 하위문화, 주변문화 등 다양한 형태로 존재한다. 문화의 기능은 개인의 사회화, 욕구충족, 사회통제, 사회존속의 기능을 수행하며, 전체 사회 속에 존재하는 개인, 집단, 조직 및 지역사회에 영향을 미치는 거시체계로서, 세대 간에 전승되면서 사회의 모든 성원들에게 영향을 미친다.

3) 인간발달의 생애주기와 발달과업

(1) 태내기

태내기란 정자와 난자가 결합하여 수정란을 이루면서 태내발달이 시작되고 태아기 수정 후 약 280일(40주) 기간 동안 모체 내에서 사라는 시기이다. 태내기는 배란기, 배아기, 태아기로 구분하며, 배란기는 수정란이 정착하고 태반이 발달하는 시기로 수정 후 약 2주간의 기간을 말한다.

배아기는 착상 후부터 임신 8주까지의 기간을 말하며, 이 시기에는 주요 신체기관과 신경계가 형성된다. 이 시기에 문제가 생기면 치명적이고 영구적인 손상으로 이어진다. 태아기는 임신 3개월부터 출생까지의 시기를 말한다. 태내발달의 주요 특성은 다음과 같다.

첫째, 임신 2~3개월경 배아는 인간의 모습을 갖추기 시작한다.

둘째, 임신 16주경(16~20주)은 태아의 움직임(태동)을 느낄 수 있다.

셋째, 임신 22~26주경이면 조산을 하더라도 생존이 가능하다.

이러한 태내기 발달에 영향을 미치는 요인은 유전적인 요인에 의해서 그 중요한 방향이나 내용이 정해져서 부모 혹은 조상을 닮은 인간으로 태어나게 된다. 그러나 태아의 태내발달에는 수많은 변화요인의 영향을 받게 된다. 특히 태내환경은 출생 이후의 환경보다 태아에게 절대적 영향을 미친다는 점에서 중요한 의미를 가진다(구혜영, 2020). 따라서 임신한 어머니는 건강한 자녀의 출산을 위해서 임신 기간 중 충분한 영양 섭취, 건강상태, 정서상태, 임산부의 연령, 질병, 직·간접 흡연, 음주, 약물, 항생제 섭취 등 다양한 요인이 태내 발달에 영향을 미치기 때문에 특별한 관리가 필요하다.

태아기 발달장애를 보면 다음과 같다. 태아기의 유전적 요인은 염색체에 의해 전달되는 유전인자에 의해 발생하게 된다. 유전적 요인은 인간의 발달 한계, 특히 신체적 성숙과 관련된 한계와 성숙 속도, 기질적 차이를 만들어 내며, 발달장애를 가져오기도 한다. 신체적 특징뿐만 아니라 사회성, 성격 같은 기질적 측면도 유전적 요소의 영향을 받는다. 정상적인 염색체의 총수는

23개의 2쌍, 총 46개인데, 필요한 염색체가 없거나 필요 이상의 염색체가 존재하여 발생하는 발달장애의 유형은 다음과 같다.

〈표 2-1〉 태아기 발달장애별 주요 특징

발달장애	특 징
다운증후군	• 21번 염색체가 하나 더 있어 총 염색체 수가 47개 • 외관상 머리가 작고 둥근 얼굴, 평평한 두개골, 짧은 손발 등을 특징으로 하며 운동신경이 지체되고 지적장애가 있으며 질병에 대한 저항력이 약함 • 나이가 많은 부모에게서 출생할 확률이 높음
터너증후군	• 여성이지만 성염색체 X염색체가 하나밖에 없는 증후군으로 전체 염색체가 45개 • 외견상 여성이지만 여성 호르몬 부족으로 생식기관이 발달하지 않아 2차 성징이 나타나지 않으며, 난소의 기능을 제대로 못하여 생식능력이 없음
클라인펠터증후군	• 남성이지만 X염색체를 더 많이 가지고 있어 성염색체가 XY대신 XXY, XXXY형으로 나타남 • 정서발달이 불완전하고, 고환이 미성숙하여 정자 생산이 불가능하여, 생식이 불가능함
혈우병	• 성염색체인 X염색체의 이상(X염색체의 열성 유전자에 기인)으로 발생함 • 혈액이 혈관 밖으로 나와 일정 기간이 경과한 후에도 응고되지 않고 계속 출혈하는 증상임 • 유전인자는 남녀 모두에게 존재하지만 남성에게만 발병함
페닐케톤요증	• 필수아미노산인 페닐알라닌이라는 단백질 분해 효소의 결핍으로 페닐알라닌이 분해되지 못하고, 그 독성이 신경조직에 축적되어 지적장애를 유발하는 장애
테이삭스병	• 뇌세포의 지방을 분해하는 효소의 결핍으로 중추신경계가 붕괴되어 경련성 발작을 일으키고, 심한 경우 실명, 청각상실, 지적장애를 유발하는 장애 • 출생 시에는 정상으로 보이지만, 6개월부터 발달지체 현상을 보이고 대개 초등학교 입학 전 사망. 흑내장성 가족성 치매라고도 불림

(2) 영아기(0~2세)

영아기는 생애 단계 중에서 가장 많은 변화를 경험하는 기간이다. 이 시기는 자신의 존재를 인식하지도 못하는 상태에서 자아의 인식이 시작되고 모든 것을 양육자에게 의존하다가 스스로 목적지향적 행동을 할 수 있는 시기에 해당한다. 특히 출생 후 1개월 이내를 신생아기라고 한다. 신생아기는 짧은 기간이지만 태내 환경과는 다른 새로운 환경에 새롭게 적응해야 한다는 점에서 중요한 의미를 갖는다. 신생아기는 자신에게 필요한 영양이나 보호를 전적으로 어머니에게 의존하는 시기이다. 따라서 이 시기의 행동은 대부분 기본적인 생물학적 반사반응을 통해서 주위환경에 적응해 나가며 생물학적 요구에 따라서 움직이는 것이 특징이다. 신생아기 동안에 나타나는 주요 특징과 주요 반사운동의 내용을 정리하면 다음과 같다.

① 신생아기의 주요 특징

신생아의 평균키와 몸무게는 남아의 키는 50.8cm, 몸무게 3.14kg이며, 여아는 키 50.1cm, 몸무게 3.29kg로 출생 후 며칠간은 출생 시 체중의 5~10% 정도 감소한다. 이 시기에는 머리가 신장의 1/4 정도이고, 두개골에 6개의 숫구멍이 있으며, 외부 자극에 반사운동을 보인다. 신생아의 반사는 생존과 관련된 빨기반사, 근원(찾기)반사, 호흡반사, 동공반사, 눈깜빡반사, 연하반사가 있으며, 원시반사에는 파악(잡기)반사, 바빈스키반사, 모로반사 등이 있다.

② 영아기의 주요 발달 특징

영아기는 발달의 여러 영역에서 급속한 성장이 이루어지는 시기이다. 인지발달을 포함하여 모든 영역에서 균형적으로 발달할 수 있도록 새로운 것을 많이 접하고 경험하는 것이 중요한 시기이다. 영아기의 영역별 주요 발달 특징은 다음과 같다.

〈표 2-2〉 영아기의 주요 발달 특징

발달영역	발달 특징
신체발달	• 제1성장 급등기, 유치생성(20개), 두뇌발달, 감각발달, 태어난 지 1년 이내 몸무게가 2~3배 정도 증가
시각발달	• 전체보다는 부분을, 정지된 것보다는 움직이는 것, 흑백보다는 컬러를, 직선보다는 곡선을, 단순 도형보다는 복잡한 도형을, 다른 사물보다는 인간의 얼굴(특히 눈)을 더 선호
인지발달	• 주로 감각운동을 통하여 지능발달을 도모 • 인과관계를 인식하고 목적지향적 행동과 대상영속성이 발달

사회성발달	• 애착관계를 형성하고, 분리불안과 낯가림을 보임
정서발달	• 기쁨, 분노, 슬픔 등의 기초적인 정서를 느낄 수 있으며, 지속적으로 정서가 분화 • 부정적 정서가 긍정적 정서보다 빨리 발달
언어발달	• 울음, 옹알이 등의 언어적 표현을 함

(3) 유아기(3~6세)

유아기는 신체적 발육이 비교적 안정권에 들어서는 시기이다. 이 시기에는 체중이 현저하게 증가하고, 체격이 눈에 띄게 발달한다. 신체발달은 전체적으로 균형을 잡아가면서 운동기술이 발달하여 독립된 개체로 활동하게 된다. 성인이 할 수 있는 기본 동작은 모두 가능하지만 미세한 손동작과 같은 운동은 아직 미숙한 상태이다. 특히 유아기에는 정신적 발달이 급성장하며, 일상생활에서 대소변 가리기 훈련도 가능해지는 시기이다. 유아기에는 달리기, 오르기, 뛰기와 같이 몸 전체를 사용하는 신체의 운동이 발달하고, 언어 사용 능력이 급속하게 확산된다.

유아기의 인지발달은 미성숙한 뇌세포는 계속적인 자극을 통해 성숙이 진행되며, 인지발달이 이루어져 주의집중력과 지각변별력이 발달한다. 하지만 직관적 사고, 자기중심적 사고, 물활론적 사고 등과 같은 특징이 나타나는 시기이기도 하다. 자아개념과 자아존중감이 형성되고, 사회성 발달에 놀이가 중요한 역할을 한다. 또래와의 놀이는 자아중심성 완화와 사회적 관점 발달에 기여한다.

성적 관심을 나타내며, 성정체감이 발달하여 남자와 여자를 구별할 줄 아는 것은 생후 2년 6개월경에 발달한다. 통상 유아기를 3~6세 정도의 시기로 표현하지만 성정체감 발달은 유아기 특징으로 포함시키는 경우가 많다. 여러 가지 놀이와 환경에 대한 호기심을 통해 지적활동이 확대되고, 사고능력이 증대되며, 정신 기능의 여러 영역에서 독립성을 지닌 개인으로 발달한다.

(4) 아동기(7~12세)

아동기는 초등학생 시기이며 학교교육을 통해 필요한 지식과 기술을 습득하게 되는 시기로 학동기 또는 학령기라고도 한다. 아동기 이전의 시기는 가족관계가 중심이고, 어린이집이나 유치원에서 자유롭고 신나게 잘 놀면 되는 시기였다. 하지만 초등학교에 입학하게 되면 주어진 과제를 해결하고 평가를 받기도 하고, 다른 아동들과 비교가 되기도 한다. 또한 자신에게 주어진 역할을 수행하여야 하며, 기본적인 규칙을 반드시 지켜야 하는 시기이기도 하다.

그 이전 시기인 영유아기와 뚜렷하게 차이가 나는 부분은 사회적 관계가 다양해진다는 점이다. 아동기에 들어서면 또래 집단의 대인관계가 발달하게 되고, 적절한 성역할을 학습하게 된다. 이전 단계에서의 가족 중심의 제한된 관계 속에서 벗어나 아동기부터는 교우관계, 교사와 학생이라는 관계처럼 다양한 사회적 관계를 형성하고 경험하게 된다. 그리고 이들 관계를 통해서 가족 중심의 관계에서 자신이 최고라고 생각해 왔던 자아상이 문제가 되기도 하고, 나아가 객관적인 자아의 인식이 형성되는 매우 중요한 시기이다.

아동기의 각 영역별 주요 발달 특징을 살펴보면 신체적 성장과 발달은 그 이전의 급속한 발달과는 달리 비교적 완만하게 서서히 진행되는 경향을 보인다. 신체적인 체계(시스템)가 안정되는 시기이기도 하다. 즉, 신체의 불균형적 요소가 안정을 이루면서 운동발달에 필요한 기초적인 신체적 능력이 갖추어지는 시기이다. 운동발달은 신체의 체계가 안정되면서 운동기능이 더 정교해지고 유연성이 높아진다. 그리고 근육의 협응 능력도 발달하며 거의 모든 운동기능 수행을 자연스럽게 할 수 있는 운동발달을 보인다. 그 결과 달리기, 줄넘기, 자전거 타기, 수영, 등산과 같은 운동을 배우고 수행하는 데 문제가 없다.

인지발달은 타인의 입장을 고려하는 객관적 사고, 즉 논리적 사고가 가능해진다. 이러한 사고의 특징을 갖는 시기를 피아제의 인지발달이론에서는 구체적 조작기라고 하였다. 아동들이 객관적 판단과 논리적 사고가 가능하지만 어디까지나 이는 구체적 사실을 중심으로 가능하다.

아동기 정서발달은 정서표현이 보다 세련되어져서 억제하거나 통제를 하게 된다. 특히 이 시기의 정서표현은 사회적 행동과 밀접한 관련성을 지닌다. 아동기의 빈번한 정서표현에 해당하는 질투심, 투정, 동정과 같은 정서들은 사회적 행동과 매우 밀접한 관련성을 갖는다.

아동기는 사회성 발달에 매우 중요한 시기이다. 가정 혹은 이웃과의 관계, 그리고 좀 더 범위를 넓히면 어린이집과 유치원에서 가까이 지내던 소수의 친구들의 관계에서 초등학교에 입학을 하면서 대부분의 사회적 관계가 학교를 중심으로 형성된다. 학교에서도 대부분의 관계가 학급 내 사회적 관계로 형성된다. 이러한 관계의 변화를 통해서 기본적인 사회적 기술과 태도 등을 학습하게 되는 중요한 시기이다.

(5) 청소년기(13~19세)

청소년기는 인간의 일생에서 가장 아름다운 시기이며, 동시에 갈등과 방황의 시기이기도 하다. 청소년기의 특성을 반영하여 이 시기를 제2성장 급등기, 주변인, 심리사회적 유예기, 심리적 이유기, 사춘기, 질풍노도의 시기라고 한다. 청소년기는 정서적으로 변화가 심한 불안정한 시기이지만, 부모로부터 독립된 인격체로 인정받기를 바라며, 정서적으로 독립하고자 하는 시기이다.

청소년의 신체발달은 청소년의 자아개념에 긍정적 혹은 부정적 영향을 미칠 수가 있다. 청소년의 가장 큰 변화 중 하나가 성호르몬 분비의 증가와 생식기관의 발달이다. 이를 통해서 청소년의 성에 관한 관심이 고조되고 많은 청소년이 이성교제를 경험한다. 청소년의 성적 발달에 관심을 두고 청소년을 바라볼 때 청소년기를 사춘기(思春期)라 한다.

청소년기의 정서발달은 청소년의 정서가 혼란스럽고 극단적 정서경험의 빈도가 높은 경향을 보여 청소년의 정서적 특성을 반영하여 이 시기를 질풍노도의 시기로 표현하기도 한다. 청소년의 극단적인 정서 변화는 성적 성숙과 많은 관련성을 갖는다. 즉, 성적 충동으로 인한 성적 색채가 강한 정서를 경험하게 되며, 이때의 정서가 극단적인 경향을 지닌다. 성적 의식이 고조되면서 성적 수치심이나 이성에 대한 강렬한 호기심 등이 정서 변화에 중요한 영향을 미친다.

청소년기의 인지발달은 인지발달단계의 마지막 단계인 형식적 조작기에 해당한다. 성인과 유사한 추상적 개념의 사고가 가능해지면서 아동기와는 전혀 다른 유형의 사고를 한다. 아동기에는 관심을 보이지 않던 철학적 문제, 종교적 신념, 혹은 정치적 이념 등에 관심을 갖기 시작한다.

청소년기에 자아정체감이 본격적으로 발달하기 시작한다. 에릭슨(Erikson)은 이 시기의 과업이 자아정체성의 확립이라고 하였다. 이 시기에 가장 중요한 발달의 과제가 바로 자기 자신의 존재를 확실하게 인식하는 자기정체성을 확립하는 것이다.

(6) 청년기(20~39세)

청년기는 청소년기와는 달리 사회·문화적 관계에서 활발한 활동이 이루어지는 시기로 다양한 역할을 위한 선택이 요구되는 시기이다. 직업과 배우자를 선택하고 도덕적 가치관과 정치적 이념 등을 정립해 나가는 시기이다. 청년기는 무한한 가능성과 도전적인 인생을 살아갈 수 있는 아름다운 시기이지만, 한편으로는 방황과 갈등의 시기이기도 하다. 청년기에는 갈등과 혼돈을 통해 자신의 정체성을 확립하고 미래를 준비하는 등 자신과의 싸움이 빈번하게 이루어진다. 레빈슨(Levinson, 1978)에 따르면 청년기의 주요 과업은 다음과 같다.

첫째, 현실성이 떨어지고 이상적인 혹은 과장된 목표로 구성된 희망을 명확하게 재정리하여 구체화해야 한다.

둘째, 목표를 인정해 주고 필요한 기술이나 지혜를 가르쳐 주며, 목표달성을 위해 앞으로 나아가도록 지지해 주고 이끌어 주는 영향력 있는 지도자를 발견해야 한다.

셋째, 직업과 관련된 다양한 경험과 능력을 만들어 나가야 한다. 즉, 스펙을 쌓아야 한다.

넷째, 친밀한 관계(특히 이성과의 관계)를 형성해야 한다.

(7) 중년기(40~64세)

중년기는 가정에서나 직장에서 중요한 위치를 차지하고 있고, 그에 따른 책임을 수행하는 시기이다. 이 시기에는 경제적으로 비교적 안정이 되고, 신체적으로나 심리적으로 건강하고 여유 있는 생활을 영위하게 된다. 하지만 성인기 후반에는 퇴행이 시작되면서 신체적인 변화와 함께 심리적 위축 문제, 변화에 따른 적응 문제 등에 직면하게 된다.

성인기는 초기 성인기와 후기 성인기로 구분하게 되는데, 초기 성인기는 어른으로서의 역할을 수행하는 시기로 경제적인 독립과 가족을 책임져야 하는 시기이다. 후기 성인기는 경제적인 안정과 다양한 경험을 통해 체득한 지혜를 바탕으로 주요한 역할을 수행하는 시기이다. 특히 후기 성인기는 쇠퇴의 징후가 나타나기 시작하면서 심리적으로나 신체적으로 삶이 위축되고 다음 세대로의 전수를 고민하는 시기이다.

(8) 노년기(65세 이상)

노년기는 보상의 시기, 결실의 시기이다. 젊은 시절을 어떻게 생활하였는지에 따라 노년기 삶이 달라진다. 노년기에 들어서면 성인기에서의 생활로부터 급격한 삶의 변화가 온다. 아울러 임종을 포함하여 죽음을 맞이하는 어르신들은 본인뿐만 아니라 가족을 포함한 주변인들에게 적지 않은 영향을 미친다. 노년기는 취업활동을 포함한 제반 사회생활이 하향곡선을 그리면서 생활환경이 바뀌고, 노화로 제반활동이 줄어들고 결국 가족이나 노인복지시설에 의지하는 경향이 강하다. 노년기의 발달 특징은 다음과 같다.

첫째, 반응속도저하, 기능손상, 만성질환 등의 증상을 보이며 감각 중 특히 시각과 청력이 현저히 쇠퇴한다.

둘째, 연령이 증가함에 따라 수면시간이 감소하고, 장기 기억보다 최근 기억 및 단기 기억이 빠른 속도로 감퇴되고, 학습능력이 저하된다.

셋째, 전반적으로 반응속도가 저하되어 안전사고를 당할 가능성이 높고, 사회적 지위와 역할이 축소되며, 이는 고독과 소외를 초래하기도 한다.

넷째, 사회적 역할이 상실되어 사회 참여가 감소하면서 사고가 점점 자기중심적인 경향으로 변화하기도 하지만, 불확실한 인생사에 대한 현명한 판단과 인생문제에 대한 좋은 충고를 할 수 있을 만큼 지혜로워지기도 한다. 노년기 주요 심리적 특성을 보면 다음과 같다.

〈표 2-3〉 노년기의 주요 심리적 특성

성 격	주요 특성
내향성 및 수동성의 증가	• 내적 측면에 관심과 주의를 기울이며, 자신의 사고나 감정에 따라 사물을 판단하고 능동적이기보다는 타인에 대한 의존성이 증가함
조심성의 증가	• 노인이 되면 젊은이에 비해 모든 사물에의 판단과 행동수행에 있어 조심성이 증가하여, 감각능력이 감퇴하고, 결정에 대한 자신감 결여가 나타남
경직성의 증가	• 융통성과 반대되는 경직성은 어떤 문제를 해결하는 데 있어서 그 방법이나 행동이 옳지 않거나 이득도 없는데도 자기에게 익숙한 습관적 태도나 방법을 고수하려는 행동의 경향을 의미하는데, 자신에게 익숙한 습관적 태도와 방법을 고수하며, 이로 인해 학습능력과 문제해결능력이 저하됨
우울 성향의 증가	• 신체의 질병, 배우자의 사망, 경제사정 악화, 사회로부터의 고립, 일상생활에 대한 통제능력 약화, 과거에 대한 회상의 증가로 인하여 우울 성향이 증가, 이로 인해 불면증, 무감각, 강박관념, 증오심, 체중감소 현상이 나타남
생애 대한 회상의 경향	• 과거를 회상하고 남은 시간에 지금까지 해결하지 못한 것을 찾아서 새로운 해결을 시도하고 인생의 의미를 발견하려 함
친근한 사물에 대한 애착증가	• 사용해 온 물건에 대한 애착이 증가하며, 이를 통해 과거의 인생을 회상하고 마음의 평온을 추구함
성역할 지각의 변화	• 남성은 친밀성, 의존성, 관계지향성이 증가하는 반면, 여성은 공격성, 자기주장, 자기중심성, 권위주의 성향이 상대적으로 높아짐
의존성의 증가	• 노인의 신체적·경제적 능력의 쇠퇴로 인하여 신체적·경제적·정서적·사회적 의존성이 증가하는 경향이 있음. 이러한 의존성은 정상적인 노화현상이며 노화가 진행됨에 따라 경제적·신체적 건강이 좋지 않을수록 정서적 의존성과 심리적 의존성이 증가할 수 있음

시간전망의 변화	• 시간이 얼마 남지 않았다는 사실을 회피하기 위하여 과거에 대한 회상에 집중하거나 과도하게 미래지향적임
유산을 남기려는 경향	• 죽기 전에 자손, 예술작품, 기술, 지식, 재산 등을 남기려는 경향이 있음

2. 인간발달의 주요 이론

1) 정신역동이론

정신역동이론은 인간행동을 정신 내적 에너지의 역동에 기초해 설명하는 이론이다. 정신역동이론에는 프로이트, 에릭슨, 융, 아들러, 안나 프로이트가 포함된다. 이 중 발달단계를 제시한 이론가는 프로이트(Sigmund Freud, 1856~1939), 에릭슨(Erik H. Erikson, 1902~1994), 융(Carl Jung, 1875~1961)이고, 안나 프로이트(Anna Freud, 1895~1982)와 아들러(Alfred Adler, 1870~1937)는 발달단계를 제시하지 않았다.

(1) 프로이트의 정신분석이론

정신분석이론은 현실 속에 보이지 않는 무의식적인 힘이 현실에서 인간의 실제행동을 좌우한다고 주장하였다. 자기분석의 경험에 근거하여 인간의 무의식적인 내면세계를 설명하는 성격이론을 제시함으로써 인간행동 이해의 새로운 장을 열었다. 이러한 정신분석이론의 기본 가정은 다음과 같다.

첫째, 인간에 대한 심리적 결정론(psychic determinism)으로서 인간의 모든 행동은 원인 없이 일어나지 않는다.

둘째, 무의식(unconsciousness)이라는 기본 가정으로 설명하고 있다. 즉, 인간의 심리적 행동에는 개인에게 자각되지 않는 무의식적 정신현상이 존재하며, 인간의 행동은 의식적 요인보다 무의식적 요인에 의해서 훨씬 더 강한 영향을 받는다는 것이다.

셋째, 성적 충동(sexual drive)이 인간의 가장 기본적인 욕구이며 무의식의 주요 내용을 구성한다. 프로이트는 인간의 신체, 특히 성감대의 접촉을 통해 육체적 쾌감을 추구하는 모든 행위를 성적인 것으로 보았고, 성에 대한 본능을 리비도(libido)로 표현하였다.

① 정신지형과 성격구조

프로이트는 인간의 정신을 일종의 지도로 제시하였는데, 이를 가리켜 지형학적 모형이라 한다. 지형학적 모형에서는 인간의 정신이 의식(consciousness), 전의식(preconsciousness), 무의식(unconsciousness)으로 구성되어 있다고 보았다.

첫째, 의식은 우리가 깨달을 수 있고, 기억할 수 있는 것을 말한다. 항상 자각하고 있는 지각, 사고, 정서 경험을 포함한다.

둘째, 전의식은 의식의 바로 아래에 있으며, 우리가 평소 깨닫지 못하나 약간의 노력을 기울이면 의식으로 떠올릴 수 있는 기억과 경험을 말한다. 이용 가능한 기억이라 할 수 있다.

셋째, 무의식은 수용되기 어려운 성적 욕구, 폭력적 동기, 부도덕한 충동, 비합리적 소망, 수치스러운 경험과 같이 의식에 떠오르면 위협적인 것으로 느껴지기 때문에 억압된 욕구, 감정, 기억의 보관소라고 볼 수 있다.

② 성격의 구조

프로이트는 인간의 성격을 설명하기 위해 이런 세 가지 마음을 원초아(id), 자아(ego), 초자아(superego)로 명명하였다. 그 내용을 보면 다음과 같다.

첫째, 원초아(id)는 충동적 행동을 유발하는 원초적 욕구와 이를 충족시키려는 심리적 과정을 의미하며 성격의 원형적인 체계로서 본능을 포함하고 있다. 원초아는 태어날 때부터 지닌 것으로 정신에너지의 창고 역할을 하며, 성욕이나 공격성과 같은 본능적 욕구를 관장하는 곳이다.

둘째, 자아(ego)는 환경에 대한 현실적인 적응을 담당하는 심리적 구조와 기능을 의미한다. 자아는 원초아에 비해 조직적이고, 구체적인 정신 구조이며, 이성 혹은 합리적이다. 원초아로 하여금 충동을 지연시키고, 현실을 고려하도록 하는 역할을 한다.

셋째, 초자아(superego)는 아동의 마음 속에 내재화된 사회적 규범과 부모의 가치관을 초자아라고 부른다. 구조적 모형 세 가지 중 가장 늦게 나타나는 초자아(superego)는 정신구조의 최고 단계로서 흔히 양심, 도덕이라고 한다.

③ 성격발달단계

프로이트는 개인의 성 본능에 내재하는 에너지인 리비도(libido)[1)]를 매우 중요시하였다. 그는 삶의 힘이자 기본 심적 에너지인 리비도가 개인의 쾌락에 어떻게 사용되느냐에 따라 각 개인의 성격발달이 다르게 나타난다고 보았다. 리비도의 방향이 성격형성에 많은 영향을 미친다고 보고, 이런 점에 착안하여 신체부위에 초점을 맞춘 심리성적 발달이론(theory of psychosexual development)을 제시하였다. 특정한 심리성적 발달단계에서 욕구가 과도하게 좌절되거나 과도하게 충족되면, 성적에너지가 그 단계에 고착이 되어 성인이 된 후에도 그 단계의 만족을 추구하는 성격 특성이 나타나게 된다. 개인은 어떤 발달단계에도 고착될 수 있으며, 고착의 정도는 다양하게 나타날 수 있다.

첫째, 구강기(oral stage, 출생~18개월)는 출생 후 1년 6개월경의 젖을 빠는 행동과 관계되는 것으로, 이때 성적 쾌감은 주로 입과 관련이 되어 나타난다.

둘째, 항문기(anal stage, 18개월~3세)는 쾌락을 추구하는 신체부위가 입에서 항문으로 옮겨지는 과정이다. 이 시기에 아동은 배변을 참거나 배설하면서 긴장감과 배설의 쾌감을 경험한다. 프로이트는 부모가 유아를 배변훈련 시 강압적이거나 엄격하게 다루면 억압이 심해져 이런

1) 리비도는 정신분석학에서 말하는 성적본능이나 충동을 의미하며, 프로이트에 의하면 이것은 태어나면서부터 서서히 발달해 가지만 도중에 중지되기도 하고 거꾸로 되돌아가는 경우도 있다고 한다.

성향이 다른 행동에까지 일반화되어 항문기 보유(anal-retentive)의 성격이 된다고 하였다. 항문기에 욕구가 지나치게 좌절되면, 완벽주의적이고, 청결과 질서에 집착하며, 인색한 항문기 보유성격이 나타날 수 있다. 이는 후에 지나치게 청결한 경향을 갖게 된다고 하였다. 반면에 욕구가 좌절한 경험도 없이 과도하게 충족되면 감정적이고, 분노를 잘 느끼며, 무질서한 항문기 배출 성격(anal expulsive personality)이 나타날 수 있다.

셋째, 남근기(phallic stage, 3~6세)는 만 3세에서 6세 사이의 시기로서 쾌락을 추구하는 신체부위가 항문에서 성기로 바뀌게 되는 시기이다. 본능적 에너지가 성기에 초점이 맞춰지는 시기로, 어린이들은 성기에 관심이 많아지며, 부모의 사랑과 증오로 갈등을 경험한다. 남아가 엄마에 대한 연모의 감정으로 아버지와 경쟁을 하게 되는데, 이것이 '오이디푸스 콤플렉스(Oedipus complex)'이다. 여아의 경우에는 아버지의 애정을 독점하려 하면서 어머니를 경쟁자로 인식하게 되는 유사한 현상이 나타나는데 이를 '엘렉트라 콤플렉스(Electra complex)'라고 한다.

넷째, 잠복기(latency stage, 6세~사춘기 이전)는 만 6~13세(사춘기 이전)까지의 시기로서 학업과 친구에 대한 관심이 증가하면서 성적인 욕망의 표출이 뚜렷하게 나타나지 않는 시기이다. 성적 욕구 대신에 학교생활, 친구교제, 운동, 취미활동 등에 관심을 갖게 되는 시기이다.

다섯째, 성기기(genital stage, 사춘기~성인기 이전)는 사춘기 또는 청소년기 이후의 시기로서 육체적인 성숙과 더불어 성적인 측면에서 성인으로 발전하는 시기이다. 사춘기에 접어들면서 호르몬과 생리적 요인들로 인해 그동안 억압되었던 성적 욕구들이 다시 일어나게 된다.

④ 방어기제

프로이트의 딸인 안나 프로이트는 인간의 성격형성에 있어서 역동적인 방어기제(defence mechanism)의 역할을 규명하고 체계화하였는데, 자아를 인간에게 끊임없이 주어지는 불안 요소를 처리하는 역할로 보았다.

이러한 자아가 합리적인 문제해결방법을 찾지 못하였을 때에 현실을 부정하고 왜곡하여 불안을 감소하려는 자아의 방어기제를 사용한다고 하였다. 이러한 방어기제는 억압, 합리화, 전치, 대리형성, 반동형성, 투사, 부정, 보상, 고착, 퇴행, 신체화, 승화, 동일시 등이 있다.

(2) 에릭슨의 심리사회이론

에릭슨은 인간을 창의적이며, 합리적 존재로 보고 있으며, 인간행동이 의식수준에서 통제가 가능한 자아에 의해 동기화된다고 보았다. 그래서 에릭슨은 인간을 바른 판단력과 내적 통합성, 그리고 성취할 수 있는 능력을 보유하고 있는 이성적이고, 합리적인 존재로 규정하고 있다. 또한 그는 인간을 통합적 존재로 생각하고 환경 속의 존재(person in environment)로 본다.

에릭슨은 인간을 제대로 파악하기 위해서는 생리, 심리, 사회적 총체로 보아야 한다고 하였다. 에릭슨은 심리사회이론에서 인간발달단계를 전 생애로 확대하여 자아와 사회환경 간의 상호작용에 심리적 위기에 따른 발달과업을 설명하였다. 에릭슨의 심리사회적 발달단계는 다음과 같다.

〈표 2-4〉 에릭슨의 심리사회적 발달 8단계

단계	시 기	연 령	심리사회적 위기	주요 사건	주요 관계	주요 병리	심리성적 단계
1	영아기	출생~2세	신뢰감 대 불신감	스스로 먹기	어머니	철퇴	구순기
2	유아기	2~4세	자율성 대 수치·의심	스스로 용변보기	부모	강박	항문기
3	학령전기	4~6세	솔선성 대 죄의식	운동	핵가족	억제	남근기
4	아동기	6~12세	근면성 대 열등감	취학	이웃, 학교	비활성	잠재기
5	청소년기	12~22세	자아정체감 대 역할혼란	또래관계	또래집단	거절	생식기
6	성인기	22~34세	친밀감 대 고립감	애정관계	우정, 애정경쟁, 협동	배타성	

7	중· 장년기	35~65세	생산성 대 침체	부모 역할과 창조	직장, 확대가족	거부	
8	노년기	65~사망	자아통합 대 절망	인생회고와 수용	인류, 동족	경멸	

(3) 융의 분석심리이론

분석심리이론에서 인간을 바라보는 관점은 낙관론적·유전론적·결정론적·총체론적인 관점이라고 할 수 있다. 융은 인간이란 평생을 무의식에 억압된 과거 경험의 지배를 받는 비관적인 존재가 아니라 평생에 걸쳐 무의식 속에 숨겨져 있는 자신의 잠재력인 자기를 찾아 이를 실천하고자 노력하는 미래지향적인 존재인 것을 강조하였다. 융은 기본적인 가정에서 이 세 가지를 중요한 원칙으로 제시하였다.

첫째, 무의식의 존재와 영향력을 중시한다. 이 부분은 정신분석과 공통점을 이룬다. 무의식을 의식화하는 과정이 인간의 성숙에 중요하다는 것을 강조한다.

둘째, 프로이트는 무의식의 실체를 성욕구와 같은 미숙하고 비합리적인 것으로 본 반면, 융은 무의식을 개인의 삶에 방향을 제시하는 지혜로운 것으로 여긴다. 환자가 나타나는 증상의 의미에 대해서 프로이트는 과거에 경험한 상처의 결과라고 보는 반면에 융은 미래에 나아가야 할 방향을 보여주는 신호탄이라고 보았다.

셋째, 프로이트는 인간을 성욕과 같은 본능적 욕구에 의해 전전긍긍하며 떠밀려 가는 존재라고 본 반면, 융은 무의식의 발현을 향해 나아가는 존재라고 보았다. 즉, 인간은 과거의 원인, "~ 때문에" 행동하는 것이 아니라 미래의 목적, 즉 "~을 위해서" 행동하는 존재이다.

2) 행동주의이론

행동주의이론은 인간의 마음을 강조하는 정신분석이론이나 인지, 즉 머리를 중시하는 인지이론에 비해 손과 발을 강조하는 이론이라 할 수 있다. 따라서 행동주의이론의 형성과정에는 유난히 개, 쥐, 비둘기 등의 동물들이 많이 등장하는데, 이들의 관점은 첫째, 관찰과 실험을 통하여 얻은 결과를 존중하는 실증주의 입장을 가지며, 둘째, 인간행동의 동기보다 유기체에 주어지는 자극과 반응의 연구를 주장한다. 셋째, 인간을 외부 환경에 반응하는 수동적인 존재로 보았으며, 넷째, 인간을 기계의 한 부속품으로 보는 견해를 가졌다. 행동주의이론을 제시한 이론가는 파블로프(Pavlov), 스키너(Skinner), 반두라(Bandura)가 있다.

(1) 파블로프의 고전적 조건형성이론

고전적 조건형성(classical conditioning)은 행동주의 심리학 이론으로 특정 반응을 이끌어 내지 못하던 자극(중성자극)이 그 반응을 무조건적으로 이끌어 내는 자극(무조건적 자극)과 반복적으로 연합되면서 그 반응을 유발하는 과정을 말한다. 파블로프의 개 실험으로 설명할 수 있다.

개에게 음식물을 주는 것은 무조건 자극(unconditioned stimulus)이며, 음식물에 대해 개가 침을 흘리게 되는 것은 무조건 반응(unconditioned response)이다. 종소리는 침 흘리는 것과 상관없는 중성자극(natural stimulus)이지만, 나중에 종소리만 울려도 침을 흘리면 종소리가 조건자극(conditioned stimulus)이 되며, 침을 흘리는 것은 조건반응(conditioned response)이 된다. 파블로프의 고전적 조건화의 네 가지 기본 원리는 획득, 변별자극, 일반화, 소거가 있다.

(2) 스키너의 조작적 조건형성이론

조작적 조건형성(operant conditioning)은 행동주의 심리학 이론으로 어떤 반응에 대해 선택적으로 보상함으로써 그 반응이 일어날 확률을 증가시키거나 감소시키는 방법을 말한다. 여기서 선택적 보상이란 강화와 벌을 의미한다.

인간행동(조작적 행동)은 그 행동의 결과(보상, 처벌)에 의해서 조건화되고,

외적 자극, 특히 보상과 처벌에 의해 결정되며, 예측과 통제가 가능하다. 스키너의 조작적 조건형성이론의 핵심 개념은 강화와 처벌이다.

① 강화

강화(reinforcement)란 보상을 주어 어떤 행동에 대한 반응이 더욱 많이 일어나도록 부추기는 것이다. 강화는 스키너의 조작적 조건형성에서 가장 중요한 개념이며, 조작행동의 발생 가능성과 깊은 관계가 있다. 강화에는 두 가지 종류가 포함되어 있는데 긍정적이고 유쾌한 결과를 의미하는 정적 강화(positive reinforcement)와 불쾌한 결과나 행동을 없애 주는 부적 강화(negative reinforcement)가 있다.

② 처벌

처벌은 부적 강화와는 다른 개념일 뿐만 아니라 반대의 효과를 지닌다. 즉, 어떤 행동에 뒤따르는 결과가 그 행동을 다시 야기하도록 하는 가능성을 감소시키는 자극이다. 강화와 마찬가지로 처벌에도 두 가지 종류가 있다. 첫째는 불쾌한 자극을 가하는 처벌이며, 둘째는 유쾌한 자극을 없애는 처벌이다.

(3) 반두라의 사회학습이론

학습이론은 모든 유기체는 여러 행동을 모방하며 행동의 결과는 유기체의 환경에 따라 결정된다는 전제에서 출발한다. 한 개체는 여러 경험을 통하여 학습하는 과정에서 행동이 수정된다는 이론이다.

인간행동을 내적 과정과 환경 영향 간의 복잡한 상호작용의 결과라 보았으며, 이것을 상호결정론이라 한다. 인간행동은 직접적 강화와 처벌이 아니어도 학습이 가능하며, 학습과정에서 개인의 사고와 인지적 역할을 강조한다. 행동의 습득과정에서 관찰학습의 중요성을 크게 강조하였다. 또한 인간은 자신의 행동을 통제할 수 있는 힘을 가지고 있으며, 행동을 스스로 규제할 수 있다.

3) 인지발달이론

피아제(Piaget)는 인지발달이 유전과 환경의 상호작용에 의한 적응과정이라고 하였다. 즉, 인간은 능동적인 생물학적 유기체로서 환경과 끊임없이 상호작용을 하며, 이러한 상호작용을 통해서 자기 자신, 외부세계 및 자기와 외부세계와의 관계에 관한 지식을 얻는다.

피아제는 어린이들이 환경에 반응하는 방법을 어떻게 습득하는지에 대해 그들의 인지구조의 발달을 통해 설명하고 있다. 이러한 피아제의 인지발달 모델은 사고체계의 네 가지 주요 발달단계인 감각운동기, 전조작기, 구체적 조작기, 형식적 조작기로 구성되어 있다. 피아제는 인지발달단계가 가지는 특징을 다음과 같이 언급하고 있다.

첫째, 사고의 형식은 각 단계별로 질적인 차이가 있다. 둘째, 각 단계는 내부적으로 조직화되며 그것은 그 스스로 전체적이다. 셋째, 개인은 진보적이고, 불변하는 방법 속에서 단계를 통하여 발달하며 단계를 건너뛰지 않는다. 넷째, 각각 더 높은 단계가 만들어지고 계층적인 방식으로 다음 더 낮은 단계를 통합한다. 단계는 수평적으로 통합할 뿐만 아니라 수직적으로도 통합한다. 다섯째, 단계는 인종이나 문화에 상관없이 보편적이다. 피아제의 인지발달단계는 4단계를 거쳐 발달하고, 각 단계별 특징은 다음과 같다.

〈표 2-5〉 인지발달 단계별 특징

발달단계	특 징
감각운동기	• 감각운동을 통해 환경을 인지 • 주요 특징: 대상영속성 발달, 인과관계 인식, 목적지향적 행동의 발달
전조작기	• 언어발달로 상징적으로 사고하는 능력이 발달 • 주요 특징: 상징놀이, 물활론, 자기중심성, 직관적 사고, 집중성, 비가역적 사고
구체적 조작기	• 전조작기부터 발달하기 시작한 보존개념, 서열화 • 탈중심화, 조합기술발달, 가역적 사고
형식적 조작기	• 추상적 사고, 조합적 사고, 가설-연역적 추리, 미래예측

4) 인본주의이론

(1) 매슬로우의 욕구위계이론

매슬로우(Maslow)는 성욕과 공격성을 인간의 가장 기본적인 동기로 여기는 정신분석이론과 인간을 백지로 간주하는 행동주의이론에 반대하면서 자기실현 동기를 인간이 지향하는 가장 높은 동기라고 주장하였다. 인간의 행동은 다양한 동기에 의해 유발되는데, 이러한 동기들은 위계적 구조를 이루고 있다고 하였다. 그는 인간의 욕구를 기본 욕구와 성장의 욕구로 구분하면서, 강도나 정도의 차이에 따라 다섯 가지의 위계로 구분하고 있다. 매슬로우가 말하는 인간의 다섯 가지 기본 욕구는 다음과 같다.

① **생리적 욕구**(physiological needs)

생리적 욕구는 인간의 욕구 중에서 가장 기본적이고, 강하며, 분명한 욕구에 속한다. 여기에는 음식, 물, 공기, 잠, 은신처, 성, 휴식, 건강 등이 포함된다.

② **안전의 욕구**(safety needs)

위험으로부터 보호받을 수 있으며 안전하고 편안한 피난처를 갈구하는 욕구를 말한다. 안전의 욕구는 생리적 욕구가 만족되면, 인간이 새롭게 관심을 갖게 되는 욕구이다.

③ **소속과 사랑의 욕구**(belonging and love needs)

인간은 의미 있는 강한 집단에 소속되고자 하는 욕구를 지닌다. 소속과 사랑의 욕구는 사랑, 가족이나 집단에 대한 소속감, 우정, 친구들과 시간을 함께 보내는 것 등 생리적 욕구와 안전의 욕구가 충족되었을 때 개인에게 나타나는 욕구이다.

④ **존중의 욕구**(esteem needs)

자신이 가치 있는 존재라는 것을 느끼는 것을 말한다. 자기긍지와 자기만족을 느끼기 위해서 자신을 발전시키려는 욕구이다.

⑤ 자아실현의 욕구(self-actualization needs)

자신이 지닌 잠재력을 충분히 표현하고 발현하려는 욕구이다. 자아실현의 욕구는 앞서 논의한 네 가지 욕구가 충족된 이후에 나타나는 욕구이며, 자기가 성취할 수 있는 모든 것을 성취하려는 욕구이다. 이 단계에 도달한 사람은 자기 자신의 능력, 재능, 잠재력을 충분히 발휘하기 위해서 노력한다.

(2) 로저스의 현상학이론

로저스(Rogers)의 인간중심이론에서 인간을 바라보는 관점은 낙관론적, 유전론적, 자유롭고 전체적인 관점이라고 할 수 있다. 현상학이론에서 주요 개념으로는 주관적 경험과 행동, 자아실현의 경향, 무조건적인 긍정적 관심, 완전히 기능하는 사람 등이 있다. 주관적 경험과 행동에 대해 로저스는 인간의 행위를 지배하는 것은 자극상황에 대한 주관적인 해석과 그것에 대한 개인적 의미라고 하면서 인간의 행동을 이해하기 위해서는 과거 경험이 아니라 현재 처해있는 환경과의 관계성을 파악해야 한다고 주장하였다.

자아실현의 경향은 인간의 세 가지 기본 욕구, 즉 자기를 유지하고 향상시키며, 실현하려는 욕구를 묶은 개념이다. 이것은 인간을 비롯한 다른 유기체들이 좀 더 향상된 방향으로 나아가고자 하는 진화적인 경향성을 의미하는 것이다. 무조건적인 긍정적 관심은 다른 사람의 감정, 사고, 행동 등에 대해 어떤 판단이나 평가를 하지 않고 있는 그대로 존중하고 수용하는 것을 말한다. 인간은 무조건적인 긍정적 관심을 받을 때 스스로를 가치 있는 존재로 인식하며, 긍정적인 자아개념에 따라 행동할 수 있게 된다.

완전히 기능하는 사람은 자신의 잠재력을 인식하고 능력을 발휘하여 경험을 풍부히 하는 방향으로 나아가는 인간을 말한다. 이들의 특징은 경험에 대한 개방과 실존적인 삶의 태도와 자신의 유기체에 대한 신뢰감과 경험적 자유의식 및 창조성이 증대되는 성향을 지닌다.

Chapter

03 사회복지조사의 이해

1. 과학적 방법과 사회조사의 특징

1) 사회복지학의 과학성

(1) 사회과학의 특징

인간의 지성적 활동에서 얻어진 지식체계의 한 부분인 과학은 특히 인간의 총체적인 지식체계를 포괄하는 의미로 널리 사용되고 있다. 그리고 학문영역을 과학적 측면에서 크게 나누면 자연과학, 인문과학, 사회과학으로 분류할 수 있다. 그러나 이러한 학문들의 인식방법이 한결같이 과학적 인식방법에 그 기초를 두고 있다. 이처럼 모든 학문이 과학적 인식에 바탕을 두고 있다는 측면에서 사회과학이나 자연과학이 다소의 본질적인 과학성에는 차이가 존재하더라도 그 방법에는 별다른 차이가 없다.

사회과학이 무엇이냐는 질문에 대한 정확한 해답은 사회과학의 연구대상인 사회현상에 대한 이해가 선행되어야만 한다. 사회과학의 연구대상이 되는 인간의 행위에는 개인의 독자적인 행동과 다른 사람과 상호관계를 맺으면서 행하는 공동행위(사회적 행위) 두 가지가 있다. 그러나 아무리 자신의 독자적인 행위라고 하더라도 전적으로 다른 사람과 무관한 행위는 사실상 존재하기 힘들다. 이러한 맥락에서 사회과학은 인간의 모든 행위를 그 연구의 대상으로 하고 있다고 해도 된다.

사회과학의 특징을 보면 자연과학과는 달리 동일한 내용이 되풀이 되지 않고 끊임없이 변화하고 있는 사회현상을 규명하는 과학이라는 특징을 가지고 있다. 이러한 사회과학의 성격은 다음과 같다. 첫째, 사회과학은 경험과학이다. 현실의 구체적인 경험에서 얻어진 사실들을 경험과 수정을 통해서 일반적 법칙을 추출하는 과학이다. 둘째, 사회과학은 역사과학이다. 사회현상에 대한 법칙을 규명함에 있어 항상 우리가 현재의 사실을 다룬다고 할 때 이미 그것은 과거의 것이 되고 있다. 즉, 사회적 사실과 실체는 시간적 규정 속에 존재하기 때문에 역사과학의 기초 위에서만 사회과학은 존립 가능한 것이다.

셋째, 사회과학은 실천과학이다. 현실적인 문제의식에 기반하여 문제해결을 위한 노력과 결과들로서 발전해 나가는 것이기 때문에 사회현실의 모순과 갈등을 해결하는 실천적 입장과 불가분의 관계가 있다. 넷째, 사회과학은 사회현실에 대한 전체적 인식과학이다. 사회현상은 복잡하며, 사회 속에서 발생하는 하나의 사건은 사회의 나머지 부분에 영향을 미친다. 더욱이 사회과학의 연구대상이 되고 있는 사회현상이란 목적과 의식을 가지고 있는 인간과 인간이 상호작용하는 관계이기 때문에 이러한 인간관계 전체를 하나의 학문분야를 가지고 이해한다는 것은 거의 불가능하기 때문이다.

(2) 과학적 방법

① 과학적 방법의 특징

과학적 방법(scientific method)은 현상을 연구하고 새로운 지식을 구축하거나 이전의 지식들을 모아 통합할 때 사용되는 기법이다. 경험과 측정에 근거한 증거를 사용하여 현상의 원리를 밝히는 과정이다. 과학적 방법에 의해 설계된 실험은 어떠한 실험자가 하여도 실수나 혼동이 없이 재현될 수 있도록 각 단계를 구체적으로 제시하여야 한다.

과학적 방법은 잠정적 지식을 추구하며, 반증(허위화) 가능성에 열려있다. 또한 모든 이론은 여러 번의 반복적 검증을 거쳐 신뢰성을 확보하며, 가치나 주관이 배제된 가치중립적이고, 객관적인 연구를 지향한다.

과학에서 말하는 객관성은 과학자 공동체에 속한 모든 사람의 동의가 아니라 그 문제에 대하여 관심을 가지고 이해할 수 있는 사람들 간의 동의를 말하며, 이를 간주간성(상호주관성)이라 한다.

과학은 가치, 윤리, 규범, 주관, 철학, 신념이 아니라 사실(fact)을 추구한다. 즉, 경험적 증거에 기반하여 지식을 탐구하기 때문에 경험적 검증을 강조한다. 또한 과학은 체계적이고, 포괄적인 방법에 의존하며, 논리적인 전개과정(연역법과 귀납법)을 따른다. 모든 현상에는 원인이 있다는 결정론을 취하며(절대적이고 단정적인 결론이 아니라 확률적인 결정론), 현상의 규칙성에 관심을 두고 규칙성을 밝히거나 현상의 원인을 설명하려 한다(인과관계 규명).

② 과학적 추론방법

과학적 추론방법에는 연역법과 귀납법이 있다. 연역법은 일반적인 것에서 특수한 것으로 추론하는 방법으로 이론 → 가설설정 → 조작화[1) → 경험적 관찰 → 가설검증 순으로 이루어진다. 이 방법은 실증주의 패러다임을 취하는 양적조사에서 선호하는 추론방법이다.

귀납법은 개별 사실들에 대한 관찰에서 일반적 결론을 추론하는 것으로 개별사례에 대한 경험적 관찰 → 유형의 발견 → 잠정적 결론(이론) 순으로 이루어진다. 이 방법은 해석주의 패러다임을 취하는 질적조사에서 선호하는 추론방법이다. 연역법과 귀납법은 상호 보완적인 추론 방법이다.

(3) 사회과학 방법론(패러다임)

① 실증주의

실증주의(positivism)는 콩트(Comte)에 의해 제창된 양적 자료수집, 통계적 분석을 중요시하는 패러다임이다. 조사를 진행할 때, 이론 → 가설 → 관찰 → 일반화를 반복하고, 앞에서 말한 통계적 분석을 중요하게

1) 조작화란 가설을 구성하는 추상적 개념을 관찰 가능한 변수로 전환하는 과정이다.

생각함으로써, 사회현상에 대한 과학적 접근을 가능하게 한 패러다임이다. 실증주의 패러다임을 바탕으로 한 사회과학은 인간행동의 일반적 형태를 예측하는 데 사용할 수 있는 일반적 법칙을 확률에 근거하여 발견하고자 한다. 이를 확인하기 위해 논리적 유추와 경험적 관찰을 활용하여 연구하는 방법이라고 할 수 있다. 주로 수치를 분석 대상으로 하는 양적조사(연역법)를 선호하고, 관찰결과의 일반화 가능성을 강조하며, 이를 위해 다수의 표본을 연구한다.

② 해석주의

해석주의(interpretivism)는 막스 베버(Max Weber)에서 연원을 찾을 수 있는 패러다임으로, 인간의 행동 중 '의미 있는 사회적 행동'에 초점을 두고 연구하는 패러다임이다. 즉, 해석주의는 외형적으로 유형화된 어떤 행동을 관찰하는 실증주의와는 달리, 행위자의 행동 깊숙이 자리잡고 있는 행동의 의미를 찾아내는 데 초점을 둔 패러다임이라 할 수 있다. 해석주의 패러다임은 참여관찰과 현지조사 방법을 사용하는데, 조사 대상자와의 직접 접촉을 통해 일상생활 속에서 조사 대상자들이 어떻게 문제를 다루고 해결하는지, 다른 사람과 어떻게 상호작용하며 어울리는지에 관심을 가지고 해석하기 때문이다. 주관성을 강조하면서 말이나 행위의 사회적 맥락을 고찰하고, 주로 언어를 분석대상으로 하는 질적 조사(귀납법)를 선호한다.

③ 후기실증주의

실증주의와 달리 후기실증주의는 관찰과 측정이 순수하게 객관적일 수 없음을 인정한다. 객관적으로 존재하는 사실에 대한 직접적 확증은 불가하므로 기존 연구에 대한 반복적 재현을 통해 반증하려는 노력을 강조한다. 중요한 건 지식의 내용이 아니라 지식을 탐구하는 방법이라고 본다. 따라서 비합리적 행위(지식의 내용)도 합리적 방법을 통해서(지식 탐구 방법) 탐구할 수 있다고 본다.

(4) 사회조사의 필요성과 조사 윤리

① 사회조사의 필요성

사회복지실천 과정에서 사회조사는 지역주민의 복지욕구 조사 및 분석, 클라이언트에 관한 임상적 자료의 체계적 수집, 개입 프로그램의 효과성 평가, 서비스의 질을 높일 수 있는 실천기술의 개발, 새로운 프로그램의 만족도 평가를 위해서 조사가 필요하다.

② 사회조사 윤리

사회조사의 윤리원칙은 조사 주제 선정부터 결과의 분석과 보고에 이르는 모든 과정에서 준수되어야 한다. 대표적인 조사 윤리를 보면 다음과 같다.

첫째, 자발적 참여와 고지에 입각한 동의(고지된 동의)로 사회복지조사는 때로 사람들의 생활에 관여한다. 예를 들어, 설문을 위해 가정을 방문하면, 응답자의 사생활에 개입되고 응답자의 시간과 노력을 필요로 한다. 또한 자신도 모르는 사이, 자신이나 친구, 친척 등에 대한 개인적 정보가 누출될 수도 있다. 사회복지조사 혹은 실험에 참여하는 사람들은 어느 누구도 강요받아서는 안 되며, 자발적으로 참여하여야 한다. 그리고 참여자들에게 연구의 결과를 알려주고(고지), 실험 혹은 조사에 참여하는 데 동의를 받아야 한다(고지된 동의).

둘째, 사회복지 연구는 자발적인 참여 여부와 관계없이, 연구되는 사람들에게 피해를 주어서는 안된다. 연구를 수행하다 보면, 연구 대상자가 심리적 불쾌, 혹은 실제적 불이익을 받게 되는 경우가 발생할 수 있다. 예를 들어, 연구자는 대상자에게 여러 경로의 질문을 통해 개인적인 치부의 공개(인구사회학적 배경에서 전과 경력의 질문, 무직 혹은 낮은 소득이나 생활수준에 대한 질문)를 요구할 수도 있다. 이러한 정보가 외부로 유출되지는 않는다 해도 대상자는 심리적으로 불쾌함을 느낄 수도 있고, 상처가 될 수도 있다(참여자에게 피해를 주지 않기).

셋째, 연구대상자의 이해와 안녕의 보호에서 가장 중요한 것은 설문조사 시 대상자의 신원을 보호하는 것이다. 익명성은 특정 응답에 대해 그 응답자가 누구인가를 확인할 수 없을 때 응답자는 익명성이 보장된다고 여길 것이다. 익명성을 보장하는 한 예로는 우편조사가 있으며, 익명성을 보장하는 것은 응답의 가능성과 그리고 보다 정확한 답을 얻을 확률을 높이는 요인이 되기도 한다.

비밀보장은 연구자는 특정 사람의 응답을 파악할 수 있지만, 본래는 그렇게 하지 않는다고 공개적으로 약속한다(설문지의 표지 설명 등을 통해). 물론 비밀보장과 익명성은 다른 개념이다. 익명성은 애초 누구인지 모르도록 하는 것이며, 비밀보장은 연구자는 알지만 연구 이외의 목적에 유출되지 않도록 개인정보를 보호하겠다는 의미이다(익명성과 비밀보장).

넷째, 사회과학 연구에서는 조사 대상자를 속여야 할 필요가 간혹 존재한다. 예를 들어, 미국인들에게 음식 섭취량에 대해 질문을 할 경우 대부분이 축소 보고를 하는 경향이 있다. 혹은 사회복지 서비스의 적정수준을 위한 조사를 하는데, 대상자에게 질문을 할 경우, 현재 수준이 불만족스러운 수준이라고 응답하는 경향이 있다. 정확한 답을 얻기 위해 때로 대상자를 속여야 할 필요가 있는 것이다. 그러나 중요한 것은 이 경우에도 대상자를 속이는 것에 대한 정당성 문제가 제기될 수 있다는 것이다(연구 대상자를 속이는 것).

다섯째, 연구자는 부정적 결과가 나왔더라도 분석과 관련된 보고를 해야만 한다. 자신의 실수나 연구의 기술적 약점, 실패에 대해서 독자에게 알릴 의무가 있다(조사결과의 분석과 보고).

여섯째, 연구의 장기적 이익이 윤리적 규범을 어김으로써 발생하는 피해보다 훨씬 가치 있는 것으로 여겨지는 경우도 있다. 그러나 연구 목적과 수단을 가지고 윤리적 위배를 결정하는 것은 매우 위험하며, 주관적인 결정이 있을 수 있다. 이 경우 미국에서는 사회조사와 관련된 위원회의 승인을 거쳐 수행 여부를 결정할 수 있다. 물론 우리나라에서는 현재까지는 연구자 개인의 윤리적 결정에 따라야 하는 문제가 있다(연구의 장기적 이익과 윤리 문제).

(5) 사회조사의 절차와 분석단위

① 사회조사의 절차

사회조사는 양적·질적 조사에 따라서 차이가 있는데, 양적조사는 조사주제의 선정 → 조사문제의 설정 → 선행연구 및 문헌고찰 → 가설성정 → 조사설계 → 자료수집 → 자료분석·해석 → 보고서 작성 순으로 이루어진다. 조사설계 단계에서 조사대상의 표집방법과 표본의 크기 결정, 조사기간의 결정, 자료수집방법(설문조사, 면접, 관찰 등), 조사도구 작성 등을 고려하여야 한다. 질적 조사에서는 가설의 설정이 필요 없게 된다.

② 사회조사의 분석단위

분석단위는 분석을 위해 수집되는 정보의 단위를 말하며, 개인, 집단, 사회적 가공물 등이 있다.

〈표 3-1〉 사회조사 분석단위

조사분석 단위	실 례
개 인	예 남녀 결혼 만족도 차이, 사회복지사의 직업만족도 등
집 단	예 사회복지관 비교연구, 지역이나 국가관 비교 연구
사회적 가공물	예 음악, 영화, 건축물에 대한 분석

(6) 사회조사의 유형

① 사회조사의 목적에 따른 분류

조사목적에 따라서는 탐색적 조사와 기술적 조사, 설명적 조사로 나눌 수 있다.

첫째, 탐색적 조사는 연구주제에 대해 알려진 정보가 별로 없어서 명확한 가설이나 조사설계를 설정할 수 없을 때, 필요한 정보를 탐색하고자 실시하는 조사이다.

둘째, 기술적 조사는 현상의 발생실태와 현황에 대한 정확한 기술(묘사)이 필요한 경우로 사실의 발견에 목적을 둔다.

셋째, 설명적 조사는 사회 현상들 사이에 인과관계(A가 B에 미치는 영향 등) 혹은 현상의 원인을 규명하기 위해서 하는 것으로 주로 실험을 통해서 이루어진다.

② 시간적 차원에 따른 분류

첫째, 횡단조사는 어느 한 시점을 기준으로 그 시점의 상태나 현황을 조사하는 것으로 인구조사를 들 수 있다.

둘째, 종단조사는 일정 기간을 정해두고 2회 이상 조사를 하는 것으로 추세나 변화의 상태를 파악하기 위한 조사이다.

〈표 3-2〉 시간차원에 따른 조사유형

조사 종류	주요 내용
패널조사	• 조사 시점마다 동일한 대상(패널)을 반복해서 조사하는 방법으로 개인들의 변화에 대한 정확한 결과를 파악할 수 있다. 단점으로는 패널 조건화[2] 현상으로 조사 결과의 정확도가 떨어질 수 있으며, 조사대상의 추적과 관리에 비용이 많이 소요된다. 또한 조사 대상자의 상실로 변화를 확인하기 어려울 수 있다.
동년배 집단조사	• 동일집단에 속하는 사람들(베이비부머 세대, 386세대 등)을 반복적으로 조사하는 것으로 동류집단조사, 코호트조사(cohort study)라고 한다.
경향조사	• 사회 추이를 알아보기 위해서 실시한 조사로 그때그때 해딩되는 사람들을 조사한다.

2. 조사문제와 가설, 변수

1) 조사문제와 가설

(1) 조사문제

사회조사는 연구자의 관심과 의문의 대상(연구를 통해서 무엇을 알고자 하는

2) 패널 조건화란 같은 대상에 대한 반복적 조사가 응답 결과에 영향을 미치는 현상을 말한다.

가)을 명확히 서술해야 한다. 모든 사회조사에는 조사문제가 있으며, 이러한 조사문제는 둘 이상의 답이 가능한 의문문 형태로 서술한다. 조사문제는 경험적 검증이 가능해야 하며, 가치판단이 내포되지 않아야 한다. 변수 간 관계나 잠정적 결과를 예측하는 조사문제를 제시할 수 있다(예를 들면, A가 B에 미치는 부정적 영향을 C가 감소시킬 것인가?).

(2) 가설

가설은 잠정적인 결론으로 변수 간의 관계와 방향(정적 관계, 부적 관계)을 명확하게 진술하여야 한다. 가설의 검증을 위해서는 가설에 포함된 추상적 개념이 조작화를 통해 측정 가능한 변수로 전환되어야 한다. 조작화를 통해 추상적 명제였던 가설은 경험적 검증이 가능한 가설이 된다. 조사가설을 검증하기 위해서는 영가설과 대립가설이 필요하다. 영가설은 독립변수와 종속변수는 아무런 관계가 없으며, 서로 영향을 미치지 않는다고 가정한다. 영가설은 수집된 자료에서 나타난 차이가 '우연히' 나타난 것일 뿐이라고 전제한다. 변수 간 관계가 없을 것이라고 가정하는 영가설에 대립되는 입장(조사가설을 지지하는 입장)을 대립가설이라고 한다.

〈표 3-3〉 가설의 종류

가설의 종류	주요 내용
조사(연구)가설	• 이론으로부터 도출된 가설로, A는 B에 영향을 미칠 것이다의 형태
영가설 (귀무가설)	• 연구가설을 반증하기 위해 설정하는 가설로 변수 간 차이가 없거나 영향을 미치지 않는다고 가정한다(A는 B에 영향을 미치지 않는다). • 영가설을 기각해야 조사가설이 지지되기 때문에 연구자는 영가설을 기각하고자 한다.
대립가설	• 영가설이 기각될 때 채택하고자 설정하는 가설로 영가설 입장과 반대의 입장이다. A와 B는 관계가 있다.

2) 변수

(1) 변수의 개념과 종류

변수란 경험적으로 측정할 수 있는 개념을 말하며, 적어도 두 개 이상의 속성을 가져야 한다(남자, 여자). 직접 관찰할 수 있는 것뿐만 아니라 관찰되지 않는 자존감, 우울 등도 변수가 될 수 있다. 변수의 종류는 다음과 같다.

〈표 3-4〉 변수의 종류

변수의 종류	주요 내용
독립변수	• 원인 역할을 하는 변수로 '사회복지조사론 특강은 사회복지사 1급 시험 합격에 도움이 될 것이다'에서 특강은 독립변수, 합격은 종속변수이다.
종속변수	• 결과 역할을 하는 변수로 위의 예에서 사회복지사 1급 시험 합격은 종속변수가 된다.
매개변수	• 독립변수의 영향을 받아 종속변수에 영향을 미치는 변수이다. • 경제발전(독립변수)으로 복지정책의 재원(매개변수)이 늘어 저소득층의 생활수준이 향상(종속변수)되었다.
조절변수	• 독립변수와 종속변수 간 관계의 강도나 방향을 조절하는 변수이다. • 경제여건(조절변수)에 따라 복지정책(독립변수)의 빈곤감소 효과(종속변수)가 달라진다.
외생변수	• 독립변수 외에 종속변수에 영향을 미칠 수 있는 변수들을 의미하며, 외생변수를 통제해야 독립-종속변수 간 정확한 인과관계를 알 수 있다. 외생변수를 통제했을 때 독립-종속변수 간 인과관계가 사라진다면, 두 변수의 관계는 진짜 인과관계가 아니라 허위적 관계이다.

변수의 조작화란 추상적 개념을 측정 가능한 변수(조작적 정의)로 정의하는 것을 말한다. 즉, 측정의 수치화를 의미하므로 결국 조작화를 한다는 것은 추상적인 개념을 수치화할 수 있는 구체적 형태로 전환하는 것을 의미한다. 따라서 조작화나 측정은 수치화된 자료(데이터)를 수집해 분석하는 양적조사에 필수적인 과정이다. 일반적으로 사회복지조사에서는 표준화된 척도를 사용한다.

(2) 변수 간 인과관계 요건

두 개의 변수 간 인과관계가 성립하기 위해서는 세 가지 요건이 필요하다. 첫째, 공변성으로 두 변수가 일정한 방식으로 같이 변해야 한다. 둘째, 시간적 우선성으로 독립변수가 먼저 변화하고 종속변수는 그 후에 변화하여야 한다. 셋째, 통제성으로 관찰된 독립변수와 종속변수 간 경험적 관계가 어떤 다른 변수의 영향으로 인한 것이라고 설명되어서는 안 된다.

3. 조사설계 유형

1) 조사설계의 내적타당도

(1) 개념

타당도는 측정하고자 하는 개념을 얼마나 정확히 측정하였는가를 말하며, 내적타당도와 외적타당도로 나누어진다.

내적타당도란 종속변수에 나타난 변화가 독립변수의 영향에 의한 것임을 확신할 수 있는 정도를 말한다(인과관계 정도). 만일 내적타당도가 낮다고 한다면 독립변수의 영향 외에 제3의 변수가 영향을 미쳤다고 볼 수 있다. 이러한 내적타당도를 높이기 위해서는 독립변수와 종속변수의 관계에 영향을 미치는 외생변수를 통제해야 한다. 내적타당도를 저해하는 요인을 보면 다음과 같다.

(2) 내적타당도 저해요인

첫째, 우연한 사건(역사요인, 외부사건)은 실험이나 개입 중에 다른 일이나 사건이 개입되는 경우를 말한다. 예를 들면, 노인요양시설에서 노인의 우울증을 줄이기 위한 프로그램을 실시한 후 우울 정도를 측정한 결과 우울 정도가 감소하였다. 이 경우 우울 감소는 프로그램에 의한 것일 수도 있고, 외부 요인(어르신의 생신을 맞이하여 딸이 방문한 결과)에 의한 것일 수도 있다.

둘째, 성장(성숙, 시간의 경과)효과는 실험조치와 관계없이 단순히 시간의 경과에 의해 실험대상 자체에 일어나는 변화를 말한다. 장기간에 걸쳐 이루어지는 연구, 특히 성장기에 있는 아동과 청소년을 대상으로 하는 연구에서 발생한다. 예를 들면, 초등학교 학생들에 대한 농구교실이 아동의 신장에 미치는 효과를 연구했다면 농구교실이 아동성장에 미치는 효과도 있지만, 연구기간 동안 아동의 자연성장(성숙효과)의 결과일 수도 있다.

셋째, 검사(시험)효과는 사전검사가 사후검사에 영향을 미치게 되는 것을 의미한다. 동일한 측정도구를 사용하여 두 번 이상 테스트를 실시할 경우 나타나는 현상이다. 예를 들면, 조사설계가 동일하거나 비슷한 검사를 반복하여 사용한 경우 연구대상자들은 서로 의견을 교환하거나 추가적 노력을 통해 검사의 적응력을 높일 수 있다.

넷째, 도구요인으로 사전검사와 사후검사의 측정도구가 상이함으로써 나타나는 변화이다. 예를 들면, 실험집단에 대한 사전·사후검사 결과의 차이가 많이 났는데 사후검사의 측정도구가 쉬웠다면, 그 차이가 실험에 의한 것인지 측정도구에 의한 것인지 알 수 없다.

2) 조사설계의 외적타당도

외적타당도는 실험결과 독립변수로 인해서 나타난 종속변수의 변화를 다른 상황에서도 적용했을 때 동일한 효과가 나타나는 것을 의미한다(일반화). 즉, 실험의 결과를 일반화할 수 있는 것을 말한다. 외적타당도가 높다는 것은 다른 상황에서 언제든지 적용 가능하다는 것이다. 조사결과를 일반화할 수 있으려면 무엇보다 조사의 대상이 된 표본이나 상황이 일반적인 대상이나 상황을 잘 대표할 수 있어야 한다. 모집단에서 추출된 표본이 모집단을 대표하지 못한다면 모집단에 실험결과를 적용하기는 어려울 것이다(표본의 대표성이 중요함). 외적타당도를 저해하는 요인은 다음과 같다.

첫째, 사전검사에서 응답자에게 개입되는 실험이 일반인들은 평소 경험해 보지 못한 것이라면, 실험에 참여하지 않은 일반인에게 적용하기에는 문제가 있을 수 있다(사전검사에 대한 반응적 효과).

둘째, 실험대상자 선정 시 편견을 가지고 선택한 대상을 통해 얻은 결과를 다른 집단에게 적용한다면 외적타당도를 저해할 수 있다. 노인 우울증 프로그램의 효과를 알아보기 위해 우울증은 저소득층 노인이 많을 것이라는 편견을 가지고, 저소득층 지역의 노인들을 대상으로 프로그램을 적용하여 관찰한 결과를 부유층 지역 노인들에게 적용하였을 때 동일한 결과를 가져올 것이라고 생각하는 것이다.

셋째, 호손효과로 자신이 실험을 당하고 있다고 인식함으로써 평소와 다른 행동을 보이게 하는 것을 말한다. 자신이 실험대상이라는 사실을 아는 사람과 모르는 사람 간의 행동에 차이가 있을 수 있기 때문에 발생한다.

3) 조사설계 유형

(1) 실험의 기본구조

변수 간의 관계를 검증하기 위해서 실험을 하게 되는데, 실험설계에서 기본적인 구조는 무작위 할당, 독립변수 조작, 외생변수 통제, 종속변수 비교 순으로 이루어진다. 실험의 기본 구조는 다음과 같다.

첫째, 연구대상자를 실험집단과 통제집단[3]에 무작위로 할당하는 이유는 내적타당도 저해 요인을 통제하기 위해서이다(무작위 할당).

둘째, 실험집단과 통제집단 중 실험집단에만 독립변수를 개입하는 것을 말한다(독립변수 조작).

셋째, 외생변수 통제로 종속변수의 변화가 다른 요인이 아닌 독립변수로

3) 실험집단이란 사회·문화 현상 탐구 과정에서 연구자가 실험법을 활용할 때 독립변수의 효과를 추정하기 위해 인위적인 자극을 가하는 집단이다. 예를 들어, 토론 수업의 효과를 파악하고자 실험법을 진행할 때, 한 학급에서는 토론 수업을 하고, 다른 학급에서는 설명식 수업을 한다고 하자. 이때 토론 수업을 받은 학급이 실험집단이고, 토론 수업을 받지 않은 학급은 통제집단이 된다.

인해 유발되었음을 확인할 수 있어야 인과관계에 대한 실험설계의 내적타당도를 확보할 수 있다. 이를 위해 독립변수 이외에 종속변수에 영향을 미칠 소지가 있는 외생변수를 통제해야 하며, 가장 좋은 방법은 무작위 할당으로 실험집단과 통제집단을 나누는 것이다.

넷째, 실험집단과 통제집단의 종속변수 점수 변화의 차이를 비교하여, 이를 근거로 종속변수에 대한 독립변수의 영향력을 추정한다(종속변수의 비교).

(2) 조사설계 유형

조사설계 유형은 다양한데, 실험의 기본 요소를 잘 갖춘 설계부터 전혀 갖추지 못한 설계까지 있는데 실험의 요소를 잘 갖추고 있을수록 인과관계의 검증력(내적타당도)이 높다. 실험설계의 유형은 네 가지로 구분할 수 있다.

① 순수실험설계

순수실험설계는 독립변수의 조작, 종속변수의 비교, 외생변수의 통제(무작위 할당)라는 실험요소를 모두 갖춘 조사설계를 말한다. 순수실험설계는 내적타당도가 가장 높은 설계유형이다. 그러나 다른 변수의 영향이 엄격히 통제된 상황에서 이루어지고, 많은 경우 표본이 자기선택에 의해(실험 참여지원자를 대상으로) 이루어지므로 표본의 대표성이 약해 조사결과를 일반화하는 데 제약이 있다. 즉, 내적타당도는 높지만 외적타당도는 떨어진다. 순수실험설계는 통제집단 사전사후검사 설계, 통제집단 사후검사설계, 솔로몬의 4집단설계, 요인설계, 플라시보 통제집단설계로 나누어지는데 사회복지조사론에서 상세하게 다루게 된다.

② 유사실험설계(준실험설계, 의사실험설계)

유사실험설계는 무작위 할당으로 실험집단과 통제집단을 동등하게 배정할 수 없을 때 사용하는 방법으로, 무작위 할당 대신 다른 방법(임의적 할당)을 통하여 실험집단과 유사한 비교집단을 구성하는 설계 방법이다. 순수실험설계가 인과관계를 규명하는 데 가장 좋은 방법이기는 하지만 사회조사에서는 순수실험설계를 그대로 적용하기 곤란한 경우가 많다.

유사실험설계는 실험의 3대 요소를 모두 갖추지 못하지만 최대한 내적타당도 저해 요인들을 통제하기 위한 차선책을 사용하여 내적타당도를 확보하는 방법이다. 사회조사에서는 순수실험설계보다 유사실험설계가 더 자주 활용된다. 순수실험설계보다 내적타당도가 떨어지지만 실제상황에 더 적합하다는 점에서 외적타당도는 높다. 유사실험설계는 비동일 비교집단설계(비동일통제집단설계), 시계열설계 등으로 나눌 수 있다.

③ **원시실험조사설계**(전실험설계, 선실험설계)

원시실험설계는 무작위 할당도, 독립변수 조작도, 종속변수 비교도 제대로 지켜지지 않아 내적타당도와 외적타당도 저해요인들을 통제하지 못하는 설계이다. 이는 연구 대상자를 나누지 않고, 비교집단을 선정하지 않거나 동질성 없이 설계하여, 내적·외적인 타당도를 저해하는 요인을 거의 통제하지 못하는 가장 낮은 수준의 실험조사설계이다. 이 실험설계에 속하는 것은 일회사례설계와 단일집단 사전사후검사설계, 정태집단 비교설계로 구분된다.

④ **단일사례설계**

개인, 가족, 조직, 집단, 지역사회 등을 대상으로 문제를 해결하기 위한 개입 효과를 과학적으로 입증하는 것이다. 여기서 개입이란 문제가 되는 조사대상자의 표적행동을 변화시키는 것이다. 즉, 개입은 독립변수에 해당되고, 조사대상자의 표적행동은 종속변수에 해당된다고 볼 수 있다. 단일사례의 1차적인 목적은 어떤 표적행동에 대한 개입의 효과성을 분석하는 것이다. 개입 전의 관찰값을 기초선 단계(A)라 하고 개입 이후의 관찰값을 개입단계(B)라 한다.

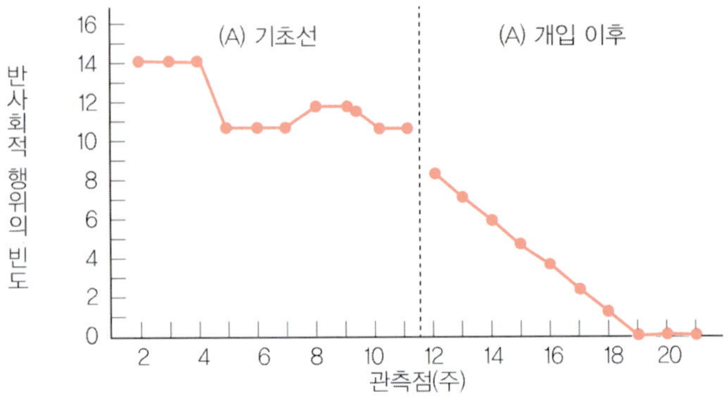

| 그림 3-1 | 단일사례설계의 기초선과 개입

단일사례설계는 하나의 대상 또는 사례를 가지고 반복적인 측정을 하기 때문에 외적타당도(일반화)는 낮지만, 개입효과에 대한 즉각적인 피드백이 가능하다. 단일사례설계의 수행과정을 보면 문제확인 규정 → 변수선정 → 측정대상 → 개입목표 설정 → 조사설계 → 조사실시 → 개입평가 순으로 이루어진다.

4. 표본추출과 측정

1) 표본추출(표집)의 개념

(1) 표집 관련 용어

① 모집단과 표본

모집단(population)은 연구자가 관심을 가지고 조사하려는 대상 전체, 혹은 연구결과를 일반화시키고자 하는 집단을 말한다. 표본(sample)은 실제 조사를 위해 모집단으로부터 선택된 일부 대상이다. 표집(표본추출, sampling)은 모집단으로부터 표본을 추출하는 과정이다. 모집단에서 표본을 추출하는 과정은 다음과 같다. 모집단 확정 → 표집틀 선정 → 표집방법 결정 → 표본크기 결정 → 표집 순으로 이루어진다. 조사연구는 전수조사를 통해서도 할 수도 있지만 대부분은 표본조사로 하는 것이 다양한 장점이 있어 표본조사를 실시하는 경우가 많다.

② 통계치와 모수

모집단에서 수집한 자료(표본)를 분석하여 궁극적으로 알고자 하는 것은 모집단의 특성이다. 표본의 자료를 분석하여 산출한 표본의 특성을 요약해 주는 수치를 통계치(statistics)라고 한다. 이 통계치를 통해 궁극적으로 추정하고자 하는 모집단의 특성에 해당하는 수치를 모수(parameters)라고 한다. 표본조사에서는 모집단에서 표본을 추출하여 표본의 통계치를 구한 후 그것을 통해 모집단의 모수를 추정하는 과정을 거친다.

③ 표집틀, 관찰단위, 표집단위, 분석단위

표본이 실제로 선정되는 모집단의 실제 목록을 표집틀(sampling frame)이라고 하며, 표집틀을 구성하는 목록 하나하나를 요소(element)라고 한다. 관찰단위(observation unit)는 자료를 수집하는 단위를 말하고, 표집단위(sampling unit)란 표본으로 추출하는 단위를 말한다. 분석단위(analysis)란 자료수집의 결과로 확보한 분석대상이 되는 자료의 단위이다.

④ 표집오차와 비표집오차

일반적으로 조사 결과와 실제 모집단의 특성이 불일치하는 문제는 크게 보면 표집과 관련되는 문제(표집오차)와 자료수집과정에서 발생하는 문제(비표집오차)로 나눌 수 있다. 표집오차(sampling error)는 모집단을 정확하게 반영해 주지 못하는 표본을 선정했기 때문에 발생하는 오류를 말한다. 비표집오차(non-sampling error)는 표집과정이 아닌 여타의 자료수집과정에서 발생하는 오류를 말한다.

2) 표집방법

모집단에서 표본을 추출하는 방법에는 확률표집과 비확률표집으로 대별된다. 확률표집은 모집단 표집틀의 요소가 표본으로 선정될 확률을 알 수 있고, 모두가 추출될 기회를 동일하게 갖고 있으며, 각 단위가 무작위로 추출되는 표집을 말한다. 비확률표집은 모집단 표집단위의 추출 확률을 명확히 규정할 수 없고, 각 요소의 추출확률도 다른 표집이다.

(1) 확률표집

모집단으로부터 표본으로 추출될 확률을 알 수 있으며, 표집단위를 무작위 표집하여 결과를 일반화하는 데 도움이 된다. 시간과 비용이 많이 드는 단점이 있다.

① 단순무작위표집

단순무작위표집(simple random sampling)은 확률표집의 가장 기본적 형태이다. 표집틀을 구성하는 각 요소를 무작위로 추출하는 형태로 난수표, 제비뽑기 형식으로 표본을 추출하는 방식이다.

② 체계적 표집

체계적 표집(계통적 표집, systemic sampling)은 표집틀에 부여한 일련번호에서 일정한 표집 간격을 두고 번호를 추출하는 방법이다. 표집 간격은 모집단의 수에서 표본의 수로 나눈 것이다. 500명의 모집단에서 50명의 표본을 추출한다면 간격은 10이다.

③ 층화표집

층화표집(stratified sampling)은 조사에 영향을 미칠 수 있는 변수를 기준으로 모집단을 상호배타적인 소집단으로 나눈 후, 각 소집단별로 추출할 표본의 수를 정해 각 소집단에서 정해진 수만큼 무작위로 추출하는 방법이다. 예를 들면 1,000명 중 100명을 성별을 기준으로 층화표집으로 뽑는다면 1,000명을 남자집단(예 600명)과 여자집단(예 400명)으로 나눈 후 무작위로 추출하는 방법이다(남자 60명, 여자 40명).

④ **군집표집**

군집표집(cluster sampling)이란 전체 모집단을 몇 개의 군집으로 분류하고, 그중 정해진 수만큼 집락을 무작위로 추출한 후 해당 집락 내에서 자료를 수집하는 방법이다. 확률표집 중 가장 표집오차가 큰 표집방법으로 관찰단위와 표집단위가 일치하지 않는다. 넓은 지역단위에서 좁은 지역단위로 범위를 좁혀가며 단계적으로 지역을 선정할 때 주로 사용한다(시·군·구에서 동으로 집락을 좁혀가는 방식).

(2) 비확률표집

비확률표집은 모집단의 소재가 불분명하거나 그 소재를 명확히 확인할 수 없을 때, 모집단의 표집틀을 구할 수 없을 때 등 확률표집 방법을 적용할 수 없을 때 사용하는 방법으로, 주로 질적연구에 많이 사용된다.

① **편의표집**(우발적 표집, 임의표집)

편의표집(convenience sampling)은 연구자가 쉽게 접근할 수 있거나 이용 가능한 대상들을 표본으로 선정하는 방법이다. 편리하고 비용이 가장 적게 드는 방법이지만 표본의 대표성을 확인할 수 없고, 일반화 가능성(외적타당도)도 낮다(예를 들면, 특정 장소에서 지나가는 사람을 상대로 복지정책의 선호도를 조사하는 방식).

② **유의표집**(의도적 표집)

유의표집(purposive sampling)은 조사자가 모집단 및 요소들에 대해 풍부한 사전지식을 가지는 경우 자신의 판단과 연구목적에 의해 표본을 구성하는 방법이다. 이것은 모집단에 대한 풍부한 사전지식을 기초로 하기 때문에 표집이 편리하고 시간과 비용도 적게 드는 장점이 있다. 조사자의 주관적 판단에 의거하여 누구를 표본에 포함할지를 결정한다는 의미에서 판단표집이라고 한다.

③ 할당표집

할당표집(quota sampling)은 모집단을 특정 변수를 기준으로 몇 개의 소집단으로 나눈 후 각각에서 표본을 작위적으로 추출하는 방법이다. 층화표집과 유사하지만 층화표집은 무작위로 추출하지만 할당표집은 작위적으로 추출한다는 점에서 차이가 있다.

④ 눈덩이 표집

눈덩이 표집은 조사자가 조사할 표본 사례들이 어디에 소재하는지를 잘 모르는 경우에 유용한 방법이다. 소수의 사례를 대상으로 조사를 수행하면서 이들로부터 다른 추가적 사례를 소개받아 표본을 확보해 가는 방법이다. 눈덩이가 굴러가면서 커지듯 소수의 사례에서 시작해 표본의 사례수가 많아진다는 의미에서 붙인 이름이다.

5. 자료수집과 욕구조사

1) 자료수집

(1) 설문조사(서베이조사)

자료수집 방법은 일반적으로 설문조사, 관찰, 2차자료 분석과 내용분석의 세 영역으로 구성된다. 이 중 설문조사는 응답자가 질문에 직접 답하도록 하는 형태의 자료수집 방법으로 대단위 모집단의 태도와 성향을 측정할 때 적합한 조사이다. 설문조사를 어떤 방식으로 진행하는가에 따라 우편설문조사, 면접설문조사, 전화설문조사, 전자설문조사로 나눌 수 있다.

① 우편설문조사

우편설문조사는 응답자가 직접 읽고 이해하여 응답할 수 있는 질문지를 만들어 우편으로 보낸 후 우편으로 받는 형태의 조사이다. 이 방법은 저렴한 비용과 조사로 인한 편의(bias) 감소, 익명성 보장, 접근 용이성이 장점이다. 단점으로는 간단한 질문만 적합하며, 낮은 응답률과 비언어적 행동은 조사가 불가능한 점이다.

② 면접조사

면접조사는 면접자와 피면접자가 직접 대면하여 질문과 응답을 주고받는 방식으로 자료를 수집하는 조사를 말한다. 장점으로는 조사의 융통성과 높은 응답률, 비언어적 행위의 관찰이 가능하며, 단점으로는 시간과 경비가 많이 들며, 면접자로 인한 편의(bias)가 있으며, 익명성이 결여되어 있다. 면접조사의 종류로는 구조화된 면접과 비구조화된 면접이 있다.

③ 전화조사

전화조사는 응답자를 대면하여 대화하는 대신 전화를 통해 응답자로부터 자료를 수집하는 방식이다. 신속하게 자료를 수집할 수 있으며, 조사에 비용이 적게 든다. 단점으로는 전화기가 없는 대상자를 포함하지 못한다는 문제가 발생한다.

(2) 설문지 작성방법

설문지는 서베이 조사의 자료수집 도구이다. 자료수집 방법을 결정한 이후 설문지 작성 순서는 연구목적 및 연구문제와 관련된 질문내용 결정, 질문내용에 따라 질문형태와 질문방법 결정, 질문어구 및 순서 구성, 질문 배열 및 설문표지 작성, 사전검사를 거쳐 설문지 수정, 설문지 인쇄 순으로 이루어진다.

질문 문항을 구성할 때 다음 사항을 유의해야 한다. 첫째, 문항을 분명하게 이해할 수 있도록 명확히 서술한다. 둘째, 응답 범주를 구성할 때는 상호배타성, 포괄성, 논리적 연관성을 가져야 한다. 셋째, 문항의 길이는 가급적 짧은 것이 좋다. 넷째, 추상적으로 질문하기보다는 사실적으로 질문한다. 다섯째, 이중질문이나 유도성 질문은 피한다. 여섯째, 개방형 질문과 폐쇄형 질문은 적절히 혼합되어야 하지만, 개방형 질문이 너무 많지 않도록 유의해야 한다.

(3) 관찰법

관찰은 조사대상의 특성, 언어적 또는 비언어적 행동 등에 대한 관찰을 통해 자료를 수집하는 방법이다. 관찰자가 관찰을 하면서 관찰대상의 언어, 관련된 해석 및 느낌 등을 기록한 것을 관찰노트(field note)라 하며, 일반적으로 관찰이 끝난 직후 현장에서 기록한다.

(4) 2차 자료분석과 내용분석

① 2차 자료분석

사회조사에서 수집되는 자료에는 크게 1차 자료와 2차 자료가 있다. 1차 자료는 연구자가 연구목적을 위해 직접 수집·작성한 자료를 말하고, 2차 자료(통계자료, 간행물, 신문 등)는 기존에 있는 자료를 연구자가 연구목적을 위해서 활용하는 자료이다.

② 내용분석

내용분석은 인간의 의사소통 기록물(신문, 서적, 잡지 등) 등을 분석하는, 간접자료 수집 방법 중 하나이다. 기록뿐만 아니라 어떤 형태의 의사전달에도 적용이 가능하다. 내용분석의 특징은 분석방법이 객관적이고 계량적이며, 체계적이다.

2) 욕구조사의 방법

욕구조사는 평가와 더불어 사회복지실천 현장에서 매우 중요한 분야이다. 사회복지실천 현장에서 욕구조사의 방법으로는 다양한 종류가 있다.

(1) 지역사회공개토론회

지역사회공개토론회(지역사회포럼)는 조사자가 지역사회의 모든 사람이 참여할 수 있는 공개적 모임을 주선하여, 이 모임에서 논의되는 지역사회의 욕구나 문제들을 파악하는 방법이다. 지역사회에 거주하거나 활동하는 사람들이 지역의 욕구나 문제를 잘 알고 있다는 전제하에서 이루어진다.

장점으로는 광범위하고 자유로운 욕구나 문제의 확인이 가능하고, 비용과 시간 면에서 효율적이며, 현실적인 실행가능성이 높다. 단점으로는 모든 지역주민을 대표하는 사람들이라기보다는 현안이 되는 문제와 관련해 이해관계가 얽힌 사람들이 참석할 가능성이 커서, 이 방법을 통해 수집된 자료가 과연 지역주민 전체의 욕구를 대표할 수 있을 것인가에 대해서는 의문이 제기될 수 있다.

(2) 주요 정보 제공자 조사

주요 정보 제공자 조사는 특정 지역사회의 조건이나 문제에 관해 전문적인 지식이나 견해를 가지고 있는 주요 정보 제공자들을 서베이 혹은 면접하여 지역사회의 욕구를 파악하는 조사이다. 주요 정보 제공자에는 기관의 서비스 제공자, 인접 직종의 전문직 종사자, 지역 내 사회복지단체의 대표자 등 지역사회 문제에 대하여 잘 알고 있는 것으로 인정되는 사람들이 포함될 수 있다.

장점으로는 지역의 전반적인 문제를 비교적 쉽게 파악할 수 있고, 전문가의 시각과 견해를 반영할 수 있다. 단점으로는 주요 정보 제공자를 선정하는 과정이 자의적일 수 있어 표집자의 편의(bias)현상이 나타날 수 있다.

(3) 서비스 제공자 서베이

서비스 제공자 서베이는 서비스 제공자나 프로그램 운영자로부터 지역주민이나 대상집단의 욕구를 파악하는 방법으로 주요 정보 제공자 조사의 한 유형이다. 이는 널리 알려져 있지 않거나 사회적으로 받아들여지기 어려운 집단(약물 중독, 미혼모 등)의 욕구나 문제에 관한 정보를 파악하기 용이한 것이 장점이다. 그러나 단점으로는 실제 표적집단이 인식하는 욕구와는 다를 수 있고, 서비스 제공자의 의견이 수혜자의 의견만을 반영하는 것이 아니라 서비스 제공자나 제공기관의 관점을 반영하는 경향이 있다.

(4) 서베이 조사

서베이 조사는 지역사회의 일반인구 또는 특정 표적인구의 욕구를 조사하기 위하여 이들 전체 인구를 대표할 수 있는 표본을 선정하고, 이들이 생각하거나 느끼는 욕구를 조사하여 전체의 욕구를 추정하는 방법이다. 광범위한 지역주민의 의견과 욕구를 파악할 수 있는 점은 장점이나 시간과 비용이 많이 드는 단점이 있다.

(5) 델파이 방법

델파이 방법은 특정 주제나 문제에 대해 전문가를 대상으로 익명 처리된 설문조사를 수차례 반복함으로써 일종의 집단 협의 방식으로 합의에 이르는 조사방법이다. 이는 어떤 문제에 대하여 전문가들 사이의 합의점을 찾는 방법이다. 특징은 전문가들이 한자리에 모이지 않고 응답을 무기명으로 하는 점이다. 참여자들은 서로에 대한 정보 없이 익명으로 참여하게 된다. 이들은 대면회의와 같은 상호작용이나 즉각적 환류를 통제한 상태에서 전문가들의 의견을 수렴한 후 이를 집단적 통계분석으로 처리한다. 델파이 집단은 조정자와 패널로 구성되는데, 조정자는 전문가 패널의 응답을 매개하고 촉진하는 역할을 담당한다.

(6) 초점집단조사

초점집단(FGI: Focus Group Interview)조사는 어떤 문제나 욕구를 가장 잘 나타낼 수 있는 소수의 사람들(12~15명 정도)을 한곳에 모아, 어떤 문제에 대한 의견을 개진(토론)하게 하고, 의견을 심도 있게 듣는 방법이다. 이는 단순하게 그들이 해결하기를 원하는 욕구나 문제에 대한 진술에서 벗어나 어떻게 그 일이 벌어졌고, 왜 벌어지게 되었는지에 대해 상세하게 진술할 때 가장 큰 효과를 발휘한다.

(7) 명목집단기법

명목집단기법(NGT: Nominal Group Technique)은 해결해야 할 욕구나 문제에 대한 공유된 이해를 형성 또는 조장하기 위해 사용되는 기법이다. 토의와 상호작용을 강조하는 초집집단 조사와 달리 집단 성원 간 상호작용이 별로 없는 명목상으로만 집단이라는 특징을 갖는다. 명목집단에는 클라이언트, 주요 정보 제공자, 서비스 제공자, 해딩 분야 전문가 등이 참여할 수 있다. 이들은 욕구의 확인과 욕구충족을 위한 적합한 방법에 대한 의견을 제안한다.

3) 평가조사의 종류

평가조사는 책임성 시대에 맞춰 개입과 프로그램의 효과성을 측정하기 위해 사회조사 방법론을 적용하는 대표적인 응용조사이다. 평가조사에서는 서비스나 프로그램이 독립변수, 그것을 통해 의도한 변화 목표가 종속변수 역할을 한다.

평가조사를 하는 목적은 프로그램의 계획이나 운영과정에 필요한 환류적 정보를 제공하고, 책임성 이행과 이론형성에 기여한다. 사회복지분야에서 평가의 기준은 일반적으로 노력성, 효과성, 효율성, 서비스의 질, 과정, 영향성, 형평성을 들 수 있다.

(1) 평가목적에 따른 분류

① 형성평가

형성평가는 프로그램 운영 도중에 이루어지는 평가로 프로그램 수행과정에서 문제점을 발견하여 프로그램을 수정·보완하고자 하는 목적을 가진 평가 조사이다. 프로그램 모니터링과 서비스의 질 관리를 위한 노력이 포함된다.

② 총괄평가

프로그램의 성과(outcomes)와 영향(impacts)을 파악하여 프로그램의 유지, 확대, 취소 등에 대한 결정의 근거로 삼는다. 이는 프로그램의 긍정적 결과를 다른 비슷한 프로그램, 상황, 또는 대상에 대하여 일반화시키려는 목적으로 프로그램이 종료되는 시점이나 완전히 종결된 이후 실시하는 평가이다. 즉, 프로그램의 표적집단에 어떤 변화가 일어났는지(효과성)와 투입된 비용에 비추어 그 성과가 정당화될 수 있는지(효율성)에 관심이 있다.

총괄평가는 효과성 평가와 효율성 평가로 구분되는데, 효과성 평가는 프로그램이 원래 달성하고자 했던 목표에 달성되었는지에 초점을 두고 있다. 효율성 평가는 프로그램의 결과가 투입된 비용에 비추어 정당화될 수 있는지에 초점을 둔다.

(2) 프로그램 진행 성격에 따른 분류

① 양적평가

양적평가는 평가를 위해 주로 계량화된 자료를 수집하여 분석하는 조사이다. 실험 등을 통한 객관적 자료수집을 추구하며, 연역적 방법에 의한 조사를 강조한다. 보통 구조화된 질문지를 이용하여 숫자, 비율 등으로 나타낸다.

② 질적평가

자연스러운 상황에서 수량화되지 않는 자료를 수집하여 귀납적으로 분석하는 조사이다. 인터뷰와 관찰을 통해 수집되는 수량화될 수 없는 자료를 분석한다. 프로그램 평가에서 질적평가는 프로그램의 성과를 객관적으로 평가하는 것이 아니라 프로그램 관리자와 대상자를 중심으로 한 면접과 관찰을 토대로 한다.

PART 02

사회복지실천

제2부는 사회복지실천 현장에서 활용되는 다양한 지식과 기술을 익히고 지역사회에 대한 지식을 다룬다. 제4장에서는 사회복지실천을 수행할 때 활용하는 사회복지사의 역할, 사회복지실천의 관점, 관계형성을 서술하고 있다. 제5장에서는 실천 현장에서 활용하는 다양한 이론 모델과 대상별 사회복지실천에 대해서 살펴본다. 제6장에서는 지역사회복지실천에 대한 가치와 실천의 특성, 각종 이론에 대해서 서술하고 있다.

Chapter

04 사회복지실천의 이해

1. 사회복지실천의 기초와 실천현장

1) 사회복지실천의 목적과 기능, 전문성

(1) 사회복지실천의 목적과 기능

미국사회사업가협회(NASW)에서는 사회복지실천은 개인, 집단 또는 지역사회로 하여금 사회적 기능에 대해 그들의 능력을 강화 또는 회복시키고, 그들의 목표에 바람직한 사회적 기능을 창출하도록 돕는 전문적 활동으로 규정하고 있다(Barker, 1995). 이러한 사회복지실천의 목적을 정의하고자 하는 노력은 사회복지실천의 출현 이래로 계속되어 왔으며, 이 중에서 핀커스(Pincus)와 미나한(Minahan)은 사회복지실천의 목적을 첫째, 개인의 문제해결 및 대처능력의 향상, 둘째, 개인에게 지역사회 자원과 서비스 및 기회를 제공해 주는 것, 셋째, 이러한 체계들이 효과적이고, 인도적으로 운영되도록 장려하고 촉진시키는 일, 넷째, 사회정책을 개발하거나 발전시키는 데 이바지하는 것 등으로 설명하고 있다.

사회복지실천의 기능은 사회정의의 실현과 클라이언트의 사회적 기능 증진이다. 첫째, 사회정의 실현 기능은 사회제도가 모든 사람들의 기본적인 인권을 인정하고 지원하는 공정성과 도덕성을 발휘하는 것을 말한다. 사회복지사는 클라이언트가 권리를 찾도록 도와주는 활동, 즉 옹호활동을 하며, 공정하고 정의롭게 사람들의 권리가 인정되도록 사람들을 촉구하고, 권리를 박탈당하거나 무시당하는 사람들을 위해 대변자 역할을 한다.

둘째, 클라이언트의 사회적 기능 증진이다. 사회복지실천이 클라이언트의 사회적 기능을 증진시킨다는 것은 예방, 재활, 치료활동을 통해 욕구가 있는 개인들의 사회적 기능을 높여준다는 것을 의미한다.

(2) 사회복지실천의 전문성

사회복지사가 전문적인 실천 능력을 갖추기 위해서는 사회복지실천에 관한 관심이나 이론적 이해를 돕는 기초적인 지식과 사회복지실천 과정에 직접적으로 도움이 되는 전문적인 실천 지식을 갖추어야 한다. 그 내용은 다음과 같다(김혜란 외, 2008: 24-25).

① 기초지식

개인으로부터 환경에 이르는 폭넓은 삶의 문제를 다루는 학문의 특성상 사회복지실천 분야에서 활용되는 지식은 대부분의 사회과학 및 인접 학문의 지식을 포함한다. 특별히 사회의 소외 계층이 겪는 문제가 발생하는 사회적 맥락과 바람직한 사회변화에 관한 다양한 관점과 시각을 기르기 위해서는 심리학을 비롯한 사회학, 정치학, 경제학, 인류학 등 기초 사회과학으로부터 얻어지는 지식이 포괄적으로 요구된다.

② 전문지식

사회복지사에게 필요한 전문지식은 사회복지 대상자에 관한 이해로부터 실천 과정, 사회 정책에 이르기까지 다양하다. 이를 구체적으로 살펴보면 인간행동과 발달에 관한 지식, 인간관계와 상호작용에 관한 지식, 실천이론과 모델에 관한 지식, 특정 분야나 대상집단에 대한 지식, 사회정책과 서비스에 대한 지식, 사회복지사 자신에 관한 지식 등이 있다.

③ 사회복지실천의 과학 및 예술적 기반

사회복지실천의 과학적 기반은 효과적인 개입활동을 통한 사회적 기능 향상과 사회 정의 실현을 위해서 사회현상이나 사회적 조건 및 문제,

사회정책과 프로그램, 다양한 실천이론과 관련된 지식을 실천에 적절히 적용하고, 활용하는 것을 의미한다.

사회복지실천의 예술적 기반 혹은 예술성은 사회복지사의 개인적인 특성이나 예술적 혹은 직관적 능력 등을 적절히 활용하는 능력을 말한다. 즉, 클라이언트의 정서적 측면에 개입하는 사회복지사의 심리적 특성 또는 능력, 다양한 활동이나 개입이 효과적이기 위해서 기본적인 지식과 이론, 기술 등을 상황이나 클라이언트의 개별적 특성에 맞게 적절히 선택하여 적용해야 한다. 이를 위해서는 클라이언트에 대한 감정 이입적인 의사소통, 진실성, 창의적 사고, 직관적 능력, 건전한 판단력, 인간의 고통에 직면할 수 있는 용기, 의미 있는 상생적인 원조 관계 수립 능력, 변화에 대한 장애물을 극복하는 창의성, 변화과정에 희망적 기대와 에너지를 불어넣는 능력, 효과적인 전문가 스타일 형성 등이 필요하다.

2) 사회복지실천 현장과 사회복지사의 역할

(1) 사회복지실천 현장의 분류

사회복지실천 현장은 클라이언트에게 사회복지서비스를 직접적 또는 간접적으로 제공하는 장(場)을 의미하며, 사회복지실천 현장은 펄만(Perlman)이 개별사회사업의 구성 요소로 제시한 개인(Person), 문제(Problem), 기관(Place), 과정(Process)을 강조한 4P의 한 요소로서 사회복지실천에서 중요한 부분을 차지한다.

① 기관의 기능이나 목적에 따른 분류

기관의 주된 기능과 목적에 따라 1차 현장과 2차 현장으로 분류할 수 있다. 1차 현장은 기관의 주된 기능과 목적이 사회복지서비스를 제공하는 것으로 사회복지사들이 중심이 되어 활동한다. 지역사회의 종합사회복지관, 노인복지관, 사회복귀시설 등이 있다.

2차 현장은 기관의 1차적 기능은 따로 있으며, 필요에 의해서 사회복지서비스를 제공한다. 사회복지 전문기관은 아니지만 사회복지서비스가 기관 운영과 서비스의 효과성에 긍정적 영향으로 인해 사회복지사의 개입이 부분적으로 이루어지고 있는 실천 현장을 말한다. 예를 들면, 학교, 의료기관, 교정시설, 기업, 행정복지센터 등이 있다.

② 기관의 설립 주체와 재원 조달 방식에 따른 분류

공공기관과 민간기관으로 구분된다. 공공기관은 관료적 위계질서에 의해 통제되고 정부의 지원에 의해 운영되며, 사회복지사의 업무도 정부의 규정이나 지침에 의해 지도감독을 받게 된다. 서비스를 계획하고 관리, 지원하는 행정체계와 서비스를 직접 제공하는 집행체계로 나누어지는데, 행정복지센터가 그 예이다.

민간기관은 사회복지 관련 사업을 목적으로 하는 기관으로 기부금이나 후원금, 재단 전입금, 기타 서비스 이용료 등을 주요 재원으로 한다. 서비스를 직접 제공하는 사회서비스 기관과 간접 서비스나 행정지원을 위해 조직된 협의체로 나누어진다. 사회복지법인 및 재단법인, 사단법인, 시민사회단체, 종교단체 등을 운영하는 비영리기관을 총칭한다.

③ 서비스 제공 방식에 따른 분류

행정기관은 서비스 제공 방식에 따라 간접적 서비스를 제공하는 행정기관과 직접적 서비스를 제공하는 서비스 기관으로 분류할 수 있다. 관련 주요 부처로는 중앙정부의 사회복지 행정기관인 보건복지부, 행정안전부, 고용노동부, 교육부 등과 민간 행정조직으로는 사회복지협의회 등이 있다.

서비스기관은 주요 대상이나 문제영역에 따라 분류되며, 클라이언트에게 직접 서비스를 제공하는 것을 목적으로 한다. 예를 들면, 아동상담소, 지역사회복지관, 보육시설 등이 있다.

④ 주거서비스 제공 여부에 따른 분류

주거서비스 제공 여부에 따라 생활시설과 이용시설로 분류된다. 먼저

생활시설은 주거서비스를 포함한 제반 사회복지서비스를 제공하는 기관으로 장애인생활시설, 아동단기보호시설, 청소년쉼터, 노인전문요양시설, 미혼모시설, 그룹홈 등을 말한다.
이용시설은 주거서비스는 제공하지 않고 지역사회에 거주하는 클라이언트를 대상으로 사회복지 서비스를 제공하는 기관으로 종합사회복지관, 노인복지회관, 장애인복지관, 청소년상담센터, 지역자활센터, 성폭력피해상담소, 영유아보육시설 등을 말한다.

(2) 사회복지사의 역할

사회복지사는 클라이언트의 문제나 욕구를 파악하여 적절한 개입을 할 수 있는 능력이 있어야 한다. 또 지역 내의 사회자원 및 관계망에 대한 지식을 가지고 클라이언트와 기관, 단체들과 효율적 의사소통을 할 수 있어야 한다. 사회복지사는 기관의 성격과 담당하는 업무에 따라 한 가지 역할을 주로 수행하기도 하지만, 서로 다른 역할을 동시에 수행해야 하는 경우가 많기 때문에 상황에 맞는 적절한 역할을 수행해야 한다.

① 직접 서비스 제공자
사회복지사는 클라이언트와 직접 대면하여, 클라이언트의 욕구와 문제를 해결하기 위해 심리적인 치료 및 상담과 같은 직접 서비스를 제공한다. 주요 활동으로는 개인적인 문제해결을 위한 상담, 부부, 가족치료, 집단 활동 서비스, 교육자, 혹은 정보제공자 역할을 한다.

② 체계와 연결하는 역할
사회복지사는 사람들을 다른 자원과 연결시키는 역할을 수행하며 클라이언트를 다른 체계와 연계하는 역할을 한다. 중개자, 사례관리자, 조정자, 중재자, 옹호자의 역할을 한다.

③ 체계 유지 및 강화 역할
체계 유지와 강화 역할로는 조직분석가, 촉진자, 팀성원, 자문가의 역할을 한다.

④ 연구와 조사 활용자

연구자는 관심 있는 주제에 관한 문헌연구나 자신의 실무에 대한 평가, 프로그램에 대한 분석, 지역사회 욕구조사 등의 활동을 통해 이론적 또는 실천적인 전문직으로 발전시키는 활동을 수행하는 역할을 한다.

⑤ 체계 개발 역할(system development)

프로그램 개발자, 기획가, 정책 및 절차 개발자 역할을 한다.

2. 사회복지실천의 통합적 방법

사회복지 분야의 통합적 접근방법은 모든 사회복지사가 개인과 집단, 지역사회에 제기되고 있는 문제에 대처해 나가고자 할 때, 활용하는 방법이다. 사회복지실천은 1970년대 후 개별사회사업(case work), 집단사회사업(group work), 지역사회조직(community organization)의 3대 방법론으로부터 일원적 통합화를 지향하고 있다.

1) 통합적 접근의 등장 배경과 특징

(1) 통합적 접근의 등장 배경

전통적으로 사회복지는 모든 인간행동에 대하여 다양한 접근방법으로 설명해 왔다. 그러나 전통적인 방법론은 인간행동에 대해서 특정한 행동에 제한적으로 적용된다는 한계성에 부딪혀 왔다. 또한 전통적인 방법론에 입각한 사회복지 서비스의 분화와 파편화를 초래했다. 공통 기반이 없는 사회복지 전문직의 공통된 정체성 및 일체감을 형성하는 데 방해가 되어 사회복지 전문직의 정체성을 확립하는 데 장애 요인이 되었다. 그뿐만 아니라 전통적 방법은 사회복지사들에게도 직제 간의 이동이나 훈련을 어렵게 하는 문제를 경험하게 하였다. 이러한 비판을 기반으로 사회사업의 실천 방법론에 대한 통합적 시도가 강구되어 왔고, 이러한 통합적 시도는 사회체계이론, 생태학이론, 생태체계이론 등이 사회복지에 활용되면서 복잡한 문제에 대한 접근에 통합적 방법론을 적용하기 시작하였다.

(2) 통합적 접근의 특징

통합적 접근방법의 특징을 김융일(2005)은 다섯 가지로 제시하였다.

첫째, 사회복지실천의 본질적인 개념, 활동, 기술, 과업 등에 어떤 공통적 기반이 있음을 전제로 한다. 둘째, 통합적 접근이 갖고 있는 가치관은 클라이언트의 잠재성을 인정하고, 계속적인 성장을 통하여 그의 잠재성을 개발할 수 있으며, 성장과 잠재성은 미래지향적임을 강조한다. 셋째, 과거의 심리 내적인 정신역동적 측면에 초점을 둔 것으로부터 사회와 문화, 즉 상황 속의 인간(person in situation)을 이해하고, 설명하는 데까지 확대된 개념을 사용한다. 넷째, 통합적 방법은 인간과 환경의 상호작용에 초점을 둠으로써 인간과 환경의 공유영역, 즉 사회적 기능수행 영역에 사회복지사가 개입해야 함을 강조한다. 다섯째, 클라이언트의 존엄성을 인정하고 강점지향, 클라이언트의 자기결정, 개별화를 극대화하고 실천과정의 평가를 강조한다.

2) 통합적 방법론

1950년대부터 1970년대 사이에 사회복지실천의 통합적 모델이 많이 개발되었다. 대표적으로 펄만(Perlman)의 문제해결모델, 골드스타인(Goldstein)의 단일화 모델, 핀커스(Pincus)와 미나한(Minahan)의 4체계모델, 콤튼(Compton)과 갤러웨이(Galaway)의 6체계모델이 통합적 방법론에 해당된다.

(1) 펄만의 문제해결모델

1950년대에 펄만이 창안한 것으로 진단주의와 구성주의의 관점을 절충한 모델이며, 진단주의학파 입장에서 기능주의학파의 견해를 받아들였다. 문제해결모델은 초기 단계부터 사회복지사와 클라이언트가 함께 적절한 과정을 거쳐 단계적으로 실천 가능한 것으로부터 최종적 목표에 도달하는 것이 특징이다.

문제해결모델의 활동적 구성요소는 문제(Problem), 사람(Person), 장소(Place), 과정(Process) 등의 4P 개념으로 이루어져 있다. 이것은 특정한 문제를 가진 사람이 그 문제해결에 필요한 도움을 제공하는 장소를 찾아오면, 사회복지사는 그로 하여금 자신의 문제해결에 적극적으로 관여하게 하면서 문제해결에 필요한 자원을 제공해 주는 일련의 과정을 활용한다. 펄만은 이후에 전문가와 사회적 지지나 재화, 관계 등을 제공하는 제공물의 개념을 추가하여 6P로 확대했다.

(2) 4체계모델

핀커스와 미나한의 4체계모델은 포괄적이고, 전체적인 관점에서 클라이언트 체계를 사정할 수 있는 기초를 제공한다. 핀커스와 미나한은 사회복지실천에 공통적으로 적용할 수 있는 중심 기술과 개념이 요구된다고 주장하면서, 사회복지사에게 요구되는 공통된 핵심기술로 사정기술을 들었다(Zastrow, 1995). 4체계는 클라이언트체계, 표적체계, 행동체계, 변화매개체계를 말한다.

(3) 생활모델

생활모델은 인간과 환경의 상호작용에 초점을 두며, 개인, 집단, 지역사회 등의 제반 체계에 개입할 수 있는 실천원칙과 기술을 통합한 것이다. 이론의 핵심은 개인은 환경과 상호작용하는 관계 속에서 지속적으로 적응해 나간다는 것이다.

이 방법은 한 개인의 결점에 초점을 맞추지 않고, 오히려 클라이언트의 장점과 삶의 과정상 나타나는 실천상의 관계에 초점을 맞추어 상호작용하도록 만들어진 모델이라는 점에서 기존의 실천 접근방법과 다르다.

생활모델의 목표는 치료를 제공하는 것이 아니라 건강, 성장, 개인의 잠재성을 표현하도록 격려하고, 성장과 행복을 조장하며, 지속시킬 수 있는 환경을 만들어 내고, 개인이 그 환경에 잘 적합하게 되도록 변화시키는 것이다.

(4) 콤튼과 갤러웨이의 6체계모델

콤튼과 갤러웨이의 6체계모델, 혹은 문제해결 과정모델은 1975년에 개발된 실천모델로서 1970년부터 발전한 미국의 체계이론에 많은 영향을 받았다. 이 모델은 개입의 초점을 개인과 환경의 상호작용에서 발생하는 생활문제에 두고, 문제해결을 위해 사회복지사가 클라이언트와 함께 활동하는 공동참여의 과정을 사회복지실천으로 보았다.

또한 사회복지실천의 다양한 상황, 다양한 크기와 형태의 체계가 적절히 적용되는 방법을 제공하고, 문제해결 과정을 구체적이고 단계적으로 제시하고 있으며, 다양한 사회복지사의 역할을 설명하고 있다(이종복 외, 2007). 콤튼과 갤러웨이의 문제해결 과정모델은 핀커스와 미나한의 4체계에 전문가체계와 문제인식체계를 첨가한 것이다.

3) 사회복지실천의 주요 관점

(1) 환경 속의 인간관점

환경 속의 인간관점은 사회복지실천에서 가장 오랫동안 추구되어 왔던 개념이다. 인간을 이해하기 위해서는 심리 내적인 특성뿐만 아니라 환경과 그를 둘러싼 상황까지 모두 고려해야 한다. 인간이 경험하는 각종 사회복지적인 문제의 원인을 개인과 환경 중 어느 한쪽의 결함으로 보기보다는 개인적 요소와 환경적 요소의 상호작용에 따른 결과로 본다.

(2) 일반체계관점

일반체계이론(general system theory)은 1940년대에 처음 제시된 이후 1960년

대부터 주목받기 시작하였다. 일반체계는 행동을 단순한 원인에 입각하여 설명하기보다는 다양한 변인들 간의 상호작용을 이해할 수 있는 개념적 준거 틀을 제시함으로써 사회복지사들이 인간이 기능하는 다양한 체계를 동시에 고려하여야 한다는 인식을 갖게 해주어 사회복지실천에 많은 영향을 끼쳤다.

체계란 상호의존적이고 상호작용하는 부분들로 구성된 전체, 즉 부분들 간에 관계를 맺고 있는 일련의 단위들(Bertalanffy, 1968: 38)로 정의된다.

(3) 생태체계관점

생태체계이론은 일반체계와 생태학이론(ecological theory)을 결합한 것으로, 하나의 이론이라기보다는 다양한 이론들과 결합할 수 있는 시각, 혹은 관점의 개념으로 이해할 수 있다. 또한 생태체계와 일반체계의 주요 개념들을 그대로 받아들이면서, 그 이론이 지닌 한계점을 극복하기 위해 생태학적 관점을 도입한 통합적 이론이라고 할 수 있다.

따라서 생태학이론은 유기체와 환경이 어떻게 적응적 적합성과 균형을 이루는가, 그것들이 어떻게 그리고 왜 그에 실패하는가, 인간에게 유익한 것은 무엇인가, 어떻게 그들의 환경이 인간의 성장과 발달에 생물학적, 인지적, 사회적, 심리적으로 해가 되지 않게 할 수 있는가를 탐구한다(조흥식 외, 2010). 따라서 생태체계 '환경 속의 인간'이라는 통합적 개념 속에서 인간을 이해하게 하므로 사회복지실천에 있어 통합적 관점을 갖게 한다.

(4) 강점관점

강점관점은 모든 인간은 자신의 삶의 질을 향상시키는 데 필요한 강점을 이미 소유하고 있고, 문제나 어려움에 직면했을 때 문제를 해결할 수 있는 능력과 힘을 갖고 있다고 보는 관점이다. 대표적 학자는 샐리베이(Saleebey), 드종(de Jong), 밀리(Miley)이며, 강점관점에 토대를 둔 사회복지실천모델은 권한부여모델과 해결중심모델이 있다.

① 강점관점의 특징

클라이언트가 가진 잠재력과 강점을 믿고, 발견하고, 활용하므로 사회복지사 및 치료자와 같은 전문가를 중심으로 개입하는 것이 아니라 클라이언트 중심으로 개입한다. 클라이언트에 대해 문제를 가진 병리적이고 역기능적인 사람으로 보고 전문가가 개입해야 할 대상으로 보는 의료모델을 강조하지 않고 자신의 문제를 해결할 능력이 있다고 본다.

② 강점관점과 병리적 관점의 비교

병리적 관점은 의료모델에 영향을 주었고, 강점관점은 역량강화모델에 영향을 주었다. 강점관점과 병리적 관점을 비교하면 다음과 같다.

〈표 4-1〉 병리적 관점과 강점관점의 비교

구 분	병리적 관점	강점관점
관 점	• 문제를 가지고 있는 개인과 고위험 집단을 병리 또는 질병 집단으로 분류	• 개인과 집단이 문제가 있음에도 불구하고 강점과 지질, 내적 자원을 가지고 있다고 믿음
개 인	• 문제가 있는 개인과 집단을 다루어야 할 사례와 문제로 규정	• 개인을 독특한 존재, 즉 문제와 함께 자질, 자원, 역량, 장점을 가진 존재로 규정
용 어	• 문제, 회복과 같은 병리 중심적 용어	• 회복력, 극복과 같은 가능성, 발전적 용어
전문가	• 개인, 가족, 집단의 삶을 조정하는 전문가	• 개인, 가족, 집단이 자신의 삶의 전문가
치료중심	• 치료의 핵심은 전문가의 협약에 의한 목표, 치료, 계획 등	• 치료의 중심은 개인, 가족, 집단의 강점, 욕구 등
원조과정	• 전문가에 의한 원조와 치료 계획	• 개인, 가족, 집단이 자신의 삶의 전문가
가능성	• 선택, 통제, 발달의 가능성은 중독, 남용, 병리, 나이 등에 의해 제한	• 선택, 통제, 발달의 가능성은 항상 개방
변화자원	• 전문적 시비스 전달과 지식과 기술	• 지역사회, 집단 구성원, 가족, 개인의 자질, 강점, 역량 등
원조목적	• 문제해결, 증상 조절	• 삶의 가치를 추구

출처: Saleebey(1999), p. 18; Compton & Galaway(1999).

4) 사회복지실천의 면접과 관계형성

(1) 사회복지실천에서의 면접

면접은 사회복지사와 클라이언트 간에 이루어지는 의사소통으로 사회복지실천과정에서 주요한 개입기술로 사용된다. 또 클라이언트의 문제 파악 및 실행, 평가 등 전반적인 실천과정에서 다양하게 사용된다. 면접은 실천을 위한 정보수집의 도구이기도 하며, 그 자체가 치료 효과를 내기도 한다. 사회복지실천에서 이루어지는 면접의 특징은 다음과 같다.

① 사회복지면접의 특징

첫째, 면접하기 위한 세팅과 맥락이 있다. 둘째, 면접은 목적과 방향이 있다. 이 목적을 달성하기 위해 수행하는 과정이므로 면접은 목적지향적인 활동이다. 셋째, 면접은 계약에 의해 수행된다. 넷째, 면접은 특정한 역할관계가 있다. 그래서 그 역할에 따라 상호작용하게 된다. 다섯째, 면접은 개인적 수준에서 이루어지는 것이 아니라 공식적으로 이루어지는 활동이다. 여섯째, 면접의 목적은 단계마다 달라진다.

② 면접의 유형

면접의 종류는 다양하나 면접의 목적에 따라 분류한 세 가지 유형은 다음과 같다.

첫째, 클라이언트 개인, 가족, 사회적 환경 등에 관한 여러가지 정보를 수집하는 정보수집면접이다. 둘째, 클라이언트의 변화를 돕기 위한 치료를 위한 면접이다. 셋째, 구체적인 서비스에 대한 의사결정을 하기 위한 사정을 위한 면접이 있다.

③ 사회복지면접에서 유의해야 할 사항

사회복지면접에서 질문이 미리 정해진 구조화된 면접을 할 경우 그 질문의 의도와 의미를 면접자가 잘 파악하여 상황에 따라 융통성 있게 사용해야 한다. 사회복지사는 제공할 수 있는 서비스의 한계를 규정한 기관의 정책과 프로그램을 고려해야 하며, 사회복지사가 다룰 수 없는 내용은 면접에서 피해야 한다. 또한 면접의 전 과정에서 융통성을 가져야 하고, '예' 혹은 '아니요'로 답할 수 있는 단답형 질문이나 유도형 질문은 피해야 한다.

(2) 사회복지실천에서의 관계형성

사회복지실천에서 관계는 클라이언트와 사회복지사 간에 혹은 사회자원들과의 교류를 가능하게 하는 연결통로이다. 클라이언트와 그를 둘러싸고 있는 환경과의 사이에서 보다 나은 적응을 가져오도록 개인의 능력과 지역사회 자원을 적절히 동원하고 활용할 수 있도록 돕는 관계를 의미한다. 펄만(Perlman, 1979; 최해경, 2010: 111-121 재인용)은 전문적 원조 관계의 특성을 다섯 가지로 제시하였다.

첫째, 전문적 관계는 인정되고, 합의된 목적을 위해 형성된다.

둘째, 전문적 관계는 시간 제한적이다. 전문적 관계는 그 목적이 달성되거나 클라이언트의 동기, 능력, 원조자의 자원이 허용되는 한도에 도달하면 종결된다.

셋째, 전문적 관계는 클라이언트를 위한 것이다. 즉, 클라이언트의 욕구가 중심이 되어야 하며, 원조자는 이에 헌신하는 것을 의미한다.

넷째, 전문적 관계는 권위를 지닌다. 전문가의 지위란 지식과 전문성을 의미하며, 그에 수반되는 책임이 있다. 지식의 권위에 수반되는 책임은 전문적 판단에 대해서이다.

다섯째, 전문적 관계는 통제된 관계이다. 통제란, 클라이언트에 대해서나 클라이언트에 의한 것이 아니라 원조자 자신과 원조의 방식에 대한 원조자의 통제이다.

(3) 관계형성의 7대 원칙(Biestek)

비에스틱(Biestek)이 제시한 전문적인 관계의 7대 원리는 사회복지사와 클라이언트 사이의 관계에서 사회복지사의 책임을 규정하는 데 중요한 참고사항이 될 수 있는데, 구체적으로 살펴보면 다음과 같다.

① 개별화

개별화의 원리는 클라이언트 개개인의 독특한 자질을 인정하고, 이해하는 것으로서 클라이언트가 보다 나은 적응을 하도록 원리와 방법을 다르게 적용하여 돕는 것을 말한다. 개별화 실천을 위한 사회복지사의 역할로는 편견이나 선입관 탈피, 인간행동에 관한 지식과 이해를 지닐 것, 경청하고 관찰하는 능력, 클라이언트와 보조를 맞추려는 활동능력, 인간의 복잡하고 미묘한 감정을 헤아리는 능력, 관점을 유지하는 능력이 요구된다.

② 의도적 감정표현

의도적 감정표현(purposeful expression of feelings)은 클라이언트의 감정, 특히 부정적인 억압된 감정을 자유롭게 표현하려는 욕구에 관한 인식을 말한다.

③ 통제된 정서적 관여

통제된 정서적 관여(controlled emotional involvement)란 문제에 대한 공감적 반응을 얻고 싶은 인간의 욕구에 기반을 둔다. 사회복지사는 관계를 통해 클라이언트의 감정에 반응을 보임으로써 정서적으로 관여하게 된다. 이때 사회복지사가 자신의 감정과 클라이언트의 상황을 분리하는 것을 말한다. 사회복지사는 자신의 편견이나 선입관에 의해 클라이언트를 왜곡하지 않도록 개방적인 태도를 유지하되 클라이언트의 상황에 너무 많이 개입되지 않도록 자신의 감정을 적절히 통제할 줄 알아야 한다.

④ 수용

수용이란 클라이언트의 타고난 존엄성과 개인적 가치에 대한 관념을 유지하는 것이다. 클라이언트의 장점과 단점, 호감이나 비호감적 성질, 긍정적인 감정과 부정적 감정, 건설적 및 파괴적인 태도와 행동을 포함하여 현재 있는 그대로의 클라이언트를 지각하고 다루는 행동상의 원리이다. 수용의 대상은 '선하거나 좋은 것'이 아니라 '진실한 것'이며, 있는 그대로의 현실이다.

⑤ 비심판적 태도

비심판적 태도(non-judgmental attitudes)는 클라이언트가 유죄인가 무죄인가 또는 문제나 욕구의 원인에 대한 클라이언트의 책임 정도나 잘못 여부를 따져서는 안 된다는 것을 의미한다.

⑥ 자기결정의 원리

자기결정(self-determination)의 원리란, 클라이언트가 외부의 영향을 받지 않고 자신의 선택과 의사결정을 내릴 수 있는 자유에 대한 권리와 욕구를 가진다는 인식에서 비롯된다. 따라서 클라이언트의 자기결정 원리란 사회복지실천 과정에서 클라이언트가 자신의 선택과 결정을 할 자유에 대한 권리와 욕구를 실제로 인정하는 것이다.

⑦ 비밀보장

비밀보장(confidentiality)의 원리는 클라이언트가 전문적 관계에서 노출한 비밀 정보를 누설하지 않고 지켜주는 것을 말한다. 클라이언트의 비밀을 그 기관 내에서나 다른 기관의 직원들이 함께 알게 될 때도 비밀보장의 의무가 적용된다.

사회복지사와 클라이언트의 관계는 변화의 중요한 도구이다. 따라서 이 양자 간 관계에서 문제점은 변화를 방해할 뿐 아니라 관계를 단절하여 도중에 사회복지 개입을 중단시키기도 한다. 일반적으로 변화를 방해하는 관계와 사회복지사의 대처는 다음과 같다.

〈표 4-2〉 관계형성의 장애요인 및 사회복지사의 대처

장애요인	사회복지사의 대처
전 이	• 클라이언트가 어린 시절 가졌던 누군가에 대한 바람, 원망, 사랑, 두려움 등의 무의식적인 감정들을 사회복지사에게 보이는 것 • 클라이언트의 반응이 비현실적임을 지적하고, 사회복지사에 대한 현실적인 관점을 갖도록 돕는다.
역전이	• 사회복지사가 클라이언트를 마치 자신의 과거 어떤 인물인 것처럼 느끼고 무

	의식적으로 그렇게 반응하는 것 • 사회복지사는 자신의 감정의 기원에 관심을 갖고 클라이언트와의 현실적인 관계에 집중하도록 노력해야 한다.
양가감정	• 양가감정을 수용하고 자유롭게 표현할 수 있도록 돕는다. • 양가감정은 실천 초기단계부터 다루어져야 한다.
저 항	• 저항의 원인은 양가감정, 서비스 개입에 대한 오해와 선입견 • 저항이 변화로의 진전을 심각하게 방해할 경우에만 다룬다. • 저항의 저변에 있는 현재의 감정에 초점을 둔다.
침 묵	• 침묵은 섣불리 깨려고 하지 말고 어느 정도 기다리는 것이 좋다. • 침묵이 너무 길어지거나 자주 발생하면 개입하는 것이 좋다.

3. 사회복지실천 과정과 사례관리

1) 사회복지실천 과정

사회복지실천의 과정은 사회복지사가 클라이언트와 클라이언트를 둘러싼 다양한 환경 내의 체계들을 변화시키기 위해 그의 전문적 가치와 지식에 기초하여 개입하는 과정을 말한다. 사회복지실천 과정에 대해서 학자들은 조금씩 다른 입장을 취하지만 전 과정에 대한 기본적 입장에는 큰 차이가 없다. 사회복지실천 과정은 일반적으로 접수 및 자료수집－사정－계획－개입－종결과 평가로 구분한다.

(1) 초기접수 및 자료수집

접수(intake)란 문제 및 욕구를 지닌 사람이 전문가의 도움을 받고자 사회복지 기관을 찾아왔을 때, 사회복지사가 그의 문제와 욕구를 확인하여 그것이 기관의 정책과 서비스에 부합하는지의 여부를 판단하는 과정이다(양옥경 외, 2000). 즉, 사회복지사가 클라이언트의 문제와 욕구를 규명하고, 그에 대한 기관의 원조과정 절차와 기관의 기능을 명확하게 하여 앞으로의 원조에 대한 협조적인 관계 여부를 판단하는 과정이다.

접수과정에서 사회복지사의 주요 활동으로는 클라이언트와의 관계형성과 클라이언트의 문제 및 욕구확인, 기관의 서비스에 대한 정보제공, 서비스 수혜 여부 결정, 원조과정 안내, 관련서식 작성 등이 있다.

자료수집이란 정보를 모으는 활동 전반적인 것으로, 정보란 사실적인 자료들을 말한다. 사회복지사가 수집하는 정보가 사실로 확인될 때, 그것은 모두 자료가 되는 것이다. 사회복지사는 신뢰할 수 있는 자료를 모으기 위해 모든 노력을 기울여야 한다.

(2) 사정

사정을 사회복지사와 클라이언트가 함께 참여하는 하나의 과정이라고 보았다. 이 과정은 클라이언트의 공통된 욕구와 관련된 자료를 수집·분석하며, 종합하는 데 있어 협력이 강조되는 것이 특징이다. 사정의 중요한 특징은 다음과 같다.

① 사정의 특징

첫째, 사정은 지속적인 과정이다. 둘째, 사정은 상황 속의 클라이언트 이해와 함께 개입 계획과 행동을 위한 기초를 제공하는 이중 초점을 가진다. 셋째, 사정은 클라이언트와 사회복지사가 함께 참여하는 상호 과정이다. 넷째, 사정에는 사고의 전개 과정이 있으며 이론적 지식을 기반으로 한다. 다섯째, 사정은 수평적, 수직적 탐색을 통해서 이루어진다. 여섯째, 사정은 개별적이다.

② 사정도구

사정도구에는 2~3세대에 걸친 가족의 역사를 도표로 그린 것으로 과거의 결혼 관계, 부모의 자녀 양육 기간, 가족성원 사이의 관계 양상 등에 대한 상세한 정보를 제공하는 가계도가 있다. 두 번째 사정도구는 클라이언트의 상황에서 의미있는 체계들과의 관계를 그림으로 표현함으로써 특정 문제에 대한 개입 계획을 세우는 데 매우 유용한 도구인 생태도이다. 그 외에도 사회적관계망표, 생활력표, 생활주기표 등이 있으며,

집단 내 구성원들 간의 상호작용을 그림으로 나타내는 것으로 구성원들 간의 개인적 수용과 거부 및 집단 내의 대인관계를 평가하는 데 사용하는 사정 도구인 사회도가 있다.

(3) 계획

사회복지실천 과정에서 계획은 원조과정에 있어서 클라이언트의 변화에 초점을 두고 사정과 개입을 연계하는 다리 역할을 한다. 계획 수립(planning)은 사정을 마친 후에 수집된 자료분석을 근거로 사회복지사와 클라이언트가 상호 합의하에 목표를 설정하여 구체화시키고, 이를 달성하기 위한 계획을 구체화하며, 가장 적절한 행동을 설정하는 과정이다.

개인을 대상으로 한 사회복지실천 과정의 계획수립은 클라이언트와 함께 일하기, 문제의 우선순위 정하기, 문제를 욕구로 전환하기, 개입의 수준 평가하기, 일차적 목표 수립하기, 목표를 구체화하기, 계약을 공식화하기 등의 단계로 구성될 수 있다(김경호 2010; 장인협, 1999).

① 문제의 우선순위 정하기

문제의 우선순위를 결정할 때에는 다음의 세 가지 기준에 맞는가를 검토해야 한다.

첫째, 클라이언트가 자신에게 문제가 존재한다고 인정하고, 문제의 중요성에 동의해야 한다. 사회복지사와 클라이언트가 중요하다고 생각하는 문제가 다르다면 문제들에 대해 좀 더 논의하고, 탐색하여 문제의 우선순위를 정해야 한다. 둘째, 문제가 분명하게 이해할 수 있는 말로 규정되어야 한다. 즉, 문제가 명료하고 구체적이어야 한다. 셋째, 문제해결이 현실적으로 가능한 것이어야 한다. 문제해결의 가능성이 보이지 않는 문제를 우선순위에 두는 것은 시간과 에너지만 낭비하는 결과를 초래할 수 있다.

② 목표설정의 지침

클라이언트를 돕는 원조가 성공적으로 종결되기 위해서는 목표를 잘 설정하는 것이 매우 중요하다. 목표를 잘 설정하기 위해서는 몇 가지 유의해야 할 점이 있다. 목표설정에 유용한 지침을 보면 다음과 같다. 첫째, 목표는 반드시 클라이언트가 원하는 결과와 연결되어야 한다. 둘째, 목표는 명시적이며, 측정 가능한 형태로 진술되어야 한다. 셋째, 목표는 현실적으로 달성 가능한 것이어야 한다. 넷째, 목표는 사회복지사의 지식과 기술에 상응하는 것이어야 한다. 다섯째, 목표는 성장을 강조하는 긍정적 형태이어야 한다. 여섯째, 목표가 사회복지사의 중요한 권리나 가치에 맞지 않으면 동의하지 않아야 한다. 일곱째, 목표는 반드시 기관의 기능과 일치해야 한다.

③ 계약

계약이란 목표설정과 문제의 정의, 목표, 클라이언트와 사회복지사의 역할, 시간, 장소, 비용, 개입기법, 평가방법 등에 대해 사회복지사와 클라이언트가 동의하는 것이다. 계약체결은 주요 개입단계를 자연스럽게 소개하는 과정이자 원조과정의 핵심이며, 이 단계에서 클라이언트가 달성해야 할 목표와 그 수단을 명확히 해야 한다.

(4) 개입

개입단계는 초기단계에서 설정된 목표를 달성하기 위한 개입활동이 수행되는 시기로 사회복지사와 클라이언트가 합의하여 결정한 표적문제를 해결하기 위한 계획(목표와 계약)을 실천하는 단계를 말한다. 이 단계는 구체적인 행동을 통해 클라이언트에게 의도적인 변화가 일어날 수 있도록 지원하는 단계로서 사회복지실천 과정에서 핵심적이고, 가장 많은 시간이 소요되며, 실제로 변화를 일으키는 과정이다.

① 개입단계의 사회복지사 과제

개입단계의 사회복지사 과제(목표)는 첫째, 문제해결을 위한 구체적인 변화 전략의 수립, 둘째, 개입, 원조, 교육, 동기유발, 자원연결, 행동변화 등을 통한 변화의 창출, 셋째, 지속적인 점검을 통한 변화 정도의 유지와 평가라 할 수 있다(엄명용 외, 2005; Hamilton, 1951).

② 직접적 개입방법

정서·인지에 개입하는 기술을 보면 다음과 같다. 첫째, 격려는 클라이언트의 가능성에 대한 확신을 표현하는 기법으로 클라이언트의 강점을 인정하고 지지하는 수단이다. 클라이언트의 행동, 태도, 감정을 칭찬하거나 인정하는 표현을 해주는 기법으로 활용된다.

둘째, 재보증은 자신의 능력이나 자질에 대해 회의하고 있는 클라이언트들에게 사회복지사가 신뢰를 표현해 줌으로써 클라이언트의 자신감을 향상시키는 기법이다.

셋째, 일반화는 클라이언트의 생각, 느낌, 행동 등이 그와 비슷한 상황에 있는 다른 사람과 같다고 말해줌으로써 다른 사람에게 가질 수 있는 이질감이나 소외감, 일탈감을 해소하고 자신에 대한 신뢰감과 자신감을 회복시키는 기법이다.

넷째, 환기법은 클라이언트의 억압되어 있는 감정, 특히 부정적인 감정인 분노, 증오, 슬픔, 죄의식, 불안 등이 문제해결을 방해하거나 감정 자체가 문제가 되는 경우 이를 표출하도록 함으로써 감정의 강도를 약화시키거나 해소시키려고 하는 기법이다.

다섯째, 초점화는 클라이언트가 자기 문제를 언어로 표현할 때, 산만한 것을 점검해 주고 말 속에 숨겨진 선입견, 가정, 혼란을 드러내어 자신의 사고 과정을 명확히 볼 수 있도록 해준다.

여섯째, 직면은 클라이언트의 감정, 경험, 또는 행동 중에 왜곡이나 불일치된 부분을 지적하는 것이다. 그 외에도 감정이입, 재명명, 명료화, 해석, 환언, 요약하기 등의 개입기법이 있다.

③ 간접적 개입

간접적 개입은 클라이언트가 처한 환경을 변화, 조정하는 것을 말한다. 간접적 개입은 환경적 자원을 목적으로 한 활동으로 클라이언트를 위해 사회자원이나 서비스를 직접 제공하거나 연결해 주는 활동, 클라이언트와 관련된 조직이나 기관의 조정, 제도나 프로그램의 변화 등을 포함한다.

(5) 종결 및 평가

사회복지실천은 목적지향적이며, 시간 제한적으로 이루어지는 특성이 있으므로 클라이언트에 대한 개입 목표가 달성되면 종결에 이르게 된다. 종결 과정에서 중요과업은 종결 시기 결정하기, 종결 유형에 따른 클라이언트와 사회복지사 자신의 정서 반응을 다루어야 하며, 개입목표의 달성 정도 평가, 문제해결이 되지 않았을 경우에는 타 기관에 의뢰를 할 수 있다. 또한 변화된 결과를 강화, 유지해야 하며 사후관리가 이루어져야 한다.

사회복지실천의 평가는 사회복지사의 개입 노력을 사정하는 것을 말한다. 개인이나 가족, 집단, 지역사회를 대상으로 실시한 개입이 변화를 일으켰는지, 어느 정도의 변화가 생겼는지를 사정하는 것이다.

2) 사회복지실천의 기록

(1) 기록의 목적

사회복지실천에서 기록의 목적은 책임성, 정보제공, 개입이나 서비스 과정 점검 및 평가, 클라이언트에 대한 이해 증진, 지도감독 및 교육 활성화 실천의 근거자료, 효과적인 사례관리, 타 전문직과의 의사소통, 사회복지실천 활동의 자료화 등이 있다.

(2) 기록의 유형

① 과정기록

과정기록은 사회복지사와 클라이언트 간에 있었던 일을 있는 그대로 기록하는 방식이다. 과정기록의 장점은 슈퍼비전이나 교육적 도구로 매우 유용하고, 단점은 작성하는 데 시간과 비용이 너무 많이 소요되어 비효율적이다.

② 요약기록

요약기록은 사회복지기관에서 흔히 사용되는 기록 형태로 시간의 경과에 따라 일정한 간격을 정하여 기록하거나 특정 행동이나 사실 등의 기록이 필요할 때 작성하거나, 주제별로 조직화해서 기록한다. 요약기록의 장점은 장기간 지속될 경우 유용하고, 단점은 클라이언트의 언어적 표현이나 비언어적 표현 등이 사실적으로 전달되지 않을 수 있다.

③ 문제중심기록

문제중심기록은 의료분야와 같은 다학문적 접근을 하는 영역에서 많이 사용된다. 단순한 기록 차원을 넘어 문제해결 접근방법을 반영하며, 개입의 초점을 명확히 하며 효율성을 향상시킨다. 이 기록의 장점은 기록이 간결하고 전문직 간의 책무성이 증가된다. 단점은 강점보다는 문제를 강조하고 문제의 사정이 부분적으로 이루어지며, 지나치게 단순화되고, 클라이언트의 능력과 자원을 덜 중요시하는 경향이 있다.

3) 사회복지실천의 사례관리

(1) 사례관리의 개념과 특징

① 사례관리의 개념

사례관리는 다양하고 복합적인 문제 및 욕구가 있는 클라이언트에 대해 사례관리자가 욕구를 사정하고, 욕구에 부합하는 포괄적인 서비스 계획을 개발하며, 서비스와 연결, 옹호, 점검하고, 평가함으로써 클라이언트의 욕구를 충족시키고 문제해결을 돕는 사회복지실천방법이다.

② 사례관리의 등장배경

사례관리도 사회복지실천의 한 방법이다. 전통적인 사회복지방법론과 전혀 다른 새로운 것은 아니지만 사례관리가 등장한 후에 부분적으로 다른 방식으로 서비스를 제공하기 시작했다. 사례관리가 등장한 시대적·사회적 배경, 사례관리가 등장하도록 영향을 미친 요인은 다음과 같다.

첫째, 탈시설화 정책의 영향으로 한꺼번에 많은 수의 클라이언트가 지역사회에 거주하게 되었고, 그 결과 분산된 서비스를 통합하는 관리체계가 필요했다.

둘째, 분산되고 단편화된 시비스를 조직화하고, 통합하여 클라이언트의 욕구를 충족시킴으로써 지방분권화에 따른 부정적 측면을 해소하기 위해서이다.

셋째, 복합적이고, 만성적인 문제를 가진 클라이언트가 증가하면서 지역사회에 적응하는 데 필요한 서비스를 조직하고 욕구를 충족시킬 수 있는 활동이 필요하게 된 것이다.

넷째, 탈시설화로 인해 지역사회로 돌아왔지만, 지역사회 내에서 이용할 수 있는 자원은 매우 부족했고, 이들을 보호해야 하는 가족은 보호의 부담이 커졌다.

다섯째, 대규모 사회복지시설은 서비스를 제공하기 위해 많은 비용이 지출되므로 비용이 저렴한 서비스를 지역사회에서 받을 수 있도록 하는 재가서비스를 확대하게 되어 사례관리의 필요성이 더욱 증가하게 되었다.

여섯째, 복잡하고 다양한 욕구를 가진 클라이언트가 증가하는데, 기존의 서비스들은 단편적인 서비스를 제공하는 한계를 가지게 되었다.

일곱째, 공식적이고, 전문적인 서비스와 비공식적인 지원체계와 지원망을 조정하고 통합하는 사례관리가 필요하게 되었다.

③ 사례관리의 특징

첫째, 클라이언트 욕구에 초점을 두고 기관 내 서비스로 한정하지 않고, 단편화되고 파편화된 서비스를 통합적으로 관리한다. 둘째, 서비스의 접근성을 향상시키고, 투입과 과정에 대한 평가를 한다. 셋째, 복합적인 문제를 가진 개인의 자원획득 및 활용능력을 강화한다. 넷째, 서비스 중복 가능성을 낮춰 자원을 효율적으로 사용한다. 다섯째, 임상적 욕구를 가진 클라이언트에게는 치료적 상담을 실시한다. 여섯째, 클라이언트의 가족과 일차집단의 클라이언트에 대한 보호능력을 확대시킨다.

④ 사례관리의 과정

사례관리 과정은 사회복지실천 과정과 다르지 않다. 사례관리 역시 사회복지실천의 한 방법이기 때문이다. 사례관리 실천과정은 사정, 계획, 실행, 점검 및 재사정, 평가 및 종결로 이루어진다.

Chapter 05

사회복지실천기술의 이해

1. 사회복지실천모델

1) 정신역동모델

(1) 정신역동모델의 특징

정신역동모델에 기초한 사회복지실천에서 사회복지사는 클라이언트의 무의식적 동기와 신념에 의한 내적사고와 갈등을 클라이언트가 더 잘 이해할 수 있도록 도움으로써, 클라이언트의 자아개념과 사회적 기능을 향상시키려고 한다는 점이 특징이다.

(2) 개입목표

클라이언트가 과거 경험에서 갖게 된 불안이나 무의식적 갈등을 의식화하여 이러한 것들이 어떻게 현재 자신에게 영향을 미치고 있는지를 통찰하도록 돕는 것이다.

(3) 개입기법

첫째, 꿈의 분석은 꿈을 통하여 나타나는 무의식적 소망과 욕구를 찾아내고, 클라이언트의 해결되지 않은 문제에 대한 통찰을 얻을 수 있도록 원조하는 기법이다.

둘째, 자유연상은 클라이언트가 긴장을 풀고 편안하게 이완된 상태에서 마음 속에 떠오르는 것을 자유롭게 이야기해 보게 함으로써 클라이언트의 무의식을 탐구하는 기법이다.

셋째, 전이는 클라이언트가 사회복지사를 자신의 과거 속의 중요한 인물로 느껴 투사를 보이는 현상이다. 클라이언트의 전이는 사회복지사에게 클라이언트가 치료 상황 밖의 세상에서 어떠한 방식으로 대인관계를 유지하는지를 파악하게 하는 중요한 정보를 제공한다. 클라이언트는 전이의 해석을 통해 과거 자신의 미해결 문제가 현재 어떻게 자신에게 영향을 미치는지를 통찰할 수 있는 기회가 된다.

넷째, 직면은 사회복지사가 클라이언트의 이야기와 행동, 혹은 이야기와 이야기 사이에서 모순점이나 불일치한 점을 발견하면, 그에게 말해주어 자기모순을 직시할 수 있도록 원조하는 기법이다.

다섯째, 훈습은 클라이언트가 저항이나 전이에 대해 이해한 것을 반복하고 심화, 확장함으로써 통합적으로 이해할 수 있도록 원조하는 기법이다.

여섯째, 해석은 치료적 관계에서 나타나는 클라이언트 행동의 의미를 설명하고, 풀어서 이야기해 주는 기법이다.

2) 심리사회모델

(1) 심리사회모델의 특징

심리사회모델에서는 인간을 단순히 심리적인 측면으로만 보는 것이 아니라 심리적인 측면과 사회적인 측면, 그리고 양자의 상호작용에 의한 결과를 동시에 고려한다. 인간을 둘러싼 사회경제적인 상황을 포함한 포괄적, 전체적인 시각으로 이해하고 접근한다. 심리사회모델은 다양한 이론과 실천요소들을 절충해서 만든 모델이다. 정신분석이론, 자아심리이론, 생태체계이론, 역할이론, 의사소통이론, 대상관계이론 등에 영향을 받았다.

이 모델의 특징은 개인과 환경 모두를 강조하고, 실천의 초점을 '환경 속의 인간'에 두며, 사회복지사와 클라이언트 간의 관계를 중요시한다. 또한 실천원칙은 수용, 자기결정권, 개별화 등을 강조한다.

(2) 개입목표

클라이언트가 경험한 과거의 사건이나 경험들 혹은 현재 경험들과 관련된 심리 내적인 갈등과 어려움을 클라이언트가 이해하고, 통찰함으로써 문제해결능력을 향상시키는 것이다.

(3) 개입기법

① 직접적 개입

직접적 개입은 사회복지사와 클라이언트 간의 신뢰관계를 바탕으로 클라이언트에게 제안과 설득을 제공함으로써 이루어진다. 이에는 지지하기, 직접적 영향 주기, 탐색·기술·환기, 개인을 상황 속의 인간관점에서 고찰, 클라이언트의 성격과 행동의 역동성 고찰, 발달적 고찰(클라이언트의 사회적 기능에 영향을 미치는 과거와 현재의 경험 고찰) 등이 있다.

② 간접적 개입

간접적 개입은 환경조정을 통해서 클라이언트를 둘러싼 인적, 물적 환경에 관계된 문제를 해결하여 변화를 추구하는 기법이다. 사회복지사는 클라이언트에게 필요한 자원을 발굴하여 제공하며, 옹호 및 중재활동을 통해서 클라이언트 스스로 주변을 변화시킬 수 있도록 원조한다. 사회복지사가 환경에 개입할 때는 자원 제공자, 자원 발굴자, 클라이언트의 욕구 해석자, 조정자, 옹호자 등과 같이 다양한 역할을 할 수 있다.

3) 인지행동모델

인지행동은 하나의 실천모델이 아니라 다양한 클라이언트와 복잡한 문제에 모두 적용할 수 있는 여러 모델을 총칭하는 모델로 기본적인 가정을 공통적으로 가진다.

(1) 인지행동모델의 특징

인지이론은 인간을 매우 주관적인 존재로 보며, 객관적이고, 절대적인 현실은 존재하지 않으며, 개인마다 의미를 부여하는 주관적인 현실만 존재한다고 본다. 인간의 행동은 인지의 영향을 받으며, 바람직한 행동변화는 인지변화를 통해 영향을 받는다. 인지행동치료는 문제에 초점을 둔 시간 제한적인 접근으로 클라이언트가 자신의 사고와 행동을 통제하기 위한 대처 기제를 학습하는 교육적 접근을 강조하고 있다. 또한 인지변화가 자동적으로 행동변화를 수반하는 것은 아니므로 인지변화를 행동변화로 이끌기 위한 다양한 행동주의 기술과 기법들을 적극적으로 활용한다(김혜란 외, 2001).

(2) 개입목표

인지행동모델은 교육을 통해 상황을 왜곡하는 개인이 지닌 비합리적인 신념이나 인지적 오류, 자기 패배적 사고를 변화시키는 데 중점을 두고 있다. 또한 기능적인 차원에서 해석하는 방식을 배워 역기능적인 정서나 행동을 수정하며, 관찰학습을 통해 새로운 기능적 행동기술을 학습한다.

(3) 개입기법

① 엘리스(Albert Ellis, 1913~2007)의 합리정서행동치료(REBT)

합리정서행동치료는 비합리적 신념을 합리적 신념으로 변화시키는 데 초점을 두고 있다. A-B-C-D-E모델은 비합리적인 신념으로 인해 부적응적인 정서와 행동에 고착되는 것을 잘 설명해 준다. 첫째, 선행사건(Activating event)은 개인에게 정서적 혼란을 일으키는 어떤 사건을 말한다. 둘째, 신념체계(Belief system)는 어떤 사건이나 행위 등과 같은 환경 자극에 대해서 개인이 갖게 되는 태도나 사고방식을 말한다. 셋째, 결과(Consequence)는 선행사건에 접했을 때 비합리적인 태도나 사고방식을 가지고 그 사건을 해석함으로써 느끼게 되는 정서적 결과를 말한다. 넷째, 논박(Dispute)은 자신이 가지고 있는 비합리적인 신념이나 사고에 대해서 도전해 보고 과연 그 사상이 이치에 맞는지를 검토해 보도록 촉구하는 것을 말한다. 다섯째, 효과(Effect)는 클라이언트가 가진 비합리적인 신념을 철저하게 조사해 합리적인 신념으로 대치한 다음에 느끼게 되는 자기 수용적 태도와 긍정적인 감정의 결과를 말한다.

② 벡(Aaron Beck, 1921~2021)의 인지치료

벡의 인지치료는 자동적 사고, 도식, 이들의 왜곡에 의해 발생하는 인지적 오류에 초점을 두고 인지적 오류를 줄이기 위해 개입한다. 인지적 오류의 종류는 임의적 추론, 선택적 요약, 과잉일반화, 극대화와 극소화, 개인화, 이분법적 사고 등이 있다. 이러한 인지오류를 수정하기 위해 인지행동모델에서는 다양한 개입기법을 사용한다. 주요 기법은 인지적 기법, 정서적 기법, 행동적 기법이 있다.

4) 과제중심모델

(1) 과제중심모델의 특징

시카고대학교 사회복지대학원 리드(Reid)와 엡스타인(Epstein)이 개발한 시간제한적인 단기개입모델이다. 이 모델은 구조화되고 체계적인 접근을 하며, 과거가 아니라 현재 중심의 모델이다. 클라이언트가 인식하고 동의한 구체적인 문제와 목표에 초점을 맞추고, 클라이언트가 동의한 과제를 중심으로 개입한다. 특정 이론이 아니라 경험적 자료에 기초하며, 중요한 것은 특정이론이나 모델이 아니라 효과적이고, 효율적으로 클라이언트의 문제를 해결하는 것에 있다고 본다.

(2) 개입목표

과제중심모델에서는 클라이언트가 활용할 자원이 부족하거나 기술이 없기 때문에 문제가 발생한다고 가정한다. 따라서 개입의 목표는 클라이언트가 문제해결에 필요한 기술이나 자원을 얻을 수 있도록 원조하는 것이다.

(3) 과제

과제중심모델에서는 변화는 기본적으로 클라이언트가 사회복지사와 만나는 면접 내부와 외부에서 행하는 과제를 통해 이루어진다. 면접 중에서 과제 수행이 이루어지기도 하고 면접이 끝난 후 집, 학교 혹은 직장 등에서 과제를 수행하기도 한다. 과제는 사회복지사가 클라이언트에게 일방적으로 부여하는 숙제와는 다르다. 과제의 내용, 수행방법 등 클라이언트와 사회복지사가 함께 계획하고 동의해야 한다.

① 클라이언트의 과제

목표를 달성하기 위해 클라이언트가 수행하는 문제해결 활동이다. 클라이언트의 과제를 정할 때도 사회복지사는 클라이언트와 합의해야 한다.

② 사회복지사의 과제

클라이언트가 문제해결 활동, 즉 과제수행을 원활히 할 수 있도록 지지하고 원조하는 활동이다. 사회복지사의 과제는 클라이언트가 가족이나 친구 같은 주변 사람들 혹은 다른 기관과 협상하고 의견을 나누는 것이 주요 활동이다.

5) 권한부여모델

(1) 권한부여모델의 특징

전통적인 접근과는 달리 클라이언트의 강점과 환경적 자원에 초점을 두고 클라이언트의 역할을 향상시키기 위한 해결중심의 접근을 한다. 문제해결 과정에서 클라이언트가 가진 결점이나 병리보다는 강점을 강조하고 클라이언트의 잠재적인 역량에 초점을 둔다. 이 모델에서는 사회복지사의 전문성보다는 클라이언트와 사회복지사의 협력적인 파트너십을 강조한다. 사회복지사는 클라어언트의 문제를 해결하기 위해 함께 계획하고, 변화를 만들어

내는 협력자이다. 변화를 위한 클라이언트의 적극적 참여와 능동적 역할을 중시하고 자기결정권을 강조한다. 역량강화모델의 차원별 내용은 개인적 차원, 대인관계적 차원, 정치적 차원에서 임파워먼트를 지향한다.

(2) 역량강화모델의 개입과정

역량강화모델의 개입과정은 대화단계, 발견단계, 발전단계로 이루어지는데, 각 단계마다 사회복지사가 수행하는 주요 과업은 다음과 같다.

① 대화단계

1단계인 대화단계는 사회복지사가 클라이언트의 현재 상황, 주요 욕구, 강점을 대화를 통해 알아가는 단계이다. 이 단계에서 사회복지사의 과제는 클라이언트와 파트너십 형성, 현재 상황 명확화, 방향(목표) 설정이다.

② 발견단계

2단계인 발견단계는 클라이언트의 강점과 자원을 사정하여 클라이언트와 주변에 대해 발견하고, 계획을 작성하는 단계이다. 이 단계의 사회복지사의 과제는 강점 확인, 자원의 역량사정, 수집된 정보의 조직화, 해결방안 수립, 변화를 위한 계약 맺기이다.

③ 발전단계

발견단계에서 수립된 계획을 행동으로 실천하는 단계이다. 이 단계에서 사회복지사의 과제는 자원 활성화, 기회의 확대, 성공의 확인, 개입을 종결하며 클라이언트가 지속적으로 독립성을 유지할 수 있도록 돕기이다.

6) 위기개입모델

위기개입은 위기에 처한 사람이 예상치 않았던 외상사건으로 발생한 정서적, 행동적, 인지적 위기상태를 인식하게 하고, 위기 이전의 기능수준으로 회복할 수 있도록 단기간 원조하는 접근방식이다.

(1) 위기개입모델의 특징

위기개입모델은 위기로 인한 증상의 제거와 위기 이전 기능수준의 회복이라는 제한된 목표에 초점을 맞추는 신속한 개입이 특징이다. 위기개입의 표적문제는 구체적이어야 하고, 위기 사건 자체의 해결, 원인의 파악과 진단, 과거의 탐색, 심리 및 성격변화 등이 아니라 위기로 인해 유발된 구체적인 문제와 증상의 해결에 초점을 둔다. 위기에 개입하는 사회복지사는 적극적이고 직접적인 역할을 수행한다.

(2) 위기개입의 목표

위기개입은 매우 초점화된 단기개입으로 위기상황과 관련된 구체적 문제해결에 초점을 두기 때문에 목표가 제한적이다. 라포포트(Rapoport, 1970)는 위기해결을 위한 개입 목표를 2단계로 제시하였다. 처음 네 가지는 반드시 달성해야 할 목표이며, 마지막 두 가지 목표는 상황이나 기회, 클라이언트의 특성 등을 고려하면서 달성할 수 있는 목표라 했다.

① 1단계 개입의 기본 목표

첫째, 위기로 인한 증상 제거, 둘째, 위기 이전 수준으로 기능 회복, 셋째, 불균형 상태를 가져온 위기촉발 사건에 대한 이해, 넷째, 클라이언트나 가족이 지역사회 자원을 통해 얻을 수 있는 치료방법 모색이다.

② 2단계 개입의 추가 목표

첫째, 현재 스트레스와 과거 경험이나 갈등 상황과의 연관성 인식, 둘째, 새로운 인식, 사고, 정서를 개발하고, 위기상황 이후에도 사용할 수 있는 새로운 적응 및 대처기제 개발이다.

③ 위기개입의 원칙

위기개입은 많은 이론적 준거 틀이 있지만, 이를 종합하면 다음과 같은 실천 원칙들을 발견할 수 있다. 첫째, 신속한 개입으로 위기개입은 즉시 이루어져야 하는데, 위기 단계에서 6주 이내에 해결되어야 한다. 둘째, 행동에 초점을 둔 것으로 위기개입은 클라이언트의 과거를 탐색하는 데 비중을 두지 않고 위기와 그 위기에 대한 클라이언트의 행동에 초점을 맞춘다. 셋째, 제한된 목표로 위기개입 목표는 직접적으로 위기 상황과 관련된 구체적인 문제에 초점을 두고 설정되어야 하므로 목표는 파멸의 예방, 균형 상태의 회복, 위기 이전 상태로 돌아가는 것 등과 같이 간단하고 명료해야 한다.

넷째, 희망과 기대로 위기에 처해 절망하고 있는 클라이언트에게 희망을 심어주는 것이 중요하다. 다섯째, 지지 제공으로 클라이언트에게 실제적 정보제공, 정서적 지지, 사회적 지지 체계를 개발하고 형성하도록 도와야 한다. 여섯째, 건강한 자기상(self-image) 형성으로 대부분의 클라이언트는 자신을 실패자로 인식한다. 사회복지사는 클라이언트의 자기상을 사정하고 이해하므로 신뢰관계를 조성하여 방어를 줄여 클라이언트의 자기상을 보호하고 건전한 자기상을 확립하도록 돕는다. 일곱째, 자립으로 클라이언트의 자신감 회복을 위해 효과적으로 대처할 수 있도록 지원한다.

2. 대상별 사회복지실천

1) 가족대상 사회복지실천모델

가족치료모델은 초기 가족치료모델과 후기 가족치료모델로 분류할 수 있으며, 초기 가족치료모델에는 다세대 가족치료모델, 구조적 가족치료모델, 경험적 가족치료모델, 전략적 가족치료모델 등이 있고, 후기 가족치료 모델에는 해결중심 가족치료모델과 이야기치료가 있다.

(1) 보웬(Bowen)의 다세대 가족치료모델

① 가족 및 가족문제에 대한 관점

보웬의 가족치료에서는 가족체계를 정서적 단위, 상호 관련된 관계망, 가족의 역사를 분석하기 위한 가장 기초가 되는 체계로 본다. 가족구성원인 개인의 증상은 그가 속한 가족의 정서체계와 관련되어 있고, 가족의 현재 문제는 원가족의 해결되지 않은 문제가 세대를 통해 전수된 것이라고 본다. 이전 세대에서 제대로 해결되지 않은 문제가 다음 세대에 넘어가서 문제를 일으킨다는 것이다.

② 주요 개념

다세대 가족치료모델의 주요 개념은 자아분화, 삼각관계, 정서적 단절, 핵가족 정서체계, 가족 투사과정, 다세대 전수과정 등이 있다.

③ 개입목표

보웬의 가족치료의 개입목표는 자아분화이다. 개인의 자아분화 수준이 높아지면 가족체계가 변화하고 다시 더 높은 수준의 자아분화를 할 수 있다.

④ 개입기법

첫째, 탈삼각화는 가족 내에 형성되어 있는 삼각관계를 벗어나게 함으로써 가속원들이 자아 분화되도록 돕는 기법이다. 두 성원의 감정영역에서 제3의 성원을 분리시키는 과정이다.

둘째, 가계도는 사정도구이면서 치료기법이다. 가계도를 작성하고 해석하면서 가족의 정서적 과정을 가족과 함께 이야기한다.

셋째, 나-입장 취하기는 상대방의 행동을 비난하거나 지적하기보다 자신의 감정에 초점을 맞추어 표현하도록 하는 방법이다.

넷째, 코칭은 가족구성원들이 각자의 정서적 충동에 의해 반응하려는 경향에서 벗어나 자기의 견해를 피력하게 하는 기법이다.

(2) 미뉴친(Salvador Minuchin)의 구조적 가족치료모델

① 가족문제의 원인과 유지에 대한 관점

가족문제는 역기능적 가족구조에 의해 발생하고 유지되고, 가족원이 나타내는 증상은 현재 가족구조의 불균형 결과이다. 역기능적인 위계 질서와 위계구조의 불균형, 변화하는 욕구에 대해 적절하게 반응하지 못함으로써 가족문제가 발생하고 유지된다.

② 주요 개념

구조적 가족치료모델의 주요 개념은 가족구조, 하위체계, 경계, 제휴, 권력 등이 있다.

③ 개입목표

개입목표는 가족을 재구조화함으로써 가족이 적절한 기능을 수행할 수 있도록 돕는 것이다.

④ 개입기법

첫째, 합류하기는 치료자가 가족과 인간적인 관여를 하는 것, 혹은 가족의 현실 상황에 들어가 함께 경험하는 것을 말한다.

둘째, 실연은 면담 중에 가족에게 역기능적 가족 구성원 간의 상호작용, 또는 교류를 실제로 행동해 보게 하는 것이다.

셋째, 경계 만들기는 가족 내 하위체계 간 경계가 모호하거나 경직되어 성원 간 유리되거나 밀착된 경우 경계선을 수정하는 방법이다.

넷째, 과제부여는 가족 상호교류에서 자연스럽게 발전될 수 없는 행위를 실연해 보도록 하며, 가족이 행할 필요가 있는 분야를 개발시키기 위하여 과제를 주는 기법이다.

다섯째, 균형 깨뜨리기는 가족 내 하위체계 간의 역기능적 균형을 깨뜨리는 기법으로 하위체계 간 관계가 재조정된다.

여섯째, 긴장 고조시키기는 가족체계의 경계선, 연합, 권력에 개입함으로써 가족들의 긴장을 고조시키고, 긴장을 고조시킴으로써 가족구조를 재구조화하는 기법이다.

일곱째, 재구성(재정의, 재명명)은 부정적인 행동에도 긍정적인 암시를 부여하는 것이다.

(3) 경험적 가족치료모델

① 가족 및 가족문제에 대한 관점

건강하고 정상적인 가족은 가족구성원들이 서로의 성장을 돕는 가족이고, 역기능적인 가족은 정서가 메말라 있고, 회피적이고 자기방어적인 가족이다.

② 주요 개념

경험적 가족치료모델의 주요 개념은 자아존중감, 의사소통의 유형 등이 있다.

③ 개입목표

경험적 가족치료의 개입목표는 증상의 감소나 사회적 적응보다 개인적인 통합을 증가시키고, 선택에 대한 보다 많은 자유, 덜 의존적인 것, 경험을 확대하는 것 등 성장을 목표로 한다. 가족들이 사용하는 역기능적인 의사소통 유형을 인식하도록 하여, 자신과 상대방의 자아존중감을 향상시키면서 감정이나 생각을 일치형 의사소통 유형에 의하여 전달할 수 있도록 돕는다.

④ 개입기법

첫째, 가족조각은 가족원들이 의사소통과 관계형태를 나타내는 거리감이나 밀착된 몸짓 및 자세를 취하여 가족원들의 관계를 나타내는 기법이다.

둘째, 가족그림은 가족원에게 자신이 느끼는 대로 자유롭게 가족에 대해 그림을 그리도록 하는 기법이다.

셋째, 모의가족은 가족 내의 바람직한 의사소통 방법을 배우기 위해 모의 형태의 가족이 되어 연습해 보는 기법이다.

넷째, 빙산기법으로, 사티어(Virginia Satir, 1916~1988)의 가족치료는 다양한 수준에서 이루어지게 되는데, 이를 개인의 빙산에 비유할 수 있다. 수면 위에 보이는 조그만 빙산은 사람의 행동이고, 수면 밑에 있는 커다란 빙산은 사람의 감정이나 기대, 지각, 열망 등을 의미한다. 사티어는 개인의 내적 과정을 이끌어 내기 위해 빙산기법을 활용하였다.

(4) 전략적 가족치료모델

① 가족의 증상 및 역기능적 가족에 대한 관점

가족원의 증상은 안정적인 가족을 보존하기 위해 필요한 것으로 이해되고, 역기능적 가족은 가족의 문제가 있음에도 불구하고 항상성 유지를 위해 변화에 저항하거나 융통성이 부족하다.

② 주요 개념

첫째, 이중구속과 이중구속 메시지로 이중구속이란 서로 다른 수준에서 상호모순되는 메시지를 상대방에게 보내어 듣는 사람이 어떠한 메시지에도 반응할 수 없는 정서적 혼란 상태에 빠지게 되는 것을 말한다. 이중구속 메시지는 상대방을 이중구속 상태에 처하게 만드는 메시지이다. 이는 언어적 의사소통과 비언어적 의사소통 수준이 일치하지 않는 역기능적 의사소통이다.

둘째, 의사소통으로 모든 행동은 의사소통이며, 사람은 행동하지 않을 수 없듯이 의사소통을 하지 않을 수 없다는 상호작용원리를 중요시한다.

③ 개입목표

전략적 가족치료의 1차적 개입목표는 제시된 문제를 해결하는 것이다. 증상을 나타내는 클라이언트의 현재 문제나 증상을 해결하는 데 초점을 두고, 관찰 가능한 행동에, 과거보다는 현재에, 그리고 변화에 비중을 둔다. 역기능적 상호작용의 연쇄과정을 변화시켜 현재의 문제를 해결하는 전략적 방법을 택한다.

④ 개입기법

첫째, 역설적 지시는 문제를 유지하는 연쇄를 변화시키기 위해 가족이

역설적이라고 생각하는 행동을 하도록 한다. 역설적 지시에는 증상처방과 제지기법이 있다.

둘째, 시련기법은 고된 체험기법이라고도 한다. 이는 클라이언트의 문제 혹은 증상이 나타날 때마다 증상 자체가 지닌 고통과 동일하거나 더 힘든 일을 수행하도록 지시하는 기법이다.

셋째, 순환적 질문하기는 가족성원들이 문제에 대한 제한적이고, 단선적인 시각에서 벗어나 문제의 순환성을 깨닫도록 하기 위해 가족 상호작용이나 가족관계에 대한 질문을 연속적으로 하는 기법이다.

넷째, 재구성은 가족원들이 제시하는 문제를 다른 시각에서 보도록 하거나 다른 방법으로 이해하도록 돕는 방법이다.

(5) 해결중심 가족치료모델

① 가족 및 가족문제에 대한 관점

문제를 가족의 기능과 역기능적 위계질서와 관련하여 설명하지 않는다는 점에서 특징적이다.

② 개입원리

병리적인 것 대신 건강한 것에 초점을 두고, 탈이론적이며, 비규범적이다. 현재와 미래지향적이며 변화는 불가피하고 효과가 있으면 더 많이 사용한다. 또한 클라이언트와 협력관계를 중요시하고, 클라이언트의 의견을 존중하며 문제해결에 초점을 둔다.

③ 개입목표

해결중심 가족치료의 개입목표는 클라이언트가 뭔가 다른 것을 하거나 생각하도록 도움으로써 클라이언트가 제시한 불평을 해결하고, 클라이언트의 삶을 보다 만족스럽게 해주는 것이다.

④ 개입기법

첫째, 치료면담 전 변화에 대한 질문은 치료받으러 오기 전에 있었던 변화들에 관해 질문함으로써 치료 이전의 변화에 대해 관심 있게 관찰

한다. 클라이언트의 잠재능력을 발견하며, 클라이언트 자신이 의식하고 있지 못하는 해결방안을 찾아내게 하는 질문기법이다.

둘째, 기적질문은 기적이 일어나서 문제가 해결되었다고 상상해 보게 함으로써 문제 자체보다는 문제와 별개로 해결책을 생각해 보게 한다. 이후 기적이 일어났을 때 달라질 수 있는 일들을 실제 행동으로 해보게 하는 기법이다.

셋째, 예외질문은 성공했던 경험을 찾아내어 의도적으로 계속 실시하도록 격려함으로써 성공의 경험을 확대하고 강화하려는 기법이다.

넷째, 척도질문은 수치로 정도를 표현하게 하는 기법이다.

다섯째, 대처질문은 클라이언트가 힘든 상황에서 어떻게 대처해 왔는지에 관해 질문하는 기법이다.

여섯째, 관계성 질문은 클라이언트와 중요한 관계에 있는 사람들이 가지고 있는 생각, 의견에서 클라이언트를 보게 하는 질문이다.

일곱째, 악몽질문은 해결중심치료에서 유일하게 문제중심적 질문 유형에 속한다. 목적설정을 위한 상담 전 변화에 대한 질문, 예외질문, 기적질문 등 해결중심적 질문이 효과가 없을 때 사용한다.

(6) 이야기치료

① 가족 및 가족문제에 대한 관점

이야기치료에는 클라이언트도 가족도 문제가 아니며, 문제 자체가 바로 문제라고 간주한다. 문제는 클라이언트가 개인이나 가족과는 분리된 외부적 존재, 실체라고 보는 것이다.

② 개입특징

이야기치료의 개입은 문제 자체를 해결하는 것보다는 클라이언트가 적극적인 주체가 되도록 돕는다. 클라이언트를 사회・정치적으로 구성된 관점과 개념, 억압적인 문화의 구성으로부터 해방시키고 자아상을 약한 것에서 강한 것으로 변화시키는 것에 초점을 맞추어 클라이언트 자신이 삶의 책임을 지는 적극적인 주체가 되도록 돕는다.

③ 개입목표

이야기치료의 개입목표는 클라이언트가 자신의 삶에 부정적인 영향을 미치는 문제를 자신과 분리해서 보게 하는 것이다. 즉, 문제는 오직 문제로만 보게 한다. 그리하여 자신의 삶의 이야기를 다시 쓰게 하여 자신의 확고한 정체성으로 생산적인 삶을 살아가도록 돕는 데 있다.

④ 개입기법

첫째, 문제의 외현화는 가족문제를 개별 성원 혹은 가족이 아닌 문제 그 자체로 보고 가족을 괴롭히는 하나의 별개 존재로서 문제를 이야기하는 기법이다. 문제를 외현화한다는 것은 내면화된 증상을 인격화하는 것이다.

둘째, 가족옹호는 가족이 정당한 권리가 있음에도 불구하고, 권리보장이 이루어지지 않거나 서비스가 확대되어야 할 필요가 있는 경우 가족의 권리를 대변하고 서비스를 확충하도록 노력하는 것이다.

2) 집단대상사회복지실천

(1) 집단의 유형

집단사회복지는 사회복지방법론 중의 하나이다. 따라서 집단 사회복지 가치, 목적, 원리, 윤리 등은 사회복지 전문직의 그것에 기초하며, 목표지향적인 활동이다. 이러한 집단의 유형은 치료집단과 과업집단, 자조집단으로 나눌 수 있다.

① 치료집단

치료집단은 집단성원들의 교육, 성장, 치유, 사회화 등을 목적으로 하며, 한 가지 이상의 목적을 동시에 갖기도 한다. 토스랜드(Toseland)와 리바스(Rivas)는 치료집단의 주된 목적을 다음과 같이 세분하였다.

〈표 5-1〉 치료집단의 유형과 목적

유 형	목 적
지지집단	• 생활사건에 효과적으로 대처할 수 있는 능력을 향상시킬 수 있도록 원조하는 것이 목적 • 유대감 형성이 용이하며, 자기개방 수준이 높다.
교육집단	• 집단성원들이 자기 자신과 자신이 속한 사회를 잘 이해할 수 있도록 교육하는 것이 목적 • 강의 형태로 이루어지기 때문에 성원 간 자기개발 수준은 높지 않다.
성장집단	• 성원들의 자기인식 증진과 사고의 변화가 목적 • 자기개방 정도가 높다.
치유집단	• 집단성원의 인지, 정서, 행동 등의 문제 완화와 제거(치료, 재활)가 목적 • 자기개방 정도가 높아서 비밀보장이 중요하다.
사회화집단	• 사회적 기술을 습득하고 사회생활에 효과적으로 기능할 수 있도록 원조하는 것이 목적 • 사회기술훈련집단, 자치집단, 여가집단으로 나눌 수 있다.

② 과업집단

과업집단은 조직이나 기관의 문제에 대한 해결책 모색, 새로운 아이디어 개발, 효과적 원조전략 수립 등의 과업수행을 목적으로 구성된 집단이다. 과업집단의 예는 이사회, 위원회, 팀, 대의원회의, 사례회의 집단 등이 있다.

③ 자조집단

자조집단은 유사한 어려움이나 관심사를 가진 성원들이 자발적으로 집단을 만들어 동료끼리 경험을 나누어 개인적으로 바람직한 변화를 가져오도록 노력하는 상호 원조집단이다.

(2) 집단사회복지실천의 구성요소

집단사회복지실천의 구성요소는 집단과 집단역동, 집단성원, 집단지도자, 프로그램 활동이 있다.

(3) 집단사회복지실천모델

집단사회복지실천모델의 주요 특징을 요약하면 다음과 같다.

〈표 5-2〉 집단사회복지실천모델의 주요 특징

구 분	사회적목표모델	상호작용모델	치료모델
집단목적	• 민주주의와 지역사회정의 유지 • 구성원의 사회의식과 사회적 책임 향상	• 집단성원들 간의 상호원조체계 개발	• 집단을 통한 개인의 치료
장기목적	• 더 나은 민주사회 건설	• 개인과 사회의 조화	• 개개인의 사회적응력 향상
활동초점	• 개인의 성숙과 민주 시민 역량개발	• 개인적인 역기능 변화	• 성원 간의 자조, 상호 원조체계 개발
목표설정	• 초기에는 집단 지도자에 의해 결정되나 점차 집단에게 이양됨	• 사회복지사가 미리 목표를 정하는 것이 아니라 집단성원 간 협력을 통해 집단 목표를 자체적으로 설정함	• 세부적인 집단 목표를 전문가가 사전에 결정함
집단지도자 역할	• 영향력을 끼치는 자의 역할: 바람직한 역할 모델 제시	• 전문적인 변화매개인 역할	• 중재자 역할
집단의 예	• 청소년 유해환경 감시단, 지역사회환경 감시단	• 지지집단	• 치료집단

출처: 남세진 외(1997), pp. 44-45.

(4) 집단의 치료적 효과

사회복지실천기술에서 집단 활용의 장점으로는 집단의 역동성을 변화의 매개체로 하여 집단성원의 문제나 갈등을 해결하고, 자기성장과 변화를 도모하는 데 효과적이라는 점이다. 얄롬(Yalom, 1995)은 집단개입을 통해서 얻을 수 있는 주요 효과적 치료요인을 다음과 같이 제시하고 있다. 희망고취, 보편성, 정보전달, 이타심, 일차 가족집단의 교정적 반복 발달, 사회화 기술의 발달, 모방행동, 대인관계학습, 집단응집력, 정화, 실존적 요인 등이 있다. 이 같은 장점으로 인해 집단은 사회복지실천기술의 방법으로 유용하게 활용되며, 기관 내의 직원 훈련과 집단슈퍼비전, 자문 등에 폭넓게 적용되고 있다(엄명용 외, 2008).

(5) 집단대상실천의 개입기술

사회복지사의 집단사회복지실천의 개입기술은 다음과 같다.

〈표 5-3〉 집단사회복지실천 개입기술

개입기술	개념 및 유형
집단과정 촉진기술	• 집단구성원의 참여를 촉진하기 • 집단성원에게 집중하기 • 표현기술: 집단성원의 생각이나 느낌을 자유롭게 표현할 수 있도록 원조 • 반응기술: 특정 집단과정에 선별적으로 반응해 다음에 이루어질 집단과정에 영향을 미치는 기술 • 의사소통 초점유지: 토론 범위를 제한하여 집단목표와 관련 없는 의사소통을 감소시켜 초점을 유지하기 • 내용 명료화: 성원이 의견을 분명하게 표현하도록 의사소통의 내용을 명확히 하기 • 집단 상호작용을 특정 방향으로 지도하기
자료수집과 사정기술	• 확인 및 묘사하기, 정보를 요청하고, 질문하고, 탐색하기, 정보를 요약하고, 세분화하기, 언어적·비언어적 의사소통 통합하기, 정보를 분석하기
행동기술	• 지지하기, 재구성, 집단구성원의 의사소통을 연결하기, 지시하기, 조언, 제안, 교육, 직면, 모델링, 역할극, 실연, 코치, 갈등해결

(6) 집단발달단계별 사회복지실천

집단은 시간의 흐름에 따라 집단 내부 구조가 확립되고, 문화가 형성되며, 조직과 집단의 진행 과정에 변화를 경험하게 되는데, 이를 집단발달이라고 한다. 집단발달단계는 준비단계, 초기단계, 사정단계, 중간단계, 종결단계로 구분할 수 있다. 집단의 발달단계별 내용을 보면 다음과 같다(사회복지교육연구센터, 2012; 엄명용 외, 2008).

① 준비단계

집단 준비단계는 집단을 시작하기 이전에 사회복지사가 집단을 어떻게 구성할지를 계획하는 단계로, 집단형성을 위해 고려해야 할 내용으로는 집단 목적, 잠재적 성원 모집과 사정, 집단구성, 집단의 지속기간과 만남의 빈도, 물리적 환경, 기관의 승인 등이다.

② 초기단계

집단 첫 회기에 사회복지사는 집단성원들을 대상으로 오리엔테이션을 실시하여 향후 진행될 집단에 대한 정보를 제공하는 시간을 가져야 한다. 오리엔테이션에서 다루어야 할 내용은 다음과 같다. 사회복지사와 집단성원 소개, 집단목적 소개, 집단규칙 정하기, 신뢰감 조성하기, 계약 등이 있다.

③ 사정단계

사정은 사례관리자가 수급자의 복합적 욕구를 파악하여 구체화하고 이후 합의과정을 통해 계획 및 실행단계로 연결하는 데 목적이 있다. 사정단계의 주요 내용은 욕구조사를 중심으로 한 활동이지만 수급자가 가진 자원과 문제, 장애물에 대한 다차원적인 사정과 이를 종합하는 활동이 필요하다. 구체적인 사정 내용을 보면 첫째, 욕구사정으로 클라이언트의 욕구에 기초해야 한다. 클라이언트의 욕구에 대하여 종합적이고, 포괄적은 근거나 논리에 입각해야 한다. 둘째, 자원사정으로 수급자가 가진 성격이나 태도, 자신감 같은 내적자원과 외부의 공식적·비공식적 자원을 포함한다. 셋째, 장애물 사정으로 수급자의 욕구 또는 문제 해결을 방해하고 있는 것을 제거 또는 해소해야 할 대상을 의미한다.

④ 중간단계

이 단계의 사회복지사의 과업은 사회복지사는 집단의 현 위치를 파악하기 위해서 진행상황, 갈등, 협조체계 등을 살펴보아야 한다. 각 성원에 대한 태도, 관계, 행동, 동기, 목표 등을 평가하고, 집단의 목적 및 목표를 재확인할 뿐만 아니라 집단성원 모두의 참여를 유도해야 한다. 그리고 집단성원 간의 공통점 및 차이점을 파악하고 집단성원들이 다양한 경험을 할 수 있도록 원조해야 한다. 이 외에도 집단 내에서 갈등이 나타날 때, 해소를 도와야 한다.

⑤ 종결단계

종결단계의 과제는 다음과 같다. 첫째, 집단과정에서 성취한 변화를 지속적으로 유지하고 일반화할 수 있도록 도와야 한다. 둘째, 개별 성원들의 독립적 기능을 촉진하고 집단에 대한 의존성을 감소시켜 나가야 한다. 셋째, 종결에 대한 감정을 다루어야 한다. 집단성원들은 종결을 앞두고 양가감정을 지니게 된다. 그동안 집단에서 지지를 받아 기쁨과 만족감을 경험했으며, 성원들과 친밀한 관계를 형성했는데, 이제 모든 것이 끝난다는 생각으로 인해서 거부나 슬픔의 감정을 느끼게 된다. 특별히 애착에 문제가 있는 성원이라면 더욱 그럴 것이다. 넷째, 집단 종결 이후 자조집단을 형성하도록 돕고, 자조집단이 잘 운영되도록 모임 공간이나 자문 등을 제공한다. 다섯째, 추가적인 서비스나 지원이 필요한 경우 다른 기관에 의뢰해야 한다. 여섯째, 집단 초기에 세운 목표가 성취된 정도를 평가하고 부족한 점이 있다면 수정, 보완하여 다음번 집단 프로그램 개발에 반영하는 것이 좋다.

Chapter

06 지역사회복지실천

1. 지역사회의 개념과 기능

1) 지역사회 개념과 유형

(1) 지역사회의 일반적 개념

지역사회란 일정한 지리적 구역을 전제조건으로 일정한 지역에 사는 사람들의 집합체를 말한다. 지역사회복지에서 말하는 지역사회의 개념은 지리적 의미와 기능적 의미를 함축하고 있다. 즉, 일정한 지리적 범위 내 사람들의 집단 또는 공동의 이해관계, 소속감, 문화에 기초하여 활동하는 사람들이 집단으로 구성된 사회적 단위를 말한다.

사회적으로 동질성을 띤 지역으로서의 지역사회는 지역사회 주민들 간의 합의성, 일체감, 공동생활양식, 공통적인 관심과 가치, 공동노력을 강조한다. 즉, 지역사회란 다른 지역과 구별될 수 있는 사회적 특성을 지닌 독립적인 지역이라고 보는 것이다.

(2) 지역사회를 바라보는 구조적 · 사회심리학적 관점

독일의 사회학자 퇴니스(Ferdinand Tonnies)는 공동사회와 이익사회 개념으로 지역사회를 설명하고 있다. 공동사회는 혈연과 지역과 운명공동체를 바탕으로 이루어진 소규모 대면적 사회로, 가족, 부족, 촌락 등이 이에 속한다. 이익사회는 이해관계에 기반한 합리적 의지의 산물로, 기업, 정당이 여기에 속한다. 퇴니스는 인간사회는 공동사회에서 이익사회로 발전해 가며, 산업화 이후 이는 더 가속화된다고 보았다. 그러나 현실 사회에서는 두 가지 속성을 모두 가진 제3의 사회 조직체로서 협동사회를 들 수 있는데 교회, 학교, 국가가 그 예이다.

2) 지역사회의 기능

길버트(N. Gilbert)와 스펙트(H. Specht)가 제시한 지역사회 기능을 보면 다음과 같다.

(1) 경제제도(생산 · 분배 · 소비 기능)

사람들은 의식주, 보건, 교통, 고용, 여가생활 등과 관련된 다양한 영역에서 재화 및 서비스 같은 기본적인 욕구를 충족시키기 위하여 서로 의존하고 있다. 지역사회의 다양한 개인 및 조직들은 이러한 기능들을 수행하게 되고, 지역사회는 이러한 활동이 이루어지는 환경이 된다. 따라서 생산 · 분배 · 소비의 기능은 지역 주민이 일상생활을 영위하는 데 필요로 하는 재화와 서비스를 생산하고 분배하여 소비하는 과정을 말한다.

(2) 가족제도(사회화 기능)

사회화 기능은 지역사회가 공유하고 있는 일반적인 지식, 사회적 가치, 그리고 행동 양태를 그 사회구성원에게 전달시키는 과정이다. 가족, 집단, 조직, 지역사회와 같은 모든 사회적 단위는 그 구성원에게 살아가는 데 필요한 정보를 직 · 간접적으로 전달해 주고 있다. 예를 들면, 아동들은 가족, 학교, 그리고 이웃 등 지역사회로부터 이러한 정보의 대부분을 얻게 되며, 일반적으로 이러한 사회화는 인간 생애의 전 과정에서 이루어진다.

(3) 정치제도(사회통제 기능)

사회통제 기능은 지역사회가 그 구성원에게 사회의 규범에 순응하게 하는 것을 말한다. 모든 사회는 그 구성원이 지켜야 할 법, 도덕, 규칙 등의 규범을 갖게 되는데, 이러한 사회통제의 기능은 주로 국가를 중심으로 경찰과 사법권을 통하여 보편적 법을 집행하는 강제력을 발휘함으로써 나타난다. 지역사회의 다른 조직들인 가정, 학교, 종교 및 여러 사회적 서비스 기관들도 유사한 기능을 부분적으로 수행하고 있다.

(4) 종교제도(사회통합 기능)

사회통합의 기능은 사회 구성원 간, 그리고 사회 내 여러 집단, 단체, 기관 등 여러 조직 사이의 관계와 관련된 기능을 말한다. 모든 사회체계의 구성원들은 상호 간 신뢰가 바탕이 되어야 하며, 정상적으로 기능을 수행하기 위해서 어느 정도의 결속력을 가져야만 한다. 여기에는 지역사회 내의 공식적 조직뿐만 아니라 비공식적 집단 및 연합들도 포함된다.

(5) 사회복지제도(상부상조 기능)

개인과 가정은 누구나 질병, 사망, 실업, 사고 등의 개인적 이유, 경제적 제도의 부적절한 운영에 의해 자립할 수 없는 처지에 놓이게 되는 경우, 외부의 도움을 받지 않을 수 없다. 전통사회에서는 상부상조의 기능을 가족과 친척, 동네 사람, 친목단체나 자선단체와 같은 1차적 집단이 주로 수행했다. 현대사회에서는 정부, 민간사회복지단체, 종교단체, 비영리조직, 비정부기구 등이 상부상조 기능을 수행하는 형태로 변화하고 있다.

3) 지역사회복지와 지역사회복지실천

(1) 지역사회복지의 개념

지역사회복지는 지역사회 수준에서 이루어지는 사회복지실천으로 지역사회 내에서 사회복지실천과 지역사회를 대상으로 한 사회복지실천을 포괄하는 개념이다. 지역사회의 복지향상을 위한 포괄적인 제도적 개념으로 전문 또는 비전문 인력을 지역사회 수준에 개입하여, 지역사회에 존재하는 각종 제도에 영향을 주고 지역사회의 문제를 예방하고 해결하고자 하는 사회적 노력이다.

(2) 지역사회복지의 개념적 속성

첫째, 지역사회복지는 지역성과 기능성을 포함하는 일정 지역사회 내에서 이루어진다.

둘째, 지역사회복지는 지역 주민의 삶의 질 향상이라는 목표를 가지고 있다.

셋째, 지역사회복지는 지역사회의 문제해결 능력을 향상시키고, 주민의 복지욕구를 충족시키는 기능을 수행한다.

넷째, 지역사회복지는 정부와 민간기관이 공동주체가 되어 공공과 민간의 협력이 강조되는 추세로 발전하고 있으며, 전문적·비전문적 서비스와 방법을 사용한다.

〈표 6-1〉 지역사회복지실천의 가치

가 치	주요 내용
다양성 및 문화적 이해	• 인간의 다양성과 다양한 문화에 대한 이해는 인간행동과 사회의 기능을 이해하는 데 필수적이다.
자기결정	• 자기결정은 클라이언트가 전문가의 개입 여부를 스스로 결정하고, 개입방법과 그것이 가져올 결과 등에 대해 선택하는 것을 말한다. • 이는 개인 스스로가 환경을 이해하고, 선택하고, 선택에 대해 책임을 지고, 조직화와 옹호를 통해 자신의 삶의 위치에 영향을 줄 수 있도록 개인의 능력을 발전시키는 것을 말한다.

임파워먼트	• 임파워먼트는 대상자 집단의 의사결정 참여를 강조하는 관점으로 대상자 집단의 주체의식을 키우고, 부정적 자아상을 불식시킴으로써 일종의 치료효과를 가져오는 것을 말한다. • 개인이 지역사회체계에 자발적으로 참여하여 지역사회자원을 더 잘 이용할 수 있게 되고, 그러한 자원의 모습들을 구체화할 수 있을 때, 개인은 자신의 힘을 느끼게 된다. • 임파워먼트에 초점을 둔 실천은 사회의 각기 다른 집단 사이에서 재원과 권력의 분배가 더욱더 공평하게 이뤄지도록 한다.
비판의식의 개발	• 억압을 조장하는 사회의 메커니즘을 인식할 뿐만 아니라, 그러한 사회의 구조 및 의사결정 과정을 주시하고, 이해하는 것을 말한다. • 서비스 대상자들과 인식을 공유함으로써 그들의 비판의식을 제고하는 것을 말한다.
상호학습	• 자원의 역량 사정(= 수집된 정보 조직화하기)
사회정의와 균등한 자원배분	• 억압적이거나 정의롭지 못한 사회현실을 개혁하기 위해 끊임없이 노력한다.

(3) 지역사회복지실천의 이념

사회복지의 기본 원리는 인간 존엄성을 중시, 평등과 기회균등, 인간 고통에 대한 국가책임, 자기결정 등으로 나타난다. 지역사회복지 이념은 사회복지의 기본 원리를 바탕으로 하면서, 지역사회 내의 사회복지 대상자들에게 당면한 문제에 어떠한 방법으로 접근하여, 어느 수준까지 그 요구를 충족시킬 것인가 하는 것을 의미한다. 지역사회복지 이념은 다양하게 제시할 수 있으나, 대표적인 것은 정상화, 사회통합, 탈시설화, 주민참여, 네트워크 이념이 가장 강조되고 있다.

① 정상화

정상화는 특별한 장애나 욕구를 가진 사람들을 지역사회와 분리된 시설이나 병원 등에서 살아가게 하는 것은 인간답지 않다고 보고 있다. 이들을 가능한 한 일반인과 유사한 보통의 생활 속에서 살아갈 수 있게 하는 것을 의미한다. 특별한 욕구를 가진 사람을 모두 일반인으로 만든다는 의미가 아니라, 장애로 인한 불편을 최소화하기 위한 사회적 노력이 필요하다는 것이다.

② 사회통합

사회통합은 계층 간의 격차를 줄이고, 사회의 전반적 불평등을 감소시킴으로써 삶의 질을 제고해 가는 것을 의미한다. 지역사회에서 장애인, 노인, 아동 등 요보호대상자들이 일반 주민들과 함께 생활해 나갈 수 있는 조건을 확보하는 것이다. 보호를 필요로 하는 이들이 지역사회와 가정생활을 기반으로 전 생애주기에 거쳐 정상적 발달과제 달성, 욕구의 충족, 인간관계의 향상, 사회적 교류를 할 수 있도록 지역사회 체계를 만들어 내는 것을 의미한다.

③ 탈시설화

탈시설화는 사회복지시설의 격리수용 방식으로 인해서 시설병 등의 부작용이 발생하기 때문에, 사회복지시설에 입소하는 것보다는 소규모의 다양한 시설에서 서비스를 제공받음으로써 지역사회에서 생활을 유지할 수 있도록 하자는 것이다. 사회복지시설 내 장애인의 재활, 사회복귀, 자립생활을 위해 적절한 사회복지서비스를 시설과 지역사회에서 제공하기 위한 방안으로 마련되었다.

④ 주민참여

지역사회복시에서의 주민은 단순히 서비스를 받는 사람으로만 위치하는 것이 아니다. 지역사회는 문제 발생의 장이기도 하지만, 해결의 장이고, 나아가 예방의 장이므로 주민은 서비스 이용자임과 동시에 제공자로서의 양면성을 지니고 있다.

⑤ 네트워크

사회복지의 큰 흐름 가운데 하나가 공급자 중심의 서비스 제공에서 이용자 중심의 서비스 제공으로의 변화이다. 이용자 중심의 서비스 제공은 이용자의 욕구를 기초로 한 서비스 제공과 서비스의 선택권이 이용자에게 주어져 있는 것을 전제로 한다. 이러한 흐름은 지역사회복지에서는 이용자뿐만 아니라 지역 주민 전체의 복지 욕구 파악, 서비스 제공체계를 구축·실천하는 형태를 취하게 된다.

(4) 지역사회복지실천의 특성

① 예방성

예방성은 사회복지 욕구나 해결되지 못한 생활문제를 주민참여라는 구조를 통하여 조기에 발견하여 대응함으로써 예방적 효과를 거둘 수 있다는 의미이다. 예방적 특성에는 클라이언트의 생활파탄의 방지라는 소극적 예방에서부터 삶의 질 향상이나 생활구조의 안정·강화 등 복지증진이라는 적극적인 예방까지 포함한다.

② 통합성과 포괄성

주민의 생활은 개별적으로 분리할 수 없다. 경우에 따라 공급의 편리성과 효율성을 내세워 공급자 중심으로 서비스를 분리하여 제공하기도 하지만, 이용자 측면에서 보면 이는 부적절한 조치이다. 지역사회복지에서는 이러한 분절된 서비스를 통합하여 제공하고, 이를 이용하는 구조, 즉 서비스 공급자 측면에서는 통합성의 특성을, 서비스 이용자 측면에서는 포괄성의 특성을 가지고 있어야 한다.

③ 연대성(공동성)

인간은 본질적으로 사회적 존재이다. 따라서 공동의 관심사에 따라 자연스럽게 연대를 형성하고 공동으로 이를 확대시켜 나가는 특성을 가지고 있다. 지역사회복지에서는 주민 개인의 활동만으로는 해결하기 어려운 과제를 주민들의 연대와 공동행동을 통해 해결하고자 한다.

④ 지역성

지역사회복지는 주민의 생활권역을 기초로 하여 전개된다. 주민의 생활권역은 주민의 생활의 장이면서 동시에 사회참여의 장이므로 지역적 특성을 고려하지 않으면 안 된다. 주민의 기초적인 생활권역을 구분하는 기준에는 물리적인 거리뿐만 아니라 심리적인 거리도 포함된다.

2. 지역사회복지의 이론

1) 기능주의이론과 갈등주의이론

(1) 기능주의이론

기능주의이론(구조기능주의이론)은 한 사회가 존재하기 위해서는 체계마다 각각의 기능이 있고, 이런 기능들이 지속적으로 조화를 이루어 균형을 유지하고 있다고 가정한다. 기능주의자는 사회가 유지되기 위해서는 기본적인 체계들이 각자의 기능을 수행해야 하는데, 그렇지 못할 경우 사회는 혼란 상태에 빠진다고 보고 있다.

(2) 갈등주의이론

갈등주의이론은 마르크스(K. Marx)에 의해서 제시되었는데, 사회구조는 근본적으로 경제적 하부구조(경제구조)의 토대 위에 상부구조(정신 및 이념)가 형성되는 것이라고 보고 있다. 즉, 경제적 이해관계에 의하여 사회조직이 결정된다는 것이다. 자본주의 사회의 모든 문화적 가치, 신념, 종교, 정치체제, 법률과 제도는 자본가와 노동자 간 경제적 계급구조의 산물, 필연적으로 혁명적 계급갈등을 발생시킨다고 주장하였다.

2) 사회체계이론과 생태이론

(1) 사회체계이론

사회체계이론은 지역사회를 하나의 체계로 간주하고, 지역사회와 환경의 관계를 설명한다. 사회체계란 사회를 부분들의 합으로 이루어진 전체로 설명한다. 전체 사회는 크고 작은 하위체계로 구성되어 있고, 이들은 서로 연결되어 있으며, 살아있는 개방체계를 이루고 있다고 보고 있다. 사회 내의 학교, 병원, 교회, 직장, 군대 등 부분들은 모두 전체 사회체계를 유지하기 위한 기능을 수행하고 있다는 것이다.

(2) 생태이론

생태이론(생태학이론)이라고 하는데, 이는 통합적, 전체적, 역동적인 인간-환경 관계에 대한 시각에서 사회를 분석하였다. 지역사회의 변화과정을 역동적으로 설명하기 위해 경쟁, 중심화, 분산, 분리 등의 다양한 개념들을 사용한다. 그리고 환경의 제 요소들과 끊임없이 상호교류하는 인간의 적응적이고 진화적인 모습을 통해서 인간과 환경 간의 상호관계를 설명한다.

3) 자원동원이론과 교환이론

(1) 자원동원이론

자원동원이론은 힘 의존이론(power dependency)에 영향을 받은 이론으로 자원동원이 조직의 발전에 영향을 미칠 수 있다고 보는 이론이다. 사회운동조직의 성패는 조직원의 충원과 자금조달, 그리고 적절한 조직구조를 개발할 수 있는 능력에 달려있다는 점에서 지역사회에서 인적·물적 자원들을 이끌어 낼 수 있는 환경은 매우 중요하다.

자원동원이론에 따르면 조직은 구성원들을 모집, 자금을 확충하고 자격있는 직원을 고용함으로써 발전한다. 따라서 실천가나 조직은 직원을 고용하고 자금을 증액하며 회원을 확대한다. 또한 조직은 사회운동을 발전시키기 위하여 회원들을 적극적으로 참여하도록 독려하며, 외부체계와의 종속관계를 약화시키기 위하여 회원의 수를 늘려나간다.

(2) 교환이론

교환이론은 자원의 균형 있는 교환을 통해 지역사회가 발전함을 강조하며, 구체적인 자원배분의 방법들을 제시하는 이론이다. 지역사회 내에 내재한 자원의 균형 있는 교환을 통해서 개인이나 집단, 조직, 나아가 지역사회 전체가 발전할 수 있음을 강조한다.

4) 기타 이론

(1) 엘리트이론

엘리트이론은 사회가 권력을 가진 엘리트와 이를 가지지 못한 대중으로 분류되며, 소수의 지배 엘리트 집단(정치와 경제 등에서 중요한 정책을 결정할 때 우월한 지위에서 영향을 미치는 사람 또는 집단)이 국가의 정책을 좌우하는 권력을 장악하고 있다고 보고 있다. 국가나 사회의 주요 정책을 소수 관료나 저명인사 등 사회지배계급(엘리트)들이 일방적으로 채택한다. 즉, 소수의 엘리트에 의해 주요한 의사결정이 이루어진다고 보는 입장이다. 이는 다양한 사회집단의 역할을 강조하는 다원주의와는 상반되는 관점을 나타낸다.

(2) 다원주의이론

다원주의이론은 소수의 엘리트 집단이 아니라 다양한 다수의 이익집단들이 사회를 이끈다고 보고 있다. 여기서 이익집단이란 공통의 목적을 가지고 공공정책에 영향을 미치기 위해 노력하는 개인들의 조직체를 말한다. 다원주의이론에서는 사회복지정책을 내용과 형태가 이익집단의 상대적 영향력의 정도에 따라 달라진다고 간주하며, 사회복지정책은 이러한 이익집단들 간의 갈등과 타협의 산물이라고 간수한다.

(3) 사회구성론

사회구성론은 기존의 지역사회 분석이나 문제해결에 사용되었던 많은 이론들이 주류계층 중심의 시각에서 발전해 왔다는 문제의식에서 출발한다. 사회구성론에서는 한 사회를 지배하는 주류 이데올로기가 어떻게 만들어지고 유지되고 내재화되는지에 초점을 맞추고 있다. 사회체계는 상호 역동적 관계에 있는 개인들 사이에서 창조되고 건설된다고 보고 있다. 소외된 집단 구성원의 사람과 경험에 대한 심층적 지식을 구성함으로써 주류 사회의 억압을 극복하고자 하는 접근방법이라는 점에서 사회구성론은 포스트모더니즘과 연관된다.

(4) 권력의존이론

권력의존이론이란 지역사회에 있는 집단이나 조직들이 힘을 얻고 분산하면서 지역사회가 발전한다는 점을 강조한다. 지역사회의 발전은 권력의 소유 여부에 달려있는 것이다. 권력은 자원을 가진 개인이나 집단과 자원을 가지지 못한 개인이나 집단과의 관계에서 형성된다. 예를 들어, 중앙정부와 지방자치단체의 권력관계는 소유한 자원의 크기에 의해서 지방자치단체가 중앙정부에 의존적일 수밖에 없다는 것이다.

(5) 사회자본이론

경제학자들이 물적자본과 인적자본 개념을 발전시킨 이후, 사회학자들은 사회적 자본이라는 새로운 자본 개념을 내놓았다. 돈이라는 물적자본이 생산설비 투자를 가능하게 하는 생산요소이고, 인적자본이 지식이나 숙련의 형태로 인간의 두뇌에 내재되어 있는 생산요소라면, 사회적 자본은 사람들 간 관계에 내재된 제3의 생산요소라고 할 수 있다.

5) 아른스테인(Arnstein)의 주민참여 8단계

주민참여는 계획 또는 정책결정 과정에 미치는 영향과 효과의 정도에 따라 여러 단계로 나누어진다. 아른스테인(Sherry Phyllis Arnstein)은 비참여 상태, 형식적 참여, 주민권력에 이르는 주민참여의 단계를 8단계로 제시하였는데, 구체적인 내용은 다음과 같다.

(1) 비참여 상태(non-participation)

가장 낮은 수준의 참여 형태로, 주민을 의사결정에 참여시키지 않고, 참여의 형식을 흉내 내는 조작과 형식적인 참여를 인정하지만 실질적인 효과가 없는 치료의 2단계까지 여기에 속한다.

(2) 형식적 참여(degree of tokenism)

주민은 정보를 제공받고 상담을 받으며, 회유를 통해 참여가 이루어지고 있으나 주민의 영향력은 매우 미약한 상태이다.

(3) 주민권력(degree of citizen power)

마지막 3단계로 기존의 권력관계의 변화와 권력의 재분배가 가능하고, 주민이 의사결정에서 주도권을 획득하는 단계이다.

〈표 6-2〉 아른스테인(Arnstein)의 주민참여 8단계

단 계		내 용	
8	주민통제 (citizen control)	• 주민 스스로 입안, 결정에서 집행, 평가단계까지 주민이 통제하는 단계	주민권력
7	권한위임 (delegated power)	• 주민들이 특정한 계획에 관해서 우월한 결정권을 행사하고, 집행단계에서도 강력한 권한을 행사하는 단계	
6	협동관계 (partnership)	• 행정기관이 최종 결정권을 가지고 있지만, 주민들이 필요한 경우 그들의 주장을 협상으로 유도할 수 있는 단계	
5	주민회유 (placation)	• 각종 위원회 등을 통해 주민의 참여범위가 확대되지만 최종적인 판단은 행정기관이 한다는 점에서 제한적인 단계	형식적 참여
4	상담 (consultation)	• 공청회나 집회 등의 방법으로 행정에 참여하기를 유도하고 있으나 형식적인 수준에 그치는 단계	
3	정보제공 (informing)	• 행정이 주민에게 일방적으로 정보를 제공하며, 환류는 잘 일어나지 않는 단계	
2	치료 (therapy)	• 주민의 욕구불만을 일정한 사업에 분출시켜서 치료하는 단계, 행정의 일방적인 지도에 그침	비참여
1	조작 (manipulation)	• 행정과 주민이 서로 간의 관계를 확인한다는 것에서 의의를 찾을 수 있으며, 공무원이 일방적으로 교육, 설득시키고 주민은 단순히 참석하는 수준의 단계	

3. 지역사회복지실천의 목표, 실천모델과 기술

1) 지역사회복지실천의 목표

(1) 로스만(J. Rothman)의 지역사회복지실천 목표

로스만의 지역사회복지실천 목표는 과정목표과 과업목표로 나눌 수 있다. 과정목표는 개입활동을 수행하기 위해 사용되는 수단과 방법에 초점을 두고 있으며, 과업목표은 개입노력에 따른 목적과 성과에 초점을 두고 있다.

〈표 6-3〉 로스만의 과정목표와 과업목표

과정목표	• 지역사회의 개입활동 수행의 수단과 방법(지역사회의 문제해결 능력 강화)에 초점을 둔다. 즉, 지역 내 여러 집단 간 협력관계의 수립, 문제해결 역량의 형성, 지역사회 현안에 대한 관심과 참여의 독려, 협력과 지지 등
과업목표	• 지역사회 개입으로 달성하려는 목적과 성과(지역사회의 특정 문제해결이나 욕구의 충족) 자체에 초점을 둔다. 특히 새로운 서비스의 시행, 현재 제공되고 있는 서비스의 연계체계 개선, 특수한 사회적 입법의 추진, 지역주민들의 행동이나 의식의 변화 등

(2) 던햄(A. Dunham)의 지역사회복지실천의 목표

던햄은 로스만이 제시한 과정목표와 과업목표에 관계목표를 추가하였다. 관계목표는 지역사회 구성 요소 간 사회관계의 변화, 즉 지역사회와 집단들 간의 관계와 의사 결정권 분배에서의 변화를 초래하는 것에 목표를 둔다.

2) 지역사회복지실천모델

(1) 로스만의 지역사회복지실천모델

지역사회복지 활동을 체계적으로 분류하여 실천모델로 제시한 대표적인 학자로 로스만을 들 수 있다. 로스만은 지역사회복지실천을 단일의 형태로 보지 않고 지역사회개발모델, 사회계획모델, 사회행동모델로 구분하였다.

① 지역사회개발모델

지역사회의 변화를 가장 효과적으로 이루려면 많은 주민들을 변화를 위한 목표설정과 실천행동에 참여시켜야 한다고 전제한다. 주민참여를 바탕으로 지역사회 내 문제를 주민들 스스로 해결할 수 있도록 하는 것을 지역사회복지실천의 목표로 한다. 지역사회 내 모든 집단들을 긍정적 변화를 위한 필수 요소들이자 잠재적 파트너로 간주한다.

이는 과정중심 목표에 중점을 두며, 지역사회의 기능적 통합, 자조와 협동적 문세해결, 협력과 합의, 민주적 질차 등을 강조한다. 지역사회 주민의 역량증진을 위한 역량강화 기술을 강조한다. 핵심적인 활동은 주민참여 유도, 주민 의식화 활동, 자조, 토착적 지도력 개발, 지역사회 연대감을 강조한다. 지역사회개발모델에서 사회복지사의 중심역할은 조력자(enabler), 격려자(encourager)이다. 새마을운동으로 대표되는 저개발 국가의 지역사회개발모형이 실례로 볼 수 있다.

② 사회계획모델

사회계획모델은 과업중심 목표로 주요 사회문제의 해결을 목표로 한다. 지역사회 문제해결에서 합리적인 면을 강조한다. 계획이나 정책집행의 효과성과 효율성을 강조하며, 전문성 있는 계획자의 역할이 중요하다고 본다. 전문가 중심 전략을 지향하며, 로스만의 세 모델 중 클라이언트 역할이 가장 최소화된 모델이다. 우리나라 지역사회보장계획 수립은 사회계획모델의 한 예로 볼 수 있다.

③ 사회행동모델

자원과 권력의 배분에 있어서 불평등이 존재한다는 갈등이론을 토대로 하는 실천모델이다. 이 모델은 지역사회의 억압받고 소외된 자들이 정치적으로 공평한 입장에서 보다 나은 처우를 받을 수 있게 하는 활동을 강조한다. 이를 위해 지역사회 권력과 자원의 재분배, 사회적 약자에 대한 의사결정의 접근성 강화를 통한 지역사회 변화에 초점을 둔다. 사회행동모델에서는 과업목표와 과정목표 둘다 강조하며, 사회복지사는 옹호자, 대변자, 행동가 역할을 수행한다. 학생운동, 여성해방운동, 복지권 운동, 소비자 보호 운동 등이 이 모델의 실례이다.

(2) 테일러(S. H. Taylor)와 로버츠(R. W. Roberts)의 모델

이들은 로스만이 제시한 세 개의 모델에 프로그램 개발 및 조정모델, 지역사회연계모델을 추가한 5개의 모델로 구분하였다. 구분기준은 후원자(후견인)와 클라이언트 간의 의사결정 권한 정도를 기준으로 하고 있다.

① 프로그램 개발 및 조정모델

이 모델은 인보관운동과 자선조직협회 운동에 근거하며, 지역사회를 효과적, 효율적으로 변화시킬 수 있는 프로그램을 개발하고 조정해 나가는 실천모델이다. 문제해결을 위해 다양한 이해관계를 고려하고 점증적 변화를 추구한다.

② 계획모델

로스만의 초기 사회계획모델을 보다 인간지향적으로 수정한 모델이다. 지역사회복지실천가의 과정지향적 기술(전반적인 과정에 대한 관리와 대인관계 조정 등)뿐만 아니라 과업지향적 기술(합리적 기획과 설계, 실행 등)도 중시한다.

③ 지역사회연계모델

개별적 문제와 지역사회 문제의 연계를 통해 지역사회 문제를 해결하려는 모델이다. 사회복지사는 클라이언트의 문제해결을 위해 지역사회와의 관계형성과 개발, 조정 등의 활동에 비중을 두고, 지역사회를 대상으로 다양한 연계노력을 전개해 나간다. 사회복지기관의 일선 스태프나 행정가들이 수행하는 기능을 중심으로 설명한다.

④ 지역사회개발모델

지역사회 자체 역량을 개발해 지역사회 문제를 해결하고자 하는 모델이다. 지역주민의 적극적 참여와 이를 위한 교육과정을 강조한다. 조력, 리더십 개발, 자조, 상호부조, 지역성에 기반한 지역사회 연구 및 문제해결을 강조한다. 실천가는 조직가 역할보다 조력자 역할을 주로 담당한다.

⑤ 정치적 역량(권력)강화모델

로스만의 사회행동모델과 유사한 모델로 갈등이론과 다원주의 사회에서의 다양한 이익집단 간 경쟁원리에 기초하여, 사회적으로 배제된 집단의 사회적 참여를 지원하고 지지한다.

3) 지역사회복지실천기술

(1) 옹호기술

옹호는 클라이언트나 시민의 이익 또는 권리를 위해 대변하거나 방어하는 활동이다. 클라이언트를 지지하고 대변하는 활동, 클라이언트가 스스로를 대변하는 자기 옹호 등을 볼 수 있는데, 대표적인 예로는 시민권 확보를 위한 입법운동, 장애인 등을 포함하여 위험에 처한 인구집단의 권리를 위한 투쟁 등을 들 수 있다.

(2) 연계 및 네트워킹 기술

서비스의 중복을 방지하고, 자원을 효율적으로 관리하기 위해 회의를 통해 서비스 계획을 공동으로 수립한 후, 개별 기관들이 각각 서비스를 제공하는 기술이다. 개별기관의 정체성은 유지하되, 서비스 제공에 있어 팀 접근을 시도해 나가는 것을 말한다. 연계기술에는 참여 성원 간 합의를 바탕으로 전체 참여 성원들이 연계체계의 공동목표를 인정하도록 하고, 나아가 성원들이 지역사회복지실천을 위한 공동활동에 참여할 수 있도록 교육과 훈련을 제공하는 것이 포함된다.

(3) 조직화 기술

조직화 기술은 사람과 자원을 끌어 모으고(동원), 모인 사람들이 조직의 목표와 방법을 논의(회의)하여, 조직을 이끌 사람들을 찾아내는(리더십) 일이다. 지역사회가 처한 상황과 해결 방향에 따라 목표를 세운 후 합당한 주민을 선정하여 모임을 만들고, 지역사회 욕구나 문제를 해결해 나가도록 돕는 기술이다. 지역사회의 당면 문제를 해결하기 위해 전체 주민을 대표하는 일정 수의 주민을 선정하여 모임을 구성한다. 지역사회 전체 또는 일부 집단을 하나의 역동적 실체로 만들어 나가는 과정으로 지역사회의 외부능력이 아닌 내부능력을 활용한다.

(4) 자원개발과 동원기술

지역사회 문제를 해결하기 위해서 가장 우선적으로 추진해야 할 작업은 주요한 인적자원(지역의 지도자, 사회복지조직을 이용하는 소집단 지도자 등)의 소재를 파악하고, 접촉하는 것을 말한다. 파악된 인적자원을 지역사회복지실천에 참여할 수 있는 형태로 동원한다. 자원개발 및 동원에서 중요한 것은 후원자에게 조직의 신뢰성을 보여주고 이를 유지하는 것이다. 신뢰를 얻기 위해서는 투명성 확보, 전문성과 사명감을 통해 좋은 결과를 보여주는 노력이 필요하다. 물적자원을 모으기 위해서는 구성원들의 회비, 마케팅, 외부지원금 신청, 특별이벤트(바자회 등) 등이 있다.

(5) 임파워먼트기술

임파워먼트(empowerment)란 조직원들 개개인에게 조직을 위해 중요한 일을 할 수 있는 능력과 권한이 있다고 확신을 심어주는 강화과정을 말한다. 임파워먼트는 클라이언트를 문제중심으로 보는 것이 아니라 강점중심으로 봄으로써 클라이언트의 잠재역량 및 자원을 인정하고, 클라이언트 내외에 회복력이 있음을 전제로 한다. 클라이언트가 삶을 결정할 수 있도록 권한이나 힘을 부여하는 데 중점을 둠으로써 사회복지실천 현장에서 두루 활용되는 기술이다.

지역사회복지실천에서 임파워먼트는 과정으로서 임파워먼트를 들 수 있는데, 이는 지역사회 주민들이 자신의 삶에 대해 자주적 통제성을 획득하고, 삶의 질을 높이는 데 필요한 자원에 접근하는 시도이다. 결과로서의 임파워먼트는 주민들의 노력과 지역사회 실천가들의 개입의 효과로 나타난 지역사회에 대한 주민들의 더 많은 통제력과 자원접근성을 말한다. 지역사회 임파워먼트 기술 및 방법으로는 의식제고, 자기주장, 공공의제, 권력 키우기, 역량구축 등을 들 수 있다.

(6) 사회행동기술

지역사회에서 타 집단을 이기기 위해 힘을 갖기 위한 전략으로는 다음과 같은 것을 들 수 있다. 첫째, 정보력으로 노인이나 장애인이 처해있는 불합리한 현실에 대한 정보를 공개하여, 정치인을 자극하는 방법이다. 둘째, 피해를 입힐 수 있는 잠재력이 있다는 것을 상대방에게 주지시키는 것이 효과적인 전술이 될 수 있다. 셋째, 힘의 행사로 특정 시설물의 건축 현장에서 시위를 전개하거나 법원에 제소하는 것을 말한다. 넷째, 다소 비윤리적인 속성을 가지고 있지만, 상대의 약점을 이용한 수치심을 자극하는 방법이다. 다섯째, 집단행동에 있어서 대중동원 능력은 사회행동에서 가장 중요한 힘의 원천이 된다. 타 조직과 협력전략으로는 협조, 연합, 동맹을 들 수 있다.

첫째, 협조는 타 조직과 최소한의 일시적인 협력을 유지하는 관계이다. 이는 특정 이슈에 관해 유사한 목표를 지닌 조직들이 일시적으로 협력하는 것으로 언제든지 한쪽에 의해서 중단이 가능하다.

둘째, 연합은 참여하는 조직들 간에 이슈와 전략을 합동으로 선택하는 보다 조직적인 협력관계이다. 개별 사회행동 조직의 노력만으로는 쉽게 해결할 수 없는 장기적 성격의 문제일 때 유용하다. 조직적 자율성을 최대화하면서 힘을 증대한다.

셋째, 동맹은 가장 고도의 조직적인 협력관계로 유사한 목적을 지닌 조직들이 영구적이고, 전문적인 직원을 둔 대규모의 조직 관계망을 갖는 것이다. 기술적인 정보를 제공하고 로비활동에 역점을 두는 전문가를 둔 영속적인 구조이다.

4. 지역사회복지실천과 지방분권

1) 지역사회복지실천과정

지역사회복지실천과정은 지역사회 자체의 당면문제와 욕구를 찾아내어 해결방안을 마련하고, 실천하는 과정이다. 일반 사회복지실천과정과 매우 유사한 절차를 보이고 있다. 지역사회 전체를 클라이언트로 간주하고, 지역 주민의 삶을 보다 바람직하게 변화시키면서 더 효과적으로 지역사회의 발전을 추진해 가는 과정이다.

(1) 문제의 발견과 분석

지역사회의 문제를 해결하는 과정에서 첫 단계는 문제를 찾아내는 일에서 시작한다. 즉, 지역사회에서 발생하고 있지만 충족되지 않은 욕구나 문제를 인지하여 해결방안을 마련하고, 실천에 옮길 수 있도록 집약시키고 문제의 핵심을 분명하게 규정해야 한다. 문제의 핵심을 어떻게 규정하느냐 하는 것은 문제해결 전 과정에 큰 영향을 미친다.

(2) 지역사회 사정

지역사회 사정(assessment)은 지역사회의 욕구와 자원을 파악하는 과정이다. 지역사회 사정단계에서는 지역사회가 걸어온 발전과정, 지역사회의 정치·사회구조, 경제적 상황, 사회문화 등을 사정한다. 지역사회 사정의 유형에는 포괄적 사정, 문제중심 사정, 하위체계 사정, 자원 사정, 협력적 사정이 있다.

(3) 실천계획 수립 및 자원동원

이는 목표를 설정하여 지역주민이나 클라이언트가 제공받게 될 서비스가 무엇인지, 언제까지 얼마나 어떻게 받게 될지 등에 관한 계획을 수립하는 것이다. 계획 수립 과정에서는 설정된 목표에 따라 실천의 내용과 방법을 구체화하며, 필요한 인적·물적 자원을 동원할 방안도 모색한다. 이때 목표는 구체적이고, 측정 가능하며, 실현 가능하고, 결과지향적인 원칙에 기반을 두고 세운다.

(4) 실천(실행)

실천은 목표를 달성하기 위해서 행하는 일련의 활동이다. 과정중심적 활동은 문제를 직접 해결하기보다는 클라이언트 및 조직 구성원들이 스스로 문제를 인식하도록 도와주고, 문제해결을 위한 다양한 방안을 강구하면서 참여자를 적응시키고 활동을 조정해 나간다. 예를 들어, 사업을 위한 지역 실태조사, 동원되는 인적자원에 대한 교육 훈련, 문제해결 방안을 도출하기 위한 회의, 세미나 등을 들 수 있다.

(5) 평가

문제해결과정의 마지막 단계인 평가에는 형성평가와 총괄평가 두 가지 유형이 있다. 첫째, 형성평가는 사업 대상 지역이나 클라이언트에 대한 지속적인 모니터링과 피드백을 통해 지역주민의 반응을 분석하고, 원래 의도했던 목표의 달성 가능성 및 효과 여부를 파악하는 것이다. 둘째, 총괄평가는 실천을 통해서 성취하고자 하는 목표가 어느 정도 달성되었는지, 즉 효과성과 효율성을 측정한다.

2) 지역사회복지실천가의 역할

(1) 안내자(guider)의 역할

안내자 역할은 실천가의 1차적인 역할이다. 실천가는 전문가로서 전문지식과 기술을 이용하여 문제해결을 위해 주민들을 격려하고, 그 내용을 설명해 줌으로써 올바른 방향을 제시하는 역할을 수행한다. 지역주민들은 자신이 살고 있는 지역사회가 가지고 있는 문제나 욕구에 대해 무관심하기 쉽기 때문에 지역사회 문제를 해결하기 위한 어떠한 조치도 취할 수 없게 된다. 이때 실천가는 주민들이 문제를 인식하고, 문제해결에 따른 목표를 설정하고, 이를 해결하는 방안을 강구하도록 도와주는 안내자 역할을 수행한다.

(2) 조력자(enabler)의 역할

조직화는 지역 주민들의 불만을 집약하는 일부터 시작된다. 주민들은 지역사회에 거주하면서 느끼는 불만들을 무시하거나 개선의 여지가 없다고 생각하기 쉽다. 그뿐만 아니라 불만이 있어도 이를 개인적인 문제라고 치부해 버리는 경우가 있다. 그러나 이러한 불만이 개인의 문제가 아니라 함께 해결해야 할 지역사회 문제는 아닌지 확인해야 한다. 그리고 실천가는 그들 여러 사람의 개인적인 문제가 바로 사회문제임을 알려주고, 그들 개인과 집단을 돕는다.

(3) 전문가(expert)의 역할

전문가로서 실천가는 자신의 전문영역 관련 자료를 제공, 직접적 조언이나 충고를 한다. 그렇다고 해서 이러한 역할이 조력자의 역할과 모순되는 것은 아니다. 전문가로서 실천가는 각종 통계자료, 기술적인 경험, 실천방법과 관련하여 조언을 한다. 이때 실천가는 객관적인 자료를 제공함으로써 지역사회가 스스로 합리적인 판단을 하게 도와주는 역할을 수행한다.

(4) 사회치료자(social therapist)의 역할

실천가는 지역사회 문제의 성격과 특성을 주민들에게 제시하여 그들의 이해를 돕는다. 이를 통해 지역 내 긴장을 해소, 협력을 방해하는 요인을 제거할 수 있다. 때로는 지역사회에 따라 공동적인 노력을 저해하는 금기적인 사고나 전통적인 태도가 긴장상태를 유발하고 집단 내 불화를 조장하는 원인으로 작용할 수 있다. 이런 경우 실천가는 지역사회 수준에서 적절한 진단과 치료를 행해야 한다.

3) 지방분권화와 지역사회복지

(1) 지방분권화의 긍정적 영향

① 주민의 욕구에 적합한 서비스 제공

지방분권화는 지역사회 주민들에게 밀착된 서비스, 즉 주민들의 욕구에 적합한 서비스를 제공하기에는 지방정부 중심의 서비스 전달이 더 효율적이다.

② 주민의 욕구에 민감하게 반응

지방정부가 중심이 되는 전달체계에서는 지방정부의 재량권이 커지기 때문에 지역 주민의 새로운 욕구나 변화된 욕구에 민감하게 반응할 수 있으며, 사회복지의 발전을 위한 독자적인 계획의 수립이 가능하다.

③ 양질의 서비스 개발

지방자치제로 지방정부와 지역사회 주민들이 지역의 복지에 대해 책임의식을 갖고 주체적으로 참여할 수 있게 된다. 지방행정 부서의 역할이 강화되고 비정부조직(NGO)의 자원활용 기회 역시 늘어나게 된다. 그뿐만 아니라 지방분권화로 민간부문 사회복지 종사자들의 직무능력을 개발하고, 책임성을 강화할 필요성이 대두되어 더욱 양질의 사회복지서비스가 개발될 수 있다.

(2) 지방분권화의 부정적 영향

① 지역 간 복지수준의 격차 및 지역 간 불균형

사회복지 재정을 확대하기 어려운 중앙정부가 지방분권화라는 이름하에 지방정부에게 사회복지 업무를 강제로 떠맡기는 경우가 있다. 이로서 재정능력이 취약한 지방자치단체는 주민의 욕구를 충분히 충족시키지 못하게 되며, 이로 인해 지역 간 복지수준의 격차가 더 벌어지게 되는 상황을 배제할 수 없다.

② 지역 이기주의 팽배

지방자치단체 간의 경쟁 심화로 지역적 이기주의가 증대될 수도 있다. 해당 지역의 주민이 아닌 경우 서비스 이용을 제한하는 경우가 이에 해당한다.

③ 중앙정부의 사회적 책임성 약화

사회복지 행정업무와 재정을 지방에 이양함으로써 중앙정부의 사회적 책임성을 약화시킬 수 있다. 중앙정부의 사업을 지방정부에 떠넘김으로써 지방정부는 효율적인 복지 집행체계의 구축이 어려워질 수 있다.

PART 03

사회복지행정과 정책

제3부는 사회복지실천 현장에서 법률적인 측면과 정책, 행정에 대해서 서술하고 있다. 제7장에서는 사회복지정책이 이루어지는 과정과 사회보장제도의 내용을 서술하고, 제8장에서는 사회복지법제와 실천으로 법률의 기초지식과 사회보장기본법을 비롯하여 각종 사회복지 관련법을 서술하고 있다. 제9장에서는 사회복지행정으로 사회복지사의 업무 중 행정업무에 필요한 전반적인 내용들을 서술하고 있다.

Chapter 07

사회복지정책의 이해

1. 사회복지정책 유형과 가치

1) 사회복지정책 개념과 유형

(1) 사회복지정책의 정의

학자들의 사회복지정책에 대한 정의는 다양하다. 학자마다 정책에 대한 관점의 차이나 접근방식의 차이가 있지만, 사회복지정책의 정의는 대체로 '사회복지라는 목표를 달성하기 위해 사전에 계획된 프로그램 또는 방침'이라는 내용을 포함하고 있다.

(2) 국가별 개념의 차이

① 영국: 사회정책, 사회행정, 사회서비스

영국은 1942년 베버리지 보고서에 제시된 국민최저선(national minimum)의 개념을 토대로 국민의 기본생활을 사회보험과 관련 서비스를 통해 국가가 보장하는 것을 지향했다. 이에 따라 최소한의 생활에 필요한 재화와 서비스를 공공에서 책임지게 되었고, 여기에는 소득보장뿐만 아니라 주택, 고용, 의료 등이 포함되었다. 의료에서는 모든 국민에게 비용 부담없이 기본 의료서비스를 제공하는 국민보건서비스(NHS: National Health Service)를 시행했는데, 이는 보편적 서비스의 대표적인 예로 들 수 있다.

② 독일: 노동정책, 사회보험

19세기 독일은 노동력의 과잉공급, 장시간 노동, 저임금, 열악한 노동환경 등 여러 노동문제를 겪고 있었다. 당시 독일 제국의 수상 비스마르크(Bismarck)는 사회주의자들을 탄압하고 노동계급을 회유하여 사회안정을 이루고자 사회주의자 진압법의 통과(1878)와 함께 사회보험을 도입하려 하였다. 19세기 후반에 세계 최초로 사회보험의 도입 후 사회보험을 중심으로 다양한 사회복지정책을 발전시켜 왔기 때문에 독일의 사회복지정책은 여전히 노동과 복지의 연관성이 강하고, 사회보험이 중심이 되는 특징을 가지고 있다.

③ 미국: 사회보장

미국은 국가가 사적 영역에 개입하는 것을 최소화하고 개인과 시장의 자유를 중시하는 분위기가 강하다. 따라서 1929년 대공황 이후 대량 실업, 빈곤 등 사회문제가 심화된 1930년대에 사회복지정책이 본격적으로 도입되었다. 사회보장법 제정(1935)이 공공복지의 본격적인 출발이었으므로, 우리의 사회복지정책과 유사한 개념으로서 사회보장(social security)이라는 표현을 많이 쓰나. 복지(welfare)라는 단어는 공공부조를 지칭하는 용도로 자주 쓴다. 미국에서 사회복지정책은 공공부문뿐만 아니라 민간부문의 사회복지 활동까지 포함하는 개념으로 쓰이기도 한다. 미국의 사회복지정책은 여전히 유럽 국가에 비해 공공영역이 다소 미흡하고, 민간의 역할이 상대적으로 크다.

④ 북유럽: 보편적 프로그램의 발달

스웨덴, 노르웨이, 덴마크, 핀란드 등 북유럽 국가는 모든 시민을 대상으로 한 평등한 급여와 서비스를 국가의 일반재정으로 제공함으로써 보편주의·연대주의적 사회복지정책을 발전시켜 왔다. 정부의 일반재정을 사용한 프로그램이 많아서 높은 수준의 재분배를 달성할 수 있었고, 경제성장과 소득분배의 성공적 조화를 이루어 온 것으로 평가받는다. 이들 복지국가의 발전과정에서 사회민주주의가 중요한 역할을 하며 이러한 모형을 에스핑-앤더슨(Esping-Andersen)의 논의에서 사회민주주의 모형이라고 일컫는다.

〈표 7-1〉 사회복지정책 개념의 국가별 차이

국 가	개념의 특징
영 국	• 국민최저선 보장과 관련한 폭넓은 영역 지칭 • 사회정책(social policy) 개념을 주로 사용
독 일	• 사회보험 중심 • 노동시장의 지위가 복지급여와 연관
미 국	• 선별적 프로그램 중심, 민간영역 활성화 • 사회보장(social security) 개념을 주로 사용
북유럽	• 보편주의·연대주의적 프로그램 발전 • 낮은 소득불평등도

(3) 사회복지정책 유형

① 사회보험

사회보험은 사회구성원들이 공통으로 경험할 가능성이 높으면서 생활에 큰 영향을 끼치는 사회적 위험에 대해 보험방식으로 대처하는 제도이다. 보험은 가입자들이 낸 보험재정을 바탕으로 위험을 경험하는 사람들에게 급여를 지급하여 가입자 간에 위험이 분산되도록 하는 것이다.

사회보험이 필요한 이유는, 사회구성원들이 공통적으로 경험할 가능성이 높은 위험 중 어떤 것들은 민간보험 시장에 맡겨둘 경우 도덕적 해이나 역선택 문제가 발생할 가능성이 매우 높기 때문이다. 우리나라의 사회보험은 국민연금, 국민건강보험, 산업재해보상보험, 고용보험, 노인장기요양보험 등이 있다.

② 공공부조

공공부조제도는 일반 조세를 재원으로 하여 일정 소득(자산) 이하의 사람들에게만 최저수준의 급여를 제공하는 프로그램이다. 기준 이하의 가구 또는 사람을 선정하기 위해 자산조사(means test)를 한다. 이 과정에서 낙인(stigma)이 발생할 수 있다.

공공부조제도의 장점은 사회보장제도 중에서 수직적 소득재분배 효과는 조세를 재원으로 하는 공공부조제도에서 가장 크게 나타난다. 왜냐하면 공공부조제도는 누진세를 기초로 한 조세를 기본 재원으로 하고, 저소득층에게 집중적으로 급여를 제공하기 때문이다. 공공부조제도는 제한된 예산을 저소득층에게 집중적으로 사용할 수 있다는 점에서 비용 효율성의 장점을 가진다. 그렇기 때문에 소득재분배와 결과의 평등을 가장 효율적으로 달성할 수 있다. 공공부조제도의 단점으로는 수급자 선정에 있어 자산조사를 실시하므로 행정비용이 많이 드는 점이다. 선정기준이 까다로울수록 더 엄격하고 상세한 조사를 하게 되어 시간과 비용은 더 늘어나기 때문이다.

우리나라 공공부조제도는 국민기초생활보장제도와 의료급여, 기초연금, 장애인연금 등이 있다.

〈표 7-2〉 사회보험과 공공부조의 비교

구 분	사회보험	공공부조
재 원	사회보험료	일반 조세
대상자 범주	보편주의	선별주의
권리성	구체적이고 강함	추상적이고 약함
수급자격	기여	자산조사
특 징	사전적	사후적

③ 사회수당

사회수당은 별도의 기여 없이도 인구학적 조건(노인, 아동, 장애인 등)을 충족하면 자산조사 없이 급여를 주는 제도이다. 국가별로 차이는 있으나 대부분의 유럽 국가는 가족수당 또는 아동수당의 형태로 부양가족의 크기에 따라 일정액을 지급하고 있다. 선진 복지국가에서 실시하는 보편적 연금(universal pension)과 장애수당도 사회수당의 한 형태이다. 최근 주목되는 기본소득(basic income)도 사회수당의 범주에 포함시킬 수 있다.

사회수당은 모든 사회구성원이 경제적 수준과는 무관하게 규정된 범주에 해당되면 경제적 지원을 받을 수 있는 점에서 공공부조와 다르며, 보험료 납입과 같은 별도의 기여를 요구하지 않는다는 점에서 사회보험과 다르다. 또 급여수준이 소득수준과 연계되어 결정되지 않고, 사회적 적절성을 기준으로 정해지는 정액을 모든 대상에게 동일하게 제공한다는 점에서 다른 유형과 구별된다. 사회복지정책 유형 중 사회수당은 가장 넓은 대상층을 가지고 차별없이 제공하는 보편적인 프로그램이다. 모든 사회구성원에게 인간다운 생활을 할 수 있는 권리를 구체적으로 보장한다는 측면에서 가장 적극적인 복지제도라고 할 수 있다. 하지만 모든 국민을 대상으로 보편적인 지원을 하는 제도이기에 사회수당 프로그램의 운영을 위해서는 엄청난 규모의 재원이 필요하고, 높은 조세부담을 통해 모든 국민이 감당해야 하는 문제가 있다. 우리나라 사회수당은 아동수당을 들 수 있다.

④ 사회서비스

사회서비스는 일반적인 의미에서 개인 또는 사회 전체의 복지증진 및 삶의 질 향상을 위해 사회적으로 제공되는 서비스를 뜻한다. 사회보험, 공공부조, 그리고 사회수당 모두가 물질적 보장을 제공하는 데 비해 사회서비스는 비물질적 도움을 제공하는 특징이 있다. 사회서비스는 과거 사용하던 사회복지서비스 개념보다 더 넓은 의미를 갖는데, 현재 관련 법규에서는 사회복지, 보건의료, 교육, 문화, 환경 등의 분야를 포괄하고 있다. 한국은 2000년대 중반부터 저출산·고령화 등 인구구조의 변화, 핵가족화 등 가족구조의 변화, 여성의 경제활동 참여 증가 등 새로운 사회적 위험의 증가에 따라 사회서비스에 대한 수요가 증가하면서 정책적 영역으로 등장하였다.

2) 사회복지정책의 필요성(시장실패와 국가개입)

(1) 시장실패

시장실패(market failure)는 시장기능에 의해서 효율적인 자원배분이 이루어지지 않은 상태를 말한다. 시장에서 이루어지는 효율적인 경제활동은 희소성 문제를 감소시켜 인간에게 물질적인 행복을 가져다준다. 그러나 시장경제가 항상 효율적으로 자원을 배분하는 것은 아니다. 어떤 때에는 사회 전체적으로 최대 이익을 볼 수 있는 수준보다 많이 생산되어 자원이 낭비되는 경우도 있고, 반대로 자원이 적게 사용되어 재화와 서비스의 생산이 부족한 경우도 있다. 이렇게 시장이 자유롭게 기능을 하는데도 효율적이지 못한 자원배분 상태가 초래되는 것을 시장실패라고 한다.

대부분의 복지국가에서 사회복지정책은 국가(공공부문)에 의하여 주도되고 있다. 공공부문의 역할이 우선시되는 이유는 사회복지가 추구하는 평등, 자유, 적절성 등의 가치를 달성하기 위해 필요할 뿐만 아니라 국가가 복지를 직접 제공하는 것이 시장의 비효율성을 줄일 수 있기 때문이다.

자유방임주의자들의 주장과는 달리 시장이 제대로 기능을 하지 못하는 여러 문제들이 발생했고, 여기서 발생되는 비효율을 줄이기 위한 국가의 역할이 강조되어 왔다고 할 수 있다. 이 비효율을 흔히 '시장실패'라고 하는데, 시장의 실패를 극복하기 위해 사회복지가 공공부문(국가)에서 이루어져야 한다고 한다. 시장의 실패가 나타나는 이유는 다음과 같다.

① 시장의 불완전성

자본주의 초기의 자유주의자는 시장이 스스로 완전한 자기조절 기능이 있어서 이른바 보이지 않는 손에 의한 균형 달성이 가능하다고 보았다. 그러나 역사적 경험, 특히 1920년대 말부터 1930년에 걸친 경제 대공황 등을 거치면서 시장의 자기조절기능에 대한 회의가 나타났다. 시장은 외부의 개입을 필요로 하며, 이를 통한 조정이 있어야 한다는 인식이 널리 확산되었다. 결국 시장에 대한 외부 조정자로서 국가의 역할이 필요하다는 것이다.

② 외부효과(external effect)

어떤 경제활동과 관련하여 제3자에게 의도하지 않은 혜택이나 손해를 가져다주면서도 이에 대한 대가를 받지도 지불하지도 않는 상태를 외부효과라고 한다. 외부효과에는 다른 사람에게 의도하지 않은 혜택을 주면서 이에 대한 보상을 받지 못하는 긍정적(양, positive) 외부효과, 다른 사람에게 의도하지 않은 손해를 입히고도 이에 대한 대가를 지불하지 않는 부정적(음, negative) 외부효과가 있다. 긍정적 외부효과는 주로 이웃으로부터 얻어져 '이웃효과(neighborhood effect)'라고도 한다. 부정적 외부효과는 자동차 매연에 의한 공기오염을 예로 들 수 있고, 긍정적 외부효과는 개인 정원에 잘 가꾼 나무가 이웃까지 좋은 공기를 공급하는 것을 들 수 있다.

③ 공공재(public goods) 공급의 실패

공공재란 어떤 집단의 구성원들이 생산한 유형·무형의 재화로서, 구성원 각자가 그 생산에 기여했는지 여부에 관계없이 모든 구성원이 활용할 수 있는 재화이다. 이는 재화의 속성에서 비롯되는데, 어떤 재화와 서비스가 소비에 있어서 비경쟁성(非競爭性)과 비배타성(非排他性)을 띨 경우에 공공재라고 한다. 공공재의 공급을 시장에 맡겨둘 경우 다른 사람의 부담에 의해 생산된 공공재를 공짜로 소비하는 무임 승차자(free rider problem)가 발생하기 때문에 시장의 실패가 발생한다. 따라서 공공재는 정부가 강제로 공급하게 된다.

④ 소득분배의 불공평

시장경제에서는 가치가 큰 자원을 가진 사람이 있는가 하면 가치가 별로 없는 자원을 가진 사람이 있기 때문에 소득의 분배는 불공평해진다. 그러므로 누진 과세제도, 최저임금제도 등의 소득재분배 정책을 실시하여 시장경제의 부족함을 채운다.

⑤ 정보의 비대칭성

시장에 참여한 거래 당사자 간에 쌍방이 동일한 양의 정보를 가지기보다는 어느 한쪽이 더 많은 정보를 가지기 쉽다는 것이 정보의 비대칭성이다. 원칙적으로 시장에서의 공정한 경쟁과 교환이 이루어지기 위해서는 쌍방이 동일한 정보를 가지고 있어야 한다. 하지만 상당히 많은 경우 어느 한쪽이 더 많은 정보를 갖기 쉽고, 이 경우 정보가 적은 사람이 손해를 볼 수밖에 없다. 정보의 비대칭성으로 나타나는 문제는 역선택과 도덕적 해이 문제를 들 수 있다.

사회보험에서 역선택(adverse selection)은 위험이 발생할 가능성이 높은 사람들이 보험에 집중적으로 가입하게 되어 평균적인 위험 확률과 보험료가 높아지는 악순환이 생겨서 보험의 기본 기능인 위험분산이 되지 않는 문제를 말한다. 예를 들어, 건강보험의 경우 건강한 사람들은 보험에 가입하지 않고 건강에 이상이 있거나 그럴 가능성이 높은 경우에만 보험에 가입하면, 보험가입자 대부분이 건강이 좋지 않아 의료기관을 많이 이용하게 되어, 전체 보험의 비용이 높아진다. 따라서 보험의 원래 목적인 위험 분산이 제대로 되지 않는다.

도덕적 해이(moral hazard)는 거래당사자의 한쪽이 상대보다 양질의 정보를 더 많이 가지고 있는 상태(정보의 비대칭성)에서 계약이 이루어진 후에 나타날 수 있는 문제이다. 원래는 보험시장과 중고차 시장에서 나온 개념이다. 화재보험 가입자가 보험을 믿고 화재예방 노력을 소홀히 함으로써 결국은 화재 발생 가능성이 높아진다든가, 중고자동차에 대한 정보가 완전하지 않아서 소비자에게 손해를 입히게 되는 것 등이 전형적인 도덕적 해이에 해당한다.

(2) 국가개입

민주주의 국가에서 사회복지를 온전히 시장에 맡겼을 경우에 소득재분배나 조세부담 등이 제대로 이루어지지 않는다. 그러므로 국가는 개입을 통해 사회복지제도 및 법 체제 개편 등과 관련된 사회복지정책을 실현한다. 국가는 소득이나 자원 이전을 비롯하여 자원 규모 및 재원조달 등을 위해 국민이 부담해야 할 정도를 결정하며, 이를 통해 소득재분배 및 조세부담 등의 사회복지정책을 실천한다. 이러한 정부의 개입은 시장실패를 해결하는 수단으로 사용되고 있다. 그러나 정부의 과도한 개입이나 비효율적인 개입이 있으면, 정부실패(government failure)를 유발하는 경우도 있다. 따라서 정부의 개입은 신중하게 이루어지는 것이 바람직하다.

3) 사회복지정책의 가치

(1) 평등

가장 중요한 사회복지정책의 가치 중 하나는 평등이다. 평등은 정의로운 분배를 의미하는데 어떻게 분배하는 것이 정의로운가에 대해 관점의 차이가 있다. 자주 사용하는 평등의 개념으로 다음의 세 가지가 있다.

① **수량적 평등**(numerical equality)

가장 적극적인 평등으로서 사람들의 욕구나 능력의 차이에는 관계없이 사회적 자원을 모두에게 양적으로 똑같이 분배하므로 결과의 평등과 같은 의미가 있다. 그러나 수량적 평등의 개념이 뜻하는 결과의 완전한 평등은 아직 어느 사회에도 존재하지 않았고, 다수 구성원도 이를 원하지 않는다. 결과의 완전한 평등은 아니더라도 많은 사회복지정책이 수량적 평등의 가치를 일부 반영하고 있다. 공공부조제도가 보충급여의 원칙에 따라 대상자의 가처분소득을 동일수준까지 끌어올려 주는 것이 대표적인 예이다.

② **비례적 평등**(proportional equality)

개인의 욕구, 노력, 능력, 기여 등 기준에 따라 사회적 자원을 다르게 배분하는 것으로, 흔히 공평 또는 형평성(equity)이라고도 한다. 사회보험에서 기여(보험료 납입액)에 따라 급여가 차등 지급되는 것이 대표적인 예이다. 즉, 보험료를 많이 낸 자가 보험급여도 많이 받는 것을 뜻한다. 영국의 신구빈법(1834)에서 열등처우의 원칙이 도입되었을 때 이를 정당화한 논리에서도 비례적 평등의 개념을 찾을 수 있다.

③ 기회의 평등(equal opportunity)

가장 소극적인 평등 개념으로서, 이 개념은 결과가 평등한가는 중요하지 않고, 결과를 얻을 수 있는 과정상의 기회만을 똑같이 해주는 것에 집중한다. 따라서 과정상의 기회만 평등하다면 그로 인한 결과의 불평등은 개인이 책임져야 한다는 관점으로, 주로 아동에 대한 다양한 투자가 이러한 관점을 반영하고 있다.

(2) 효율성

사회복지정책에서 효율은 주어진 투입에 비해 가장 큰 산출을 달성하는 것으로 어느 정도의 자원을 사용하여 목표를 얼마나 달성하였는가라는 것을 의미한다. 경제정책은 효율성 자체를 목표로 삼지만, 사회복지정책에서 효율성은 그 자체가 목표가 아니라 수단으로서의 가치를 지닌다. 사회복지정책에서도 효율성이 중요한 것은 사용되는 자원이 한정되어 있기 때문에 가능하면 같은 자원으로 높은 효과를 얻는 것이 필요하기 때문이다.

(3) 자유: 소극적 자유와 적극적 자유

자유의 개념은 소극적 자유와 적극적 자유로 나눌 수 있다. 소극적 자유란 다른 사람의 간섭 혹은 의지로부터의 자유를 말하고, 적극적 자유는 자신이 원하는 것을 할 수 있는 자유를 말한다. 소극적 자유가 보장되더라도 소득이 없거나 몸이 불편하여 실제로 자유를 만끽할 수 있는 능력이 뒷받침되지 못한다면 적극적 자유가 결여된 것이다. 소극적 자유를 강조하면 개인에 대한 국가의 간섭은 없거나 최소화되어야 한다. 적극적 자유를 강조하면 개인의 자아실현을 위한 자유를 보장하기 위해 국가의 적극적 개입이 요청된다. 전자는 자유의 '기회' 측면을 강조하고, 후자는 자유의 '능력' 측면을 강조한다.

(4) 사회적 적절성

사회적 적절성은 사회복지정책을 통해 사람들의 '욕구(need)'를 충분히 충족시켰는가를 의미한다. 시장에서는 사람들이 '원하는 것(want)'이나 '바라는 것(desire)'을 만족시키는 배분이 이루어지지만, 사회복지정책에서 자원의 배분은 욕구를 만족시킴으로써 이루어진다. 욕구의 만족을 더 중요하게 생각하는 이유는 욕구가 객관적인 의미에서 가치가 있고, 주관적 이득보다는 사회적 해악을 줄일 수 있기 때문이다. 긴급성이나 가치중립성이라는 측면에서도 욕구가 중요하다. '욕구'와 '원하는 것'을 비교했을 때 일반적으로 자발적 선택의 여지가 적어 욕구를 변경할 수 없고 다른 대안이 적다는 점에서도 욕구를 우선적으로 해결한다. 사회적 적절성은 급여수준이 높을수록 실현 가능성이 높다. 이 점에서 사회보험의 사회적 적절성 실현 정도가 공공부조나 사회수당보다 높다.

(5) 사회정의

사회정의(social justice)는 사회구성원들에게 정당한 몫을 분배하고 이에 대한 권리와 책임을 바르게 부여하는, 바람직한 사회의 원리를 뜻한다. 사회복지정책은 정의로운 사회를 위해 설계되고 집행되어야 하기 때문에 사회정의는 사회복지정책의 중요한 가치가 된다. 사회정의에 대한 논의를 했던 벤담(J. Bentham)의 공리주의는 최대 다수의 최대 행복을 사회정의의 원칙으로 삼았다. 이 원칙에 따르면 사회 효용의 총량은 강조되지만 사람들 간의 효용의 분배는 크게 중요하지 않는다.

2. 사회복지정책의 분석틀

1) 사회복지정책 분석의 접근방법

사회복지정책을 분석하기 위해 사용하는 주된 접근방법으로는 과정분석, 산물분석, 성과분석이 있다. 이 세 가지 분석을 각각의 영문 첫 글자를 따서 3P라고 표현한다.

(1) 과정분석(studies of process)

과정분석은 사회복지 정책형성의 역동성을 사회정치적 변수와 기술적·방법적 변수를 중심으로 하여 분석하는 방법이다. 기초가 되는 학문은 정치학과 역사학이며, 계획에 관련된 각종 정보와 다양한 정치조직, 정부조직, 기타 여러 조직들 간의 관계 및 상호작용이 정책형성에 어떻게 영향을 미치는가를 분석하는 데 관심을 둔다. 주로 정책결정에 있어서의 정치적·기술적 투입요소에 대한 사례연구의 형태이며, 정책 사정이 이루어지는 시점에 쓰인다.

(2) 산물분석(studies of product, 산출분석)

기획과정에서 어떤 정책을 선택했는가에 대해 프로그램이나 법률, 또는 확정된 계획에 대한 여러 가지 쟁점을 분석하는 방법이며, 특정한 방향으로 설계된 정책에 있어서 그 정책에 포함되어 있는 정책선택의 형태와 내용을 분석한다. 특정 선택이 이루어져서 배제된 대안을 분석하거나 선택의 근거가 된 가치와 이론, 가정에 대한 문제를 분석한다.

(3) 성과분석(studies of performance)

특정한 정책 선택에 의해 실행된 프로그램이 낳은 결과를 기술하고 평가하는 데 관심을 두며, 프로그램 결과의 분석은 과정분석이나 산출분석보다 객관적이고 체계적인 관찰이 용이하다. 또한 프로그램이 얼마나 잘 실행되었는가, 프로그램을 실시하여 얻은 영향이 무엇인가를 연구한다.

2) 산물분석을 위한 분석틀

(1) 분석틀의 개요

사회복지정책의 분석틀은 다양하게 제시되고 있지만 가장 널리 인정되고 있는 분석틀은 길버트(N. Gilbert)와 테렐(T. Terrell)이 제시한 산물분석의 네 가지 틀이다. 이들은 사회적 할당의 기반, 사회적 급여의 형태, 전달체계, 재정양식 등을 각각의 '차원(dimensions)'으로 간주하였다.

(2) 분석틀의 적용

길버트와 테렐은 이 분석틀을 미국의 사회서비스에 적용하여 복잡한 변화를 간략히 제시했는데 이는 우리나라에도 유사하게 적용할 수 있다.

① **사회적 할당의 기반:** 선별주의로부터 보편주의로

② **사회적 급여의 성격:** 추상적이고 제한된 종류의 서비스로부터 구체적이고 다양한 서비스로

③ **전달체계:** 공공기관 중심, 사회서비스 및 소득보장의 연계로부터 공·사 혼합, 사회서비스 및 소득보장의 분리로

④ **재정:** 개방형의 범주적 보조금으로부터 폐쇄형의 포괄보조금으로

3) 사회복지정책과정

(1) 정책문제의 형성

사회복지정책은 우선적으로 정책문제로 형성되어야 한다. 정책문제로 형성되기 위해서는 문제 이슈 제기자에 의하여 문제로 이슈화가 되어야 한다. 이슈란 어떤 문제나 요구가 '공공의 관심'을 끌어 공공정책상의 논점으로 제

시되는 것을 말한다.

① **사회복지 문제의 이슈 제기자**: 사회복지 문제로 이슈화할 제기자는 클라이언트, 사회복지전문가, 언론, 정치인 등 이해 당사자들이다.

② **사회복지정책 문제의 이슈화**: 이슈 제기자에 의하여 사회복지 문제가 사회복지정책 문제로 이슈화가 되면, 사회에서는 이를 위한 토론 및 의견이 표출된다.

(2) 사회복지 정책의제(어젠다) 형성

이슈를 둘러싼 갈등 상황 속에서 이해집단들 사이에 타협, 흥정, 조정이 이루어지는 과정이 일어난다. 이러한 과정 속에서 이슈는 역동적으로 변화하고 의제가 된다.

① **이슈 갈등**: 문제를 정의해 나가는 과정 속에서 이해관계자들 사이의 이해관계가 충돌하고 갈등이 나타난다.

② **정치적 과정**: 이슈로 등장한 문제에 대해서 집단들 간 관계가 반영되고 타협되는 과정을 거치면서 정치적 과정을 겪는다.

(3) 사회복지정책 대안 형성 및 정책 결정

① **사회복지 문제와 상황 파악**: 다루려는 사회복지 문제에 대하여 원인이 무엇인지와 문제로 고통받고 있는 개인, 집단에 대하여 의견을 파악해야 한다.

② **미래 예측 및 목표 설정**: 앞으로 다가올 상황의 변화에 관한 예측 속에서 바람직한 미래의 상태인 목표를 설정한다.

③ **대안 탐색 및 개발**: 과거 정책 및 외국 정책사례를 참조하고, 사회과학적 지식과 많은 사람들의 의견을 참고하면서 대안 탐색 및 개발을 한다.

④ **대안 비교 분석 및 결정**: 정책대안들이 형성되면, 분석하고 대안의 시행시 나타날 결과를 예측하면서, 다른 대안들과 비교 평가 후 정책 결정한다.

3. 복지국가의 이해

1) 복지국가 유형화

(1) 윌렌스키(Wilensky)와 르보(Lebeaux)의 2분 모형

윌렌스키와 르보는 복지국가에 관한 초기 유형화의 대표적인 학자로 사회복지의 개념을 잔여적 개념과 제도적 개념의 두 가지로 나눈 이분법을 제시했다.

① 잔여적(보충적 · 선별적) 모형

잔여적 모형에서는 가족 또는 시장 같은 정상적인 공급구조가 제 기능을 발휘하지 못하는 경우에 사회복지가 개입하게 된다고 본다. 이 모형은 초기 산업사회와 자유주의국가에서 나타난다. 이 모형에서 사회복지는 빈민 같은 요보호 대상자를 대상으로 하여 사회적으로 최저한의 급부를 주는 역할만을 수행한다.

② 제도적(보편적) 모형

제도적 모형에서는 사회복지가 현대 산업사회에서 정상적인 제1선의 제도적인 기능을 수행한다고 본다. 국가의 적극적 개입을 통해 사회복지를 구현하며, 사회보험이나 보편적 프로그램들을 강조한다.

(2) 티트머스(Titmuss)의 3분 모형

티트머스는 사회복지 모형을 사회정책의 맥락에서 세 가지 유형으로 분류하여 제시하였는데, 윌렌스키와 르보의 두 유형에 산업성취수행 모형이라는 새로운 유형을 추가하였다.

① 보충적(잔여적) 모형

윌렌스키와 르보의 잔여적 개념과 동일하게 시장과 가족이 붕괴되었을 때에만 사회복지제도가 활동을 시작하게 되지만 어디까지나 잠정적인 역할을 한다고 보았다. 공공부조나 요보호 대상자들을 대상으로 하며, 이 모형에서 사회복지는 단지 사회의 최저한의 경계선상에 있는 빈곤자나 요보호자들에게 급부를 주는 역할을 한다.

② 산업(업적)성취수행 모형

이 모형은 사회복지제도의 중요한 역할을 경제체제의 종속물로 기능하는 데 두어 시장경제 원리에 따라 생산성 중심의 사회구성(업적, 신분향상, 작업수행 등)을 목표로 한다. 이 모형은 동기, 노력, 보상 및 계급과 집단의 충성의 형성 등에 관심을 두는 다양한 경제적·심리적 이론 등에 기반을 두어 사회복지를 기능주의의 입장에서 해석한다.

③ 제도적 재분배 모형

이 모형에 해당하는 사회복지는 주로 보편적 욕구 충족을 기반으로 하여 시장경제 메커니즘 밖에서 보편적·선택적 서비스를 제공하는 기본적이고 종합적인 제도이다. 보편적 프로그램을 강조하여, 시장에서의 지위와 관계없이 급여가 제공된다.

(3) 에스핑-앤더슨(Esping-Andersen)의 복지국가 모형

복지국가 유형화에 관한 가장 체계적이고 논리적인 연구로, 사회복지정책 학자들에게 주목받고 있는 모형이다. 에스핑-앤더슨의 복지국가 모형에서 제시한 탈상품화와 계층화라는 기준은 중요한 의미를 가지고 있다.

① 유형화의 기준: 탈상품화와 계층화

첫째, 탈상품화(de-commodification)란 근로자가 자신의 노동력을 상품으로 시장에 내다 팔지 않고도 살 수 있는 정도를 말한다. 즉, 자신이 노동시장에서 일을 할수 없는 여러 가지 상황에 처했을 때 국가가 어느 정도 수준의 급여를 제공해 주는가의 정도를 의미한다. 탈상품화가 높을수록 복지선진국을 의미한다.

둘째, 계층화(stratification)란 계급과 신분의 근본적인 균열을 의미하는 것으로, 복지국가가 여러 방식으로 각 사회에 서로 다른 계층화를 유도하는 것에 주목한다. 즉, 복지국가의 사회정책이 계층화에 영향을 미치고 있음에 주목하고, 계층화의 정도를 복지국가 유형을 구별하는 주요 기준으로 삼았다.

② 에스핑-앤더슨의 복지국가 유형

에스핑-앤더슨은 복지국가를 자유주의 복지국가, 보수주의(조합주의) 복지국가, 사회민주주의 복지국가로 구분하여 설명하고 있다.

첫째, 자유주의 복지국가는 공공부조 프로그램을 강조, 탈상품화 효과의 미약, 복지의 재분배 효과가 미약하며, 자산조사에 의한 공공부조 프로그램을 상대적으로 중시한다. 급여는 저소득층에 초점을 두며, 자격 기준은 까다롭고 엄격하여 낙인을 부여하는 방식으로 이루어진다. 이에 따라 탈상품화의 효과는 최소화되며 복지정책은 다차원의 사회계층 체제를 만들어 낸다. 대표적인 국가는 미국, 캐나다, 오스트레일리아 등이다.

둘째, 보수주의(조합주의) 복지국가는 사회복지의 제공에도 사회적 지위의 차이를 유지하는 국가유형이며, 조합주의 복지국가는 직업별, 계층별로 구분된 사회보험의 형태에 크게 의존하기 때문에 사회복지 급여는 계급과 사회적 지위에 밀접하게 관련되고, 사회보험 가입자의 직장 이동성이 적다. 사회복지제도를 위험별로 구분하여 각각 독립적인 제도로 운영하며, 동일한 위험에 대해서는 다수의 사회보험 운영주체인 조합주의 제도 특성으로 인하여 위험 분산의 효과가 상대적으로 낮게 나타난다. 대표적인 국가는 오스트리아, 프랑스, 독일 등 유럽대륙의 국가들이다.

셋째, 사회민주주의 복지국가는 보편주의적 원칙과 사회권을 통한 탈상품화 효과가 가장 크고 새로운 중산층까지 복지가 확대되는 국가유형이며, 복지의 재분배적 기능이 강력하다. 사회민주주의 복지국가에서는 보편주의 원칙을 통하여 탈상품화 효과가 극대화되며 복지급여는 취약계층뿐만 아니라 중간계급까지 주요 대상이다. 대표적인 국가는 스웨덴, 덴마크, 핀란드, 노르웨이 등 주로 스칸디나비아 국가들이다.

2) 복지국가 발달이론

(1) 사회양심론(social conscience theory)

사회양심론은 1950년대 영국 사회정책학에서 주로 받아들여졌던 이론으로 인도주의에 기초하여 사회정책이 각 개인이 가지고 있는 타인에 대한 사랑, 사회적 의무감 등 국민의 지식 향상에 의해 점차 증대되었다는 이론이다. 사회양심론은 낙관적이고 문제해결 중심의 시각이며, 사회복지정책을 국가의 자선활동으로 간주하는 경향이 있는데, 인도주의에 입각한 사회적 의무감이 개인적 차원뿐만 아니라 국가적 차원에서 복지정책을 확대시켰다고 파악한다. 그러나 이 이론은 사회적 맥락이나 사회정책의 제반 여건을 설명하는 데 한계가 있다.

(2) 산업화론(industrialization theory)

산업화론은 수렴이론(convergency theory)이라고도 하는데, 사회복지정책 발달은 그 사회가 가진 기술수준과 산업화의 정도에 따라 결정된다. 이 이론에 따르면 기술 발전이 주도하는 산업화는 그 과정에서 많은 사회적인 '욕구'를 파생시키는 동시에 산업화로 인해 가능해진 '자원'을 얻게 된다.

(3) 시민권론(citizenship theory)

이 이론은 인간의 자유와 평등에 관한 포괄적이고, 보편적인 틀 속에 사회적 권리를 포함시킴으로써 시민권의 개념을 확장시켰으며, 시민으로서의 일반적인 권리와 책임 안에 복지에 대한 권리가 있다는 점을 명확히 하였다는 의의가 있다. 또한 18세기에서 20세기까지 시민권이 확대되는 과정은 불평등한 계급구조가 만들어지는 과정이기도 했다. 즉, 불평등한 계급구조와 평등주의적 시민권은 양립해 오고 있다는 것이다.

(4) 음모이론(conspiracy theory)

음모이론은 사회복지정책을 사회안정과 질서유지를 위한 통제수단으로 보는 시각이다. 사회양심론과 반대의 입장에서 사회복지정책의 주목적이 인도주의나 양심의 실현이 아니라고 주장한다. 마르크스주의자들은 자본주의 제도를 그대로 두고 사회복지정책을 통해 사회안정과 통합, 질서를 유지한다는 것은 허상이며, 음모라고 본다.

(5) 확산이론(diffusion theory)

확산이론은 한 지역의 사회복지정책이 다른 인접지역으로 확산되어 나간다는 것이다. 예를 들어, 독일에서 처음 도입된 사회보험이 빠른 시일 내에 유럽의 인접국가로 퍼져 나간 것이나, 일본에서 도입된 여러 제도들이 우리나라로 도입된 경우는 확산 이론의 사례라 할 수 있다. 확산의 종류는 위계적 확산과 공간적 확산으로 나눌 수 있다. 위계적 확산은 선진국으로부터 후발 국가로 전파되는 것이고, 공간적 확산은 지리적으로 가까운 순으로 퍼져 간다는 것이다. 확산이론은 공간적으로 어떻게 전파되는가를 보여준다는 점에서 의의가 있지만, 국가 내부의 정착 과정이나 다양한 힘의 과정은 보여주지 못한다는 한계가 있다.

(6) 신마르크스주의(neo-marxism) 이론

20세기 중반 이후의 복지국가의 개혁이 실제로 노동계급의 삶을 개선시키면서 마르크스주의의 입장에서는 더 이상 복지국가를 무의미한 것으로 무시할 수 없게 되었다. 이런 측면을 반영하여 이론적으로 입장을 수정한 것이 신마르크스주의 관점이다. 신마르크스주의 이론은 독점자본의 필요성에 의해 복지국가가 등장하고 발전했다고 본다. 전통적인 마르크스주의 이론이 자본주의 사회에서 복지국가 출현의 가능성을 찾지 않았던 반면, 2차 세계대전 이후의 신마르크스주의자들은 자본주의가 고도로 발달할 경우 복지국가가 발달하는 것으로 보았다.

(7) 사회민주주의이론

사회민주주의는 이념적으로는 점진적 사회주의를 추구하는 정치적 입장을 가리키는 용어로 쓰이며, 이론적 측면에서는 기능적인 필요성보다 노동계급을 대변하는 정치적 세력이 커질수록 복지국가가 발전한다는 점을 강조하는 입장을 가리킨다. 이들은 복지국가는 자본과 노동의 계급투쟁에서 노동자 계급이 얻어낸 성과물이라고 주장한다. 이념적으로 볼 때 사회민주주의는 사회주의로의 혁명적 이행을 거부하고, 민주주의의 확대·심화를 통해 사회주의에 이르고자 하는 점진적인 방법이다.

(8) 이익집단이론

이익집단이론은 복지국가의 발전 원인을 희소자원의 배분을 둘러싼 경쟁 과정에서 벌어지는 분배갈등을 국가가 중재한 결과 나타난 것으로 간주한다. 복지국가의 발달이 다양한 이익집단들의 이익추구 과정에서 나타났다고 보는 입장이다. 이익집단 이론은 전통적인 계급관계뿐 아니라 다양한 집단의 정치적 경쟁에 초점을 맞추었고, 정당정치의 현실을 파악할 수 있게 했으며, 특히 노인들을 위한 프로그램의 발달을 설명하는 데 적합하다. 그러나 민주주의 제도가 발달되지 않았거나 이익집단보다 계급의 힘이 중요한 국가들의 경우에는 적합하지 않다는 단점이 있다. 주로 미국과 같이 다원화된 민주국가에 적용하기에 적합한 이론으로 평가되고 있다.

(9) 국가중심적 이론

국가중심적 이론은 사회복지의 공급자인 국가의 적극적인 역할을 강조한다. 이 이론은 복지발달에 있어서 전문 관료 기구의 발달, 복지의 필요성에 대한 정치지도자의 인식(개혁성), 중앙집권화되고 조합주의적인 국가조직 형태의 중요성을 강조한다. 또한 이 이론은 자신이 속한 부처의 이익을 극대화하기 위한 국가 관료의 자기 이익 추구 행위에 의해 해당 부처의 예산 등이 늘어나게 되는데, 사회복지와 관련되는 관리기구 역시 내부 이익을 추구하는 과정에서 복지국가 발전이 나타난다고 본다.

3) 사회복지 사상과 이념

(1) 조지(V. George)와 윌딩(P. Wilding)의 이데올로기 모형

사회복지와 관련된 이데올로기는 학자에 따라 다양하게 제시되고 있다. 그 중 가장 체계적이며 널리 인정받는 것이 조지와 윌딩의 이데올로기 모형이며, 이 모형에서 초기에는 네 가지, 후기에는 여섯 가지 이념이 제시되었다.

① **신우파**(New Right)

1970년대 후반부터 서구의 지식계와 정치계에는 국가 활동을 비난하는 고전 자유주의가 부활하기 시작하였다. 이 이념은 자유를 소극적인 개념, 즉 강제가 없는 상태로 파악한다. 신우파는 평등보다 자유를 명백히 우선시하기 때문에 결과적으로 불평등을 옹호하는 입장이다. 신우파는 정부의 개입이 유해하다고 주장한다. 복지국가는 개인의 자유를 침해할 수밖에 없다는 것이 그들의 주장이다. 신우파가 생각하는 이상적 복지사회는 국가의 역할이 축소되는 대신 시장이 더 많은 역할을 수행하는 형태이다. 시장이야말로 소비자의 선호를 발견하고 조정하는 최선의 체계라고 주장한다.

② **중도노선**(Middle Way)

중도노선은 국가차원의 복지정책을 통해 자본주의의 사회적 폐해를 완화할 필요가 있고, 또한 그것이 가능하다는 생각에 기초하고 있다. 실용적 성격을 지닌 중도노선은 신우파와 유사하게 자유, 개인주의, 그리고 경쟁적 사기업을 신봉한다. 중도노선은 중심 가치들을 절대적 가치로 믿지 않으며, 조건부로 신봉한다. 즉, 가치에 대한 믿음의 정도는 자본주의의 효율적이고, 공평한 운용을 위해서는 적절한 규정과 통제가 필요하기 때문에 정부의 역할을 긍정적으로 보고 있지만, 무제한적 또는 만능적 역할을 한다고 보지 않는다. 정부의 행동이 필연적이거나 효율적일 때로만 국가 개입을 제한하며, 근본적으로는 정부의 개입을 최소화시키는 것이 바람직하다는 것이다.

③ **사회민주주의**(Democratic Socialism)

사회민주주의의 중심적 사회가치는 평등, 자유, 우애다. 여기에서 평등 개념은 과도한 불평등의 감소를 의미한다. 이는 국민최저선(national minimum)의 설정, 기회평등의 촉진, 취약자에 대한 적극적 차별의 시행을 통해 이루어질 수 있다고 본다. 사회민주주의자에게 자유는 적극적 자유를 뜻한다. 시장체계의 정의롭지 못한 분배를 시정하는 것이 정부의 역할이라고 주장한다. 한편 경제성장 없이는 사회주의 목표를 성취할 수 없기 때문에 경제성장을 보장하기 위한 정부의 책임은 필수적이다. 즉, 경제성장은 국민에게 선택권을 넓혀 주고, 빈부격차를 감소시켜 주며, 사회적 자본을 증대시켜 주기 때문에 꼭 필요하다고 본다.

④ **마르크스주의**(Marxism)

마르크스주의자들은 사회민주주의자들과 마찬가지로 자유, 평등, 우애를 중시한다. 마르크스주의자들이 사용하는 자유는 광의적이며 적극적인 개념이다. 따라서 노동자와 빈민에게 평등은 허구에 불과하다고 주장한다. 왜냐하면 빈곤과 실업의 공포로부터 해방되는 경제적 자유와 기회가 뒷받침되지 않기 때문이다. 신우파가 주장하는 자유의 개념이 불평등과 동의어라면, 마르크스주의자가 주장하는 경제적 평등 없는 자유는 기만이라고 본다.

⑤ **페미니즘**(Feminism)

페미니스트의 복지국가관은 양면적(ambivalent)이다. 복지국가는 성차별체계(gender system)의 현대적 양상에 지나지 않는다는 입장과, 여성친화적 국가라는 호의적 반응이 공존하고 있다. 사회주의 페미니스트들의 입장은 특히 양면적이다. 즉, 복지국가는 자본주의 유지를 위해 남성들의 기득권을 약화시키는 가족정책 또는 양성평등을 지지하는 정책을 실시한다고 인정한다. 페미니스트들은 양면적 복지국가관을 보이면서도, 복지국가가 여성의 욕구에 대한 배려는 실패했음을 강조한다.

⑥ 녹색주의(Greenism)

녹색주의는 선진 산업사회의 정부 역할에 관해 다섯 가지 비판을 한다. 첫째, 경제성장과 소비의 지속 확대가 가능하며 바람직하다는 신념에 입각한 복지국가는 잘못되었다. 둘째, 공업, 농업, 의료부문이 사용하는 대규모 기술은 유해하다. 셋째, 산업사회의 탐욕적이고 개인주의적인 정신은 자원고갈을 촉진시킨다. 넷째, 복지국가의 사회복지 서비스는 사회문제의 원인이 아닌 현상만을 다루고 있다. 다섯째, 경제성장과 소비의 감축과 마찬가지로 공공복지 지출도 축소되어야 한다.

4. 사회보장제도

1) 사회보험제도

(1) 국민연금

국민연금제도는 국민의 노령, 장애 또는 사망에 대하여 연금급여를 실시함으로써 국민의 생활안정과 복시증진에 기여함을 목적으로 하는 사회보장제도이다. 독일에서 1889년 노령이나 폐질로 인해 소득이 상실되는 위험을 대비하기 위한 사회보험으로 처음 도입한 이후 대부분의 국가들이 공적연금제도를 도입하였다.

우리나라도 1970년대의 급속한 경제성장을 배경으로 근로자에 대한 노후생활을 보장할 수 있는 연금제도의 필요성이 제기되면서 1973년 12월 '국민복지연금법'을 제정하였으나 오일쇼크에 따른 국제적 경제불황으로 시행이 무기한 연기되었다. 1980년대에 들어서면서 평균수명이 늘어나고 인구의 노령화 속도가 급속하게 증가함에 따라 1988년 1월 1일부터 국민연금제도로 명칭을 수정하여 시행하게 되었다. 10인 이상의 사업장을 당연 적용대상으로 하여 처음 시행한 후 그 대상을 점차 확대하여 1995년 7월 1일부터는 농어촌 지역을, 1999년 4월 1일부터 도시 자영업자를 가입대상으로 포함하여 전 국민을 대상으로 하는 연금제도를 갖추게 되었다.

(2) 건강보험

건강보험은 국민의 질병·부상에 대한 예방·진단·치료·재활과 출산·사망 및 건강증진에 대하여 보험급여를 실시함으로써 국민보건 향상과 사회보장 증진에 이바지함을 목적으로 하는 사회보장제도이다. 건강보험은 사회보험의 원리를 기초로 하여 모든 사람이 건강보험에 강제로 가입하도록 하고, 피보험자에게 질병, 부상 등의 사고가 발생한 경우에 요양 또는 요양비를 제공하는 사회보험방식이다. 우리나라는 1963년 의료보험법이 제정된 이후, 1976년의 의료보험법의 개정(제2차 개정)을 통해 1977년부터 500인 이상 사업장에 대한 강제가입이 도입되면서 의료보험제도가 본격적으로 실시되었다. 또한 1977년 12월 31일에는 공무원 및 사립학교교직원 의료보험법이 제정되었다. 그리고 1989년 7월 1일부터는 도시자영업자에게까지 의료보험의 적용이 확대되어 전 국민 의료보험의 시대에 들어섰다.

1997년 12월 31일에는 공무원 및 사립학교교직원 의료보험과 지역의료보험을 통합한 국민의료보험법이 제정되었다. 1999년 1월 6일에는 모든 국민을 하나의 제도로 통합하는 국민건강보험법이 제정되었으며, 2000년 7월 1일부터 시행되었다. 건강보험은 조직통합을 먼저 한 후 재정까지 통합하였다.

(3) 산업재해보상보험

산업재해에 대한 초기 대응은 다른 손해배상과 마찬가지로 보통법이나 민법에 의거하여 과실이 있는 사람에게 책임을 부과하는 것이었다. 그러나 산업재해의 특수성에 대한 인식은 고용주 책임법을 제정하는 것이었다. 그리고 이러한 고용주 책임에 대한 부담을 사용주 사이에 분산하려는 사회보험이 바로 산재보험제도이다. 1884년 독일에서 처음 도입된 재해보상법은 제조업과 광업만을 대상으로 하였으나, 이후 다른 산업으로 빠르게 확장되었다.

산업재해보상보험제도는 무과실 책임주의에 의거한 고용주 책임의 원리를 강제보험화시킨 것으로 볼 수 있다. 고용주의 과실이 있을 경우에만 보상하는 것이 아니라 모든 산업재해에 대해 고용주가 책임지도록 한 것이다. 이때 고용주 역시 산재에 대한 책임을 수행하는 데 부담이 발생하기 때문에 고용주들 간에 보상책임을 분산하기 위해 사회보험방식을 도입하였다. 따라서 산재보험은 다른 사회보험과는 달리 고용주(사용자)가 보험료 전액을 부담하며, 보험가입자 역시 사용주이고, 보험의 관리도 사업장 단위로 이루어진다.

(4) 고용보험

고용보험은 실업의 예방, 고용의 촉진 및 근로자의 직업능력 개발과 향상을 꾀하고, 국가의 직업지도와 직업소개 기능을 강화하며, 근로자가 실업한 경우에 생활에 필요한 급여를 실시하여 근로자의 생활안정과 구직활동을 촉진함으로써 경제·사회 발전에 이바지하는 것을 목적으로 하는 사회보험이다. 한국의 고용보험은 실직한 근로자에게 실업급여를 지급하는 전통적 의미의 실업보험에, 적극적인 직업능력 개발을 통하여 재취업을 촉진하고 실업의 예방, 고용의 촉진 등을 목적으로 하는 적극적 노동시장정책을 결합한 형태이다.

고용보험제도는 1993년 12월 27일에 고용보험법이 제정되고, 1995년 7월 1일에 30인 이상 사업장을 대상으로 한 실업급여 사업과 70인 이상 사업장을 대상으로 한 고용안정사업 및 직업능력개발사업으로 출발하였다. 이후 IMF 경제난 등을 겪으면서 적용 범위를 확대하여, 1998년 10월 1일부터는 근로자 1인 이상을 고용하는 전 사업장으로 확대하여, 전체 근로자를 대상으로 하는 사회보험으로 확대되었다.

(5) 노인장기요양보험

노인장기요양보험은 고령이나 노인성 질병 등으로 인하여 일상생활을 혼자 수행하기 어려운 노인 등에게 신체활동 또는 가사지원 등의 장기요양급여를 사회적 연대원리에 의해 제공하는 사회보험제도이다. 국민건강보험은 치매·중풍 등 질환의 진단, 입원 외래치료, 재활치료 등을 목적으로 주로 병·의원 및 약국에서 제공하는 서비스를 급여대상으로 하는 반면, 노인장기요양보험은 치매·중풍 등 노인성 질환 등으로 인하여 혼자 힘으로 일상생활을 영위하기 어려운 대상자에게 요양시설이나 재가장기요양기관을 통해 신체활동 또는 가사지원 등의 서비스를 제공한다.

2) 빈곤과 공공부조제도

(1) 빈곤의 개념

① 절대적 빈곤

절대적 빈곤 개념은 사람이 생활하는 데 필요한 최소한의 의식주가 어느 정도 정해져 있다는 가정하에 이를 구매하는 데 필요한 금액을 최저생계비(빈곤선)로 정하고, 그 금액 이하의 소득인 사람들을 빈곤한 상태라고 여기는 것이다. 절대적 빈곤의 측정은 생활에 필요한 모든 생필품을 정하고 계측하는가 그렇지 않은가에 따라 전물량 방식과 반물량 방식으로 구분한다. 그러나 어떠한 방식을 사용하더라도 절대적 빈곤이라는 개념 자체가 기본적 필요라는 것이 정해져 있는가에 대한 비판을 받고 있다.

② 상대적 빈곤

상대적 빈곤 개념은 특정 사회의 전반적인 생활수준을 반영하여 상대적 박탈과 불평등의 개념을 반영한 빈곤의 개념이다. 이에 따르면 빈곤은 절대적인 것이 아니라 다른 사람들과의 비교를 통해 심리적으로 박탈감과 빈곤감을 느끼는 것이 중요하다. 따라서 어떤 사람의 소득과 소비가 증가하더라도 다른 사람들의 증가에 미치지 못하면 빈곤감을 느낄 수도 있는 것이다. 대체로 복지국가가 발달할수록 상대적 빈곤을 주로 사용한다.

③ 주관적 빈곤

사람들의 주관적인 평가를 토대로 하여 빈곤을 정의하는 것으로 욕구조사의 결과를 근거로 하여 빈곤선을 계산하는 방식이다. 주로 빈곤 연구에서 사용할 뿐, 실제 정책에서 사용하기 어렵다는 한계를 가지고 있다.

(2) 공공부조제도

① 공공부조제도 의미

공공부조제도는 사회보험, 사회복지서비스와 더불어 대표적 사회보장제도의 하나이다. 공공부조제도는 최후의 사회안전망 역할을 하는 것으로, 일반 조세를 재원으로 하며, 일정 소득(자산) 이하의 사람들에게만 최저수준의 급여를 제공하는 것이다. 공공부조는 누진세가 반영된 조세를 기본 재원으로 하고, 가장 소득이 낮은 계층을 대상으로 집중적으로 급여를 제공하기 때문에 소득재분배 효과가 가장 큰 프로그램이다. 그리고 공공부조제도는 제한된 예산을 저소득층에게 집중적으로 사용할 수 있다는 점에서 비용-효율성이 높다는 장점이 있다. 소득재분배와 결과의 평등을 가장 효율적으로 달성할 수 있으나, 수급자격을 결정하는 데 있어 자산조사를 실시하기 때문에 행정비용이 많이 소요되는 단점이 있고, 근로의욕 저하나 낙인감 등 한계가 있다.

② 공공부조제도의 목적과 기본 원리

우리나라 공공부조제도는 헌법상 국민의 생존권 보장 이념에 그 근거를 두며, 생활유지의 능력이 없거나 생활이 어려운 자에게 필요한 급여를 행하여 이들의 최저생활을 보장하고, 자활을 조성하는 것을 목적으로 한다. 공공부조의 기본 원리는 생존권 보장의 원리, 최저생활 보장의 원리, 보충성의 원리를 가지고 있다.

Chapter

08 사회복지법제와 실천

1. 사회복지법의 기초

1) 법의 기초 개념

(1) 법의 이해

사회가 유지되기 위해서는 사회구성원에게 적용되는 행위준칙인 사회규범이 필요하다. 사회규범에는 법 이외에도 도덕, 윤리, 종교 등이 있는데, 그중 법은 사회공동생활에 있어서 행위의 준칙으로서 국가에 의하여 강행되는 사회규범이다. 일반적으로 법은 사회구성원이 사회생활을 함에 있어 필요한 행위준칙으로서 사회질서를 유지하고, 공동생활의 안전을 기하며, 사회정의를 실현하기 위해 국가권력이 일정한 사회적 행위를 당위적으로 의무지울 것을 요구하는 관념이라고 정의된다.

(2) 사회복지법의 이해

현재 우리나라의 사회복지법은 법체계 내에서 그 범위를 구체적으로 명시한 규정이 존재하지 않기 때문에 관점에 따라 매우 상이하게 정의되고 있다. 관련법 중 가장 일반적인 내용을 다루는 법률은 사회보장기본법으로, 여기에서는 사회보장을 공공부조, 사회보험, 사회서비스를 포괄하는 것으로 정의하고 있다.

따라서 형식적으로 사회보장을 사회복지에 가까운 개념으로 받아들여 이

세 가지 영역에 해당하는 법을 형식적 의미에서의 사회복지법이라 정의하기도 한다. 하지만 사회복지와 사회보장이라는 개념이 같은 것이 아니기 때문에, 사회복지법의 범주는 사회보장법보다 더 넓게 정해야 한다는 주장도 있다. 독일과 같이 사회입법에 관련된 모든 규정들을 독립적인 사회법전 하나에 체계적으로 모아놓으면 사회복지법의 범주가 명확하지만, 우리나라는 개별법 체계여서 사회복지법의 범위에 대해 판단할 명확한 기준이 존재하지 않는다.

(3) 법원(法源)

법원이란 법 규범이 어떠한 형식으로 표현되어 어떤 방식으로 존재하는가를 말한다. 법의 원천과 존재 양식은 성문법과 불문법으로 나누어진다. 성문법의 법원은 헌법과 법률, 명령, 조례 규칙을 들 수 있고, 불문법은 관습법과 판례법, 조리법이 있다.

① 성문법

성문법은 문서의 형식을 갖추고 일정한 절차와 형식에 따라서 권한 있는 기관이 제정·공포한 법을 말한다. 성문법은 상위법과 하위법의 위계를 가지고 있다.

첫째, 헌법은 국가의 권력구조와 국가와 국민 간의 권리·의무에 관한 기본법이다. 우리나라 헌법 내용 중 사회복지와 관련이 있는 내용은 행복추구권(헌법 제10조)과 인간답게 살 권리(헌법 제34조), 생존권(헌법 제31~36조) 규정인데, 이러한 규정이 사회복지법의 기본 방향이자 근거이다.

둘째, 법률은 국회에서 의결되어 대통령이 공포한 법을 의미한다. 법률은 헌법을 제외하면 가장 큰 법 형식을 갖는다. 사회복지와 관련된 실정법들이 여기에 속한다.

셋째, 명령은 국회의 의결을 거치지 않고 대통령 이하 행정기관이 제정한 법규를 의미한다. 여기에는 대통령령, 총리령, 부령 등이 있다. 이러한 명령은 법규의 성질을 가지는 명령이기 때문에 법규명령이라고 한다.

넷째, 자치법규로 지방자치단체가 법률에 의하여 인정된 자치권의 범위내에서 자기의 사무에 관하여 정하는 조례와 규칙을 들 수 있다.

② 불문법

불문법은 조문으로 정해지지 않은 관습법이나 판례법, 조리법을 말한다. 이는 성문의 규정이 없는 경우에 보충적으로 법률과 같은 효력을 가진다.

2) 사회복지법의 성립 근거

(1) 사회복지수급권(사회보장수급권)

기본권이 헌법을 통해 보장되는 권리라면, 사회보장수급권은 개별 사회복지법인 사회보장기본법을 통해 명시적으로 보장되는 권리이다. 이 법 이외에도 다양한 사회복지법을 통해 국민은 국가에 대하여 급여 및 서비스를 청구할 수 있는 법적인 권리를 갖게 되고, 국가는 이에 상응하는 의무를 진다.

(2) 사회복지수급권의 취약성

사회복지수급권은 법적 권리이기는 하지만, 그 권리가 적절한 수준으로 보장되지 않는다고 하여 권리의 실현을 위한 청구권을 행사할 수 없다고 해석하기도 한다. 특히 공공부조에서의 권리성은 상대적으로 취약하다.

(3) 사회복지수급권의 보호

사회복지수급권은 권리로서 취약한 속성을 가지고 있지만, 법적으로 보호되는 성격도 가지고 있다. 사회복지수급권은 사회적 기본권 또는 생존권 이념을 실현하는 권리이기 때문에 개인에게 전적으로 속하는 일신전속권(一身專屬權) 성격을 가지고 있다. 따라서 타인에게 양도하거나 담보로 제공할 수 없고, 이를 압류할 수 없으며, 상속할 수도 없다. 사회보장기본법에는 사회보장급여를 보호하기 위해 여러 조치들을 구체적으로 규정하고 있다.

2. 주요 사회복지 관련법

1) 사회보장기본법

(1) 배경

사회보장제도를 먼저 실시한 복지 선진국의 경우, 사회복지에 관한 기본법을 제정하거나 사회법전 등을 통하여 사회보장의 각 하위제도 간의 통합과 조정을 도모하여 왔다. 미국은 사회보장법, 영국은 연방사회보험법, 독일이나 프랑스는 통일사회법전 속에 사회보장 분야를 입법하여 유기적인 법체계를 유지하여 왔다.

우리나라도 사회복지법의 기본법으로서 1963년 사회보장에 관한 법률을 제정하였으나 그 내용이 부족하여 기본법으로서의 역할을 하지 못하였다. 이 문제를 해결하기 위하여 1995년 사회보장기본법을 제정하였다.

사회보장기본법은 제1조(목적)에서 "이 법은 사회보장에 관한 국민의 권리와 국가 및 지방자치단체의 책임을 정하고 사회보장제도에 관한 기본적인 사항을 규정함으로써 국민의 복지증진에 기여함을 목적으로 한다"고 규정하고 있다. 제4조(다른 법률과의 관계)에서는 "사회보장에 관한 다른 법률을 제정 또는 개정하는 경우에는 이 법에 부합되도록 하여야 한다"고 규정하고 있다. 이는 사회보장기본법이 헌법(제34조)의 이념에 따라 사회보험, 공공부조, 사회서비스에 대한 법률을 총체적으로 지휘하는 헌법의 하위규범이자 법률의 상위규범으로서의 의의를 갖는다고 한다.

(2) 목적과 기본 이념

이 법은 사회보장에 관한 국민의 권리와 국가 및 지방자치단체의 책임을 정한다. 사회보장정책의 수립·추진과 관련 제도에 관한 기본적인 사항을 규정함으로써 국민의 복지증진에 이바지하는 것을 목적으로 한다.

사회보장은 모든 국민이 다양한 사회적 위험으로부터 벗어나 행복하고 인간다운 생활을 향유할 수 있도록 자립을 지원하며, 사회참여·자아실현에 필요한 제도와 여건을 조성하여 사회통합과 행복한 복지사회를 실현하는 것을 기본 이념으로 한다.

(3) 사회보장의 종류

사회보장이란 출산, 양육, 실업, 노령, 장애, 질병, 빈곤 및 사망 등의 사회적 위험으로부터 모든 국민을 보호하고 국민 삶의 질을 향상시키는 데 필요한 소득·서비스를 보장하는 사회보험, 공공부조, 사회서비스를 말한다.

① 사회보험

국민에게 발생하는 사회적 위험을 보험의 방식으로 대처함으로써 국민의 건강과 소득을 보장하는 제도를 말한다.

② 공공부조

국가와 지방자치단체의 책임하에 생활 유지능력이 없거나 생활이 어려운 국민의 최저생활을 보장하고 자립을 지원하는 제도를 말한다.

③ 사회서비스

국가·지방자치단체 및 민간부문의 도움이 필요한 모든 국민에게 복지, 보건의료, 교육, 고용, 주거, 문화, 환경 등의 분야에서 인간다운 생활을 보장하고 상담, 재활, 돌봄, 정보의 제공, 관련 시설의 이용, 역량 개발, 사회참여 지원 등을 통하여 국민의 삶의 질이 향상되도록 지원하는 제도를 말한다.

④ 평생 사회안전망

평생 사회안전망이란 생애주기에 걸쳐 보편적으로 충족되어야 하는 기본 욕구와 특정한 사회위험에 의하여 발생하는 특수 욕구를 동시에 고려하여 소득·서비스를 보장하는 맞춤형 사회보장제도를 말한다.

2) 사회복지사업법

(1) 배경

우리나라의 사회복지사업은 국가적인 사회복지제도가 확립되지 않았던 1950년대에 한국전쟁이라는 특수한 상황으로 인한 여러 사회문제들을 해결하기 위하여 등장하였다. 따라서 사회복지시설의 설립이나 운영 역시 체계화된 법 규정에 의해 실시되지 못하고 임시방편으로 운영되었다. 그러나 이후 산업화, 도시화, 핵가족화 등 사회구조적인 변화는 다양한 사회문제를 가져오게 되었다. 이에 대처하기 위한 각종 사회복지시설이나 기관이 증가하면서 시설의 설립기준이나 절차, 종사자의 자격 등에 관한 문제들이 등장하게 되었다. 이로 인해 다양화되고 확장된 사회복지사업을 체계적으로 관리할 수 있는 법이 필요하게 되었다.

사회복지사업의 내용 및 절차 등에 관하여서는 관련 법률에 특별한 규정이 있는 경우를 제외하고는 이 법에서 정하는 바에 따르도록(제3조) 하고 있기 때문에 사회복지사업 전체에 대한 일반법의 위치에 있음을 알 수 있다.

이 법은 여러 번의 개정을 거쳐 지금의 사회복지사업법에 이르게 되었는데, 사회복지시설 운영에 대한 사회적 비판이 커지면서 법인 및 시설 운영의 여러 측면에서 인권을 보장하고 투명성을 강화하는 법규들이 추가되었다. 2017년 개정에서 사회보장급여법과 중복되는 일부 내용이 삭제되어 2018년부터 시행되었다.

(2) 목적과 기본 이념

① 목적

이 법의 목적은 사회복지사업에 관한 기본적 사항을 규정하여 사회복지를 필요로 하는 사람에 대하여 인간의 존엄성과 인간다운 생활을 할 권리를 보장하고 사회복지의 전문성을 높이는 데 있다. 또한 사회복지사업의 공정・투명・적정을 도모하고, 지역사회복지의 체계를 구축하고 사회복지서비스의 질을 높여 사회복지를 증진하고자 한다.

② 기본 이념

첫째, 사회복지를 필요로 하는 사람은 누구든지 자신의 의사에 따라 서비스를 신청하고 제공받을 수 있다.

둘째, 사회복지법인 및 사회복지시설은 공공성을 가지며 사회복지사업을 시행하는 데 있어서 공공성을 확보하여야 한다.

셋째, 사회복지사업을 시행하는 데 있어서 사회복지를 제공하는 자는 사회복지를 필요로 하는 사람의 인권을 보장하여야 한다.

넷째, 사회복지서비스를 제공하는 자는 필요한 정보를 제공하는 등 사회복지서비스를 이용하는 사람의 선택권을 보장하여야 한다.

(3) 사회복지사업의 정의

사회복지사업법에서 사회복지사업이란 법률에 따른 보호·선도 또는 복지에 관한 사업과 사회복지상담, 직업지원, 무료숙박, 지역사회복지, 의료복지, 재가복지, 사회복지관 운영, 정신질환자 및 한센병력자의 사회복귀에 관한 사업 등 각종 복지사업과 이와 관련된 자원봉사활동 및 복지시설의 운영 또는 지원을 목적으로 하는 사업을 말한다. 2017년 2월 4일부터는 청소년복지지원법이 추가되었고, 「식품기부 활성화에 관한 법률」이 「식품등기부활성화에 관한 법률」로 변경되었다. 또 2017년 5월 29일부터는 정신보건법이 「정신건강 증진 및 정신질환자 복지서비스 지원에 관한 법률」로 변경되었다. 사회복지사업과 관련한 법률에는 공공부조법들과 사회서비스 영역의 사회복지활동과 관련된 법들이 있다.

3) 사회보장급여법(사회보장급여의 이용 · 제공 및 수급권자 발굴에 관한 법률)

(1) 배경 및 주요 내용

사회보장급여법은 증가하는 복지예산과 서비스의 다양화에도 불구하고 현행 복지 전달체계가 중앙행정기관별 · 지방자치단체별로 분절 운영되어 서비스의 효율적 연계를 기대하기 어려운 상황에 대처하기 위해서 제정되었다. 또한 같은 대상자에게 복지혜택이 중복 제공되거나 도움이 절실한 계층이 복지 사각지대에 놓이는 사례가 동시에 발생하는 점이 지적되었다. 이에 2014년 12월 30일 「사회보장급여의 이용 · 제공 및 수급권자 발굴에 관한 법률」(약칭: 사회보장급여법)을 제정, 2015년 7월 1일부터 시행하였다.

이 법은 사회보장기본법의 지향을 실현하기 위한 세부 실행 방안과 절차를 담고 있다. 사회복지사업법에서 다루던 서비스 이용절차를 확대하여 전반적인 사회보장 급여의 신청, 조사, 결정 · 지급, 사후관리에 이르는 복지대상자 선정과 지원에 필요한 일련의 절차 및 방법 등에 관한 사항을 구체적으로 규정한다. 소외계층을 발굴하기 위한 신고의무, 보호대상자에게 필요한 급여의 직권신청, 보호계획 수립 · 지원, 상담 · 안내 · 의뢰 등 수급권자 보호를 강화하고 복지 사각지대를 해소하기 위한 방안을 담고 있다. 또 사회복지사업법에 있던 사회보장정보관리, 사회복지전담공무원 및 사회복지사무 전담기구, 지역사회보장계획, 시 · 도 사회보장위원회, 시 · 군 · 구 지역사회보장협의체 등에 관한 규정이 이 법으로 수정 · 이동하였다.

(2) 목적과 기본 원칙

① 목적

이 법은 사회보장기본법에 따른 사회보장급여의 이용 및 제공에 관한 기준과 절차 등 기본적 사항을 규정하고 있다. 또한 사회복지서비스를 지원을 받지 못하는 대상자를 발굴하여 지원함으로써 사회보장급여를 필요로 하는 사람의 인간다운 생활을 할 권리를 최대한 보장하고 있다. 그리고 사회보장 급여가 공정하고 효과적으로 제공되도록 하며, 사회보장제도가 지역사회에서 통합적으로 시행될 수 있도록 그 기반을 구축하는 것을 목적으로 한다.

② 기본 원칙

사회보장 급여가 필요한 사람은 누구든지 자신의 의사에 따라 사회보장 급여를 신청할 수 있으며, 보장기관은 이에 필요한 안내와 상담 등의 지원을 충분히 제공하여야 한다.

첫째, 보장기관은 지원이 필요한 국민이 급여대상에서 누락되지 아니하도록 지원대상자를 적극 발굴하여, 이들이 필요로 하는 사회보장 급여를 적절하게 제공받을 수 있도록 노력하여야 한다.

둘째, 보장기관은 국민의 다양한 복지욕구를 충족시키고 생애주기별 필요에 맞는 사회보장 급여가 공정·투명·적정하게 제공될 수 있도록 노력하여야 한다.

셋째, 보장기관은 사회복지법인, 사회복지시설 등 사회보장 관련 민간법인·단체·시설이 제공하는 복지혜택 또는 서비스를 효과적으로 연계하여 제공할 수 있도록 노력하여야 한다.

넷째, 보장기관은 국민이 사회보장 급여를 편리하게 이용할 수 있도록 사회보장정책 및 관련제도를 수립·시행하기 위하여 노력하여야 한다.

다섯째, 보장기관은 지역의 사회보장 수준이 균등하게 실현될 수 있도록 노력하여야 한다.

③ 용어 정의

첫째, 사회보장급여란 보장기관이 사회보장기본법 제3조 제1호에 따라 제공하는 현금, 현물, 서비스 및 그 이용권을 말한다.

둘째, 수급권자는 사회보장기본법 제9조에 따른 사회보장급여를 제공받을 권리를 가진 사람을 말하고, 수급자는 사회보장 급여를 받고 있는 사람을 말한다.

셋째, 지원대상자는 사회보장 급여를 필요로 하는 사람을 말하고, 보장기관이란 관계법령 등에 따라 사회보장 급여를 제공하는 국가기관과 지방자치단체를 말한다.

3. 사회보험 및 공공부조, 사회서비스법의 주요 내용

1) 사회보험법

(1) 국민연금법

① 가입대상과 가입자

가입대상은 국민연금은 18세 이상 60세 미만인 국내 거주 국민을 가입대상으로 한다. 가입자의 종류는 사업장가입자, 지역가입자, 임의가입자 및 임의계속가입자가 있다. 사업장가입자는 당연적용 사업장의 18세 이상 60세 미만인 근로자와 사용자이며, 지역가입자는 사업장가입자가 아닌 자로서 18세 이상 60세 미만인 자이다.

② 가입대상 제외지

가입대상 제외자는 특수직역연금 가입자(제6조)로 국민연금의 가입대상에서 제외되는 특수직역 연금가입자는 공무원연금법, 군인연금법, 사립학교교직원연금법 및 별정우체국법을 적용받는 공무원, 군인, 교직원 및 별정우체국직원, 그밖에 대통령령으로 정하는 자이다. 또한 지역가입자 제외자(제9조)로 특수직역연금이나 국민연금 가입자의 배우자로서 별도의 소득이 없는 자, 노령연금 및 퇴직연금 등 수급권자의 배우자로서 별도의 소득이 없는 자, 퇴직연금 등 수급권자, 18세 이상 27세 미만인 자로서 학생이거나 군 복무 등의 이유로 소득이 없는 자(연금보험료를 납부한 사실이 있는 자는 제외), 국민기초생활보장법의 생계급여수급자 또는 의료급여수급자, 1년 이상 행방불명된 자이다.

③ 국민연금의 급여 종류

급여 종류에는 노령연금, 장애연금, 유족연금, 반환일시금 등이 있다.

(2) 국민건강보험법

① 가입대상

모든 국민을 가입자 및 피부양자로 포괄하는 것을 원칙으로 하고 있다.

② 보험료

〈표 8-1〉 **국민건강보험 가입자와 보험료 산출**

직장가입자	보수월액	• 보수월액×대통령령으로 정하는 보험료율(8% 이내)
	소득월액 (보수 외 소득)	• 소득월액×대통령령으로 정하는 보험료율
지역가입자	보험료 부과점수	• 보험료 부과점수×보험료 부과점수당 금액

③ 급여의 종류

급여 종류에는 요양급여, 요양비, 건강검진, 부가급여 등이 있다.

(3) 노인장기요양보험법

① 적용대상

장기요양보험 가입자 및 그 피부양자 또는 의료급여 수급권자 중 65세 이상의 노인 또는 65세 미만 자로서 치매, 뇌혈관성 질환 등 노인성 질병을 가지고 있으면서 혼자서 일상생활을 수행하기 어려운 자 중 장기요양 인정을 받은 자에게 적용된다.

② 보험료

〈표 8-2〉 **노인장기요양보험 보험료 산출**

구 분	보험료 부과의 기준	보험료 부과방식
노인장기요양보험법	건강보험료	건강보험료 × 장기요양보험료율

③ 급여의 종류

급여 종류로는 크게 재가급여, 시설급여, 특별현금급여가 있다. 재가급여에는 방문요양, 방문목욕, 방문간호, 주・야간보호, 단기보호가 있다.

특별현금급여에는 가족요양비, 특례요양비, 요양병원 간병비가 있다.

④ 장기요양인정

장기요양급여를 받기 위해서는 장기요양의 인정이 있어야 한다. 장기요양보험 가입자 또는 피부양자나 의료급여 수급권자가 신청을 하면, 건강보험공단은 조사하고, 장기요양등급판정위원회가 등급을 판정한다. 공단은 등급판정위원회가 장기요양인정 및 등급판정의 심의를 완료한 경우 지체없이 장기요양등급, 장기요양급여의 종류 및 내용 등이 포함된 장기요양인정서를 작성하여 수급자에게 송부하도록 하고 있다.

(4) 산업재해보상보험법

① 가입대상 및 가입자・피보험자

〈표 8-3〉 산업재해보상보험 가입대상

가입대상	• (근로기준법상) 근로자를 사용하는 모든 사업 또는 사업장
가입자・피보험자	• 보험가입자: 산업재해보상보험법의 적용을 받는 사업의 사업주 • 피보험자(급여수급자): 근로자

② 보험료

사업주가 부담하여야 하는 산재보험료는 그 사입주가 경영하는 사업에 종사하는 근로자의 개인별 보수총액에 산재보험료율을 곱한 금액을 합한 금액으로 한다.

③ 보험급여의 종류

보험급여의 종류는 요양급여, 휴업급여, 장해급여, 간병급여, 유족급여, 상병(傷病)보상연금, 장의비(葬儀費), 직업재활급여 등 8가지 급여가 있다. 다만, 진폐에 따른 보험급여의 종류는 요양급여, 간병급여, 장의비, 직업재활급여에 별도로 정한 진폐보상연금 및 진폐유족연금으로 한다.

(5) 고용보험법

① 가입대상 및 가입자 · 피보험자

〈표 8-4〉 고용보험 가입대상자 분류

가입대상	• (근로기준법상) 근로자를 사용하는 모든 사업 또는 사업장
가입자 · 피보험자	• 보험가입자: 고용보험법을 적용받는 사업의 사업주와 근로자 • 피보험자: 보험에 가입되거나 가입된 것으로 보는 근로자, 자영업자

② 고용보험법의 적용 제외 대상자

〈표 8-5〉 고용보험 적용 제외자

65세 이후에 고용되거나 자영업을 개시한 사람	• 1개월간 소정근로시간이 60시간 미만인 자(1주간의 소정 근로시간이 15시간 미만인 자 포함). 다만, 3개월 이상 계속하여 근로를 제공하는 자와 일용근로자(1개월 미만 동안 고용되는 자)는 제외한다. • 국가공무원법과 지방공무원법에 따른 공무원 • 사립학교교직원 연금법의 적용을 받는 자 • 그밖에 대통령령으로 정하는 자(별정우체국직원)

③ 고용보험의 급여

고용보험의 급여는 고용안정 · 직업능력개발 사업, 실업급여, 육아휴직급여 등의 세 가지 사업영역에서 다양한 급여가 제공된다. 고용안정 · 직업능력개발 사업은 고용노동부장관은 피보험자 및 피보험자였던 자, 그 밖에 취업할 의사를 가진 자에 대한 실업의 예방, 취업의 촉진, 고용기회의 확대, 직업능력개발 · 향상의 기회 제공 및 지원, 그 밖에 고용안정과 사업주에 대한 인력 확보를 지원하기 위하여 고용안정 · 직업능력개발 사업을 실시한다. 실업급여는 구직급여와 취업촉진 수당으로 구분하며, 취업촉진 수당의 종류는 조기(早期)재취업 수당, 직업능력개발 수당, 광역구직활동비, 이주비 등이다. 실업의 신고일부터 계산하기 시작하여 7일간은 대기기간으로 보아 구직급여를 지급하지 아니한다(제49조). 다만, 최종 이직 당시 건설일용근로자였던 사람에 대해서는 실업의 신고일부터 계산하여 구직급여를 지급한다. 육아휴직급여에는 육아휴직급여, 육아기 근로시간 단축 급여, 출산전후휴가급여 등이 있다.

2) 공공부조법

(1) 국민기초생활보장법

① 배경

1997년 IMF 경제위기로 인한 수많은 실직자와 빈곤층의 대량발생으로 인한 절대적 빈곤에 국가가 적극적으로 대응할 수 있는 새로운 제도가 필요하다는 사회적 공감대가 이루어졌다. 즉, 기존의 생계유지가 어려운 지소득층을 포함한 국가 전체의 빈곤계층의 생활안정을 위한 새로운 정책적·제도적 장치가 요구되었다.

당시 기존의 생활보호법을 토대로 하면서 생활보호, 실업급여, 공공근로, 노숙인보호, 생업자금융자 등 사회안전망사업이 실시되었지만, 많은 저소득층이 사회보장의 혜택을 받지 못하는 사각지대에 있었다. 이에 국가가 모든 국민의 기본적인 생활을 제도적으로 보장해야 할 필요성이 대두되었으며, 단순한 생계지원이 아닌 수급자의 자립자활을 촉진하는 생산적 복지지향의 종합적 빈곤대책이 필요하게 되었다. 또한 여러 시민사회단체들이 연대하여 국민기초생활보장법 제정을 촉구하였다. 이러한 배경하에서 1999년 9월 7일 국민기초생활보장법이 제정·공포되었고, 2000년 10월 1일부터 실시되었다. 국민기초생활보장법은 이전의 생활보호법이 가졌던 시혜적이며, 인구학적으로 제한적이었던 측면을 개선하여 국가와 지방자치단체가 모든 국민의 최저생활을 보장할 책임이 있음을 명시했다는 점에서 의의가 있다.

② 목적

이 법은 생활이 어려운 사람에게 필요한 급여를 실시하여 이들의 최저생활을 보장하고 자활을 돕는 것을 목적으로 한다.

③ 주요 용어

㉠ 보장기관

국민기초생활보장법 제2조, 제4호에서 보장기관이란 이 법에 따른 급여를 실시하는 국가 또는 지방자치단체로 정의하고 있다. 같은 법 제19조에서 이 법에 따른 급여는 수급권자 또는 수급자의 거주지를 관할하는 시・도지사와 시장・군수・구청장 또는 시・도교육감(교육급여의 경우)이 실시하도록 규정하고 있다. 다만, 주거가 일정하지 아니한 경우에는 수급권자 또는 수급자가 실제 거주하는 지역을 관할하는 시장・군수・구청장이 실시한다. 필요한 경우 보건복지부장관, 소관 중앙행정기관의 장과 시・도지사는 수급자를 각각 국가나 해당 지방자치단체가 경영하는 보장시설에 입소하게 하거나 다른 보장시설에 위탁하여 급여를 실시할 수 있다. 보장기관은 수급권자・수급자・차상위계층에 대한 조사와 수급자 결정 및 급여의 실시 등 이 법에 따른 보장업무를 수행하게 하기 위하여 사회복지전담공무원을 배치하여야 한다. 이 경우 자활급여 업무를 수행하는 사회복지전담공무원은 따로 배치하여야 한다.

㉡ 보장시설

보장시설이란 이 법에 따른 급여를 실시하는 사회복지사업법상의 사회복지시설로서 보건복지부령으로 정하는 시설을 말한다.

㉢ 부양의무자

부양의무자란 수급권자를 부양할 책임이 있는 사람으로서 수급권자의 1촌의 직계혈족 및 그 배우자를 말한다. 따라서 조부모와 손자녀 사이에는 부양의무가 없다.

또 사망한 1촌의 직계혈족의 배우자는 제외한다는 단서 조항에 따라 아들이 사망한 경우 며느리, 딸이 사망한 경우 사위의 부양의무는 없어진다. 수급권자를 선정할 때 부양의무자 기준은 부양의무자가 없거나, 부양의무자가 있어도 부양능력이 없거나 부양을 받을 수 없는 사람이어야 한다.

㉣ 최저보장 수준과 최저생계비

최저보장 수준이란 국민의 소득・지출 수준과 수급권자의 가구 유형 등 생활실태, 물가상승률 등을 고려하여 급여의 종류별로 공표하는 금액이나 보장수준을 말한다. 보건복지부장관 또는 소관 중앙행정기관의 장은 급여의 종류별 수급자 선정기준 및 최저보장 수준을 결정하여야 한다. 매년 8월 1일까지 중앙생활보장위원회의 심의·의결을 거쳐 다음 연도의 급여의 종류별 수급자 선정기준 및 최저보장 수준을 공표하여야 한다. 최저생계비란 국민이 건강하고 문화적인 생활을 유지하기 위하여 필요한 최소한의 비용으로서 보건복지부장관이 계측하는 금액을 말한다. 보건복지부장관은 수급권자, 수급자 및 차상위계층 등의 규모·생활실태 파악, 최저생계비 계측 등을 위하여 3년마다 실태조사를 실시·공표하여야 한다.

ⓜ 소득인정액

소득인정액이란 보장기관이 급여의 결정 및 실시 등에 사용하기 위하여 산출한 개별가구의 소득평가액과 재산의 소득환산액을 합산한 금액을 말한다.

ⓑ 기준 중위소득

기준 중위소득이란 보건복지부장관이 급여의 기준 등에 활용하기 위하여 매년 중앙 생활보장위원회의 심의·의결을 거쳐 고시하는 국민 가구소득의 중위값을 말한다. 기준 중위소득은 통계법 제27조에 따라 통계청이 공표하는 통계자료의 가구 경상소득(근로소득, 사업소득, 재산소득, 이전소득을 합산한 소득)의 중간값에 최근 가구소득 평균 증가율, 가구 규모에 따른 소득수준의 차이 등을 반영하여 가구규모별로 산정한다. 그 밖에 가구 규모별 소득수준 반영 방법 등 기준 중위소득의 산정에 필요한 사항은 중앙생활보장위원회에서 정한다.

ⓢ 차상위계층

차상위계층이란 수급권자에 해당하지 아니하는 계층으로서 소득인정액이 대통령령으로 정하는 기준인 기준 중위소득의 100분의 50 이하인 사람을 말한다. 국민기초생활보장법 제7조 제3항에서는 차상위계층에 속하는 사람(차상위자)에 대한 급여는 보장기관이 차상위자의 가구별 생활 여건을 고려하여 예산의 범위에서 생계급여, 해산급여를 제외한 주거급여, 의료급여, 교육급여, 장제급여, 자활급여 등의 전부 또는 일부를 실시할 수 있다고 임의규정으로 정하고 있다. 그런데 같은 법 시행령 제5조의5 제1항에서 "차상위자에게 지급하는 급여는 자활급여로 한다"고 정함으로써 현재 국민기초생활보장법에 따라 차상위자가 받을 수 있는 급여는 자활급여로 한정된다.

(2) 의료급여법 · 긴급복지지원법

① 의료급여법

의료급여법 제1조에 따르면, 이 법은 생활이 어려운 사람에게 의료급여를 함으로써 국민보건의 향상과 사회복지의 증진에 이바지함을 목적으로 한다. 의료급여의 수급권이란 의료급여는 국민기초생활보장법에 따른 급여인 동시에 타 법령에 의한 급여수급권자도 포함하고 있다. 첫째, 국민기초생활보장법 이외에 타 법령에 따른 의료급여 대상자, 둘째, 난민에 대한 특례, 셋째, 수급권자의 인정 절차 등에 의하여 수급권자를 포함한다.

② 긴급복지지원법

긴급복지지원법은 생계곤란 등의 위기 상황에 처하여 도움이 필요한 사람을 신속하게 지원함으로써 이들이 위기 상황에서 벗어나 건강하고 인간다운 생활을 하게 함을 목적으로 한다.

이 법에서 '위기상황'이란 본인 또는 본인과 생계 및 주거를 같이하고 있는 가구구성원이 어느 하나에 해당하는 사유로 인하여 생계유지 등이 어렵게 된 것을 말한다. 이 법의 기본 원칙은 위기상황에 처한 사람에게 일시적으로 신속하게 지원하는 것을 기본 원칙으로 한다. 재해구호법, 국민기초생활보장법, 의료급여법, 사회복지사업법, 「가정폭력방지 및 피해자보호 등에 관한 법률」, 「성폭력방지 및 피해자보호 등에 관한 법률」 등 다른 법률에 따라 이 법에 따른 지원내용과 동일한 내용의 구호·보호 또는 지원을 받고 있는 경우에는 이 법에 따른 지원을 하지 아니한다.

(3) 기초연금법 · 장애인연금법

① 기초연금법

기초연금법은 노인에게 기초연금을 지급하여 안정적인 소득기반을 제공함으로써 노인의 생활안정을 지원하고 복지를 증진함을 목적으로 한다. 기초연금 수급권자의 범위는 65세 이상인 사람으로서 소득인정액이 보건복지부장관이 정하여 고시하는 금액(선정기준액) 이하인 사람에게 지급한다. 보건복지부장관은 선정기준액을 정하는 경우 65세 이상인 사람 중 기초연금수급자가 100분의 70 수준이 되도록 한다.

국가와 지방자치단체는 기초연금이 목적에 따라 노인의 생활안정을 지원하고 복지를 증진하는 데 필요한 수준이 되도록 최대한 노력하여야 한다. 국가와 지방자치단체는 필요한 비용을 부담할 수 있도록 재원(財源)을 조성하여야 한다. 이 경우 국민연금법 제101조 제1항에 따라 설치된 국민연금기금은 기초연금 지급을 위한 재원으로 사용할 수 없다. 국가와 지방자치단체는 기초연금의 지급에 따라 계층 간 소득역전 현상이 발생하지 아니하고 근로의욕 및 저축 유인이 저하되지 않도록 최대한 노력하여야 한다.

② 장애인연금법

장애인연금법은 장애로 인하여 생활이 어려운 중증장애인에게 장애인연금을 지급함으로써 중증장애인의 생활 안정 지원과 복지증진 및 사회통합을 도모하는 데 이바지함을 목적으로 한다. 여기서 중증장애인이란 장애인복지법에 따라 등록한 장애인 중 근로능력이 상실되거나 현저하게 감소하는 등 장애 정도가 중증인 사람으로 대통령령으로 정하는 사람을 말한다.

국가 및 지방자치단체는 장애인연금이 중증장애인의 생활 안정을 지원하고 복지를 증진하는 데 필요한 수준이 되도록 최대한 노력하여야 한다.

3) 사회서비스법

(1) 아동 관련 사회복지법

① 아동 관련 법률 개요

사회복지사업의 범주에 들어가는 법률 중 아동을 대상으로 하는 법률로는 아동복지법, 영유아보육법, 입양특례법이 있다. 그리고 2017년부터 사회복지사업의 범주에 포함된 청소년복지지원법 대상의 일부가 아동에 해당된다. 아동복지법에서의 아동은 18세 미만인 자를, 영유아보육법에서의 영유아는 6세 미만의 취학 전 아동을 말한다. 청소년복지지원법의 대상인 청소년의 정의는 청소년기본법을 따르는데, 이 법에서 청소년은 9세 이상 24세 이하인 사람을 말한다.

② 아동복지법 목적과 기본 이념

이 법은 아동이 건강하게 출생하여 행복하고 안전하게 자랄 수 있도록 아동의 복지를 보장하는 것을 목적으로 한다. 기본 이념으로 아동은 자신 또는 부모의 성별, 연령, 종교, 사회적 신분, 재산, 장애 유무, 출생지역, 인종 등에 따른 어떠한 종류의 차별도 받지 아니하고 자라나야 한다. 아동은 완전하고 조화로운 인격 발달을 위하여 안정된 가정환경에서 행복하게 자라나야 한다. 아동에 관한 모든 활동에 있어서 아동의 이익이 최우선적으로 고려되어야 한다. 아동은 아동의 권리보장과 복지증진을 위하여 이 법에 따른 보호와 지원을 받을 권리를 가진다.

(2) 노인 관련 사회복지법

노인복지법은 노인의 질환을 사전 예방 또는 조기 발견하고, 질환 상태에 따른 적절한 치료·요양으로 심신의 건강을 유지하며, 노후의 생활안정을 위하여 필요한 조치를 강구함으로써 노인의 보건복지 증진에 기여함을 목적으로 한다.

노인복지법에 따르면 노인은 후손의 양육과 국가 및 사회의 발전에 기여하여 온 자로서 존경받으며 건전하고 안정된 생활을 보장받는다. 노인은 그 능력에 따라 적당한 일에 종사하고 사회적 활동에 참여할 기회를 보장받는다. 노인은 노령에 따르는 심신의 변화를 자각하여 항상 심신의 건강을 유지하고 그 지식과 경험을 활용하여 사회의 발진에 기여하도록 노력하여야 한다.

(3) 장애인 관련 사회복지법

① 장애인 관련 법률의 개요

장애인복지법에 의하면 장애인은 신체적·정신적 장애로 오랫동안 일상생활이나 사회생활에서 상당한 제약을 받는 자를 말한다. 여기에서 '신체적 장애'란 주요 외부신체기능의 장애, 내부기관의 장애 등을 말하며, '정신적 장애'란 발달장애 또는 정신질환으로 발생하는 장애를 말한다.

장애인은 장애 종류와 생애주기에 따라 서로 다른 특성을 지니고 있기 때문에 사회적 차별로 인한 불이익을 보상하고, 사회통합을 이루기 위해서는 다양한 서비스와 지원이 필요하다. 따라서 장애인의 욕구에 따른 다양한 법률들이 지속적으로 만들어지고 있다. 이 중 사회복지사업과 관련된 법률로 규정된 것은 장애인복지법, 「장애인·노인·임산부 등의 편의증진 보장에 관한 법률」, 「장애인활동 지원에 관한 법률」, 「장애아동 복지지원법, 발달장애인 권리보장 및 지원에 관한 법률」 등이다.

② 목적 및 기본 이념

이 법은 장애인의 인간다운 삶과 권리보장을 위한 국가와 지방자치단체 등의 책임을 명백히 하고 있다. 장애발생 예방과 장애인의 의료・교육・직업재활・생활환경 개선 등에 관한 사업을 정하여 장애인복지 대책을 종합적으로 추진하고 있다. 장애인의 자립생활・보호 및 수당지급 등에 관하여 필요한 사항을 정하여 장애인의 생활안정에 기여하는 등 장애인의 복지와 사회활동 참여 증진을 통하여 사회통합에 이바지함을 목적으로 한다.

장애인복지의 기본 이념은 장애인의 완전한 사회참여와 평등을 통하여 사회통합을 이루는 데에 있다. 장애인은 인간으로서 존엄과 가치를 존중받으며, 그에 걸맞은 대우를 받는다. 장애인은 국가・사회의 구성원으로서 정치・경제・사회・문화, 그 밖의 모든 분야의 활동에 참여할 권리를 가진다. 장애인은 장애인 관련 정책결정 과정에 우선적으로 참여할 권리가 있다.

누구든지 장애를 이유로 정치・경제・사회・문화 생활의 모든 영역에서 차별을 받지 아니하고, 누구든지 장애를 이유로 정치・경제・사회・문화 생활의 모든 영역에서 장애인을 차별하여서는 아니 된다.

(4) 여성・가족 관련 사회복지법

여성은 가부장적 사회질서 속에서 상대적으로 차별과 피해의 가능성이 높으며, 역사적으로 상당한 피해를 받아왔다. 여성운동의 전개 등으로 여성의 사회적 지위는 높아졌지만 여전히 여성 가구주의 빈곤 문제나 결혼이주여성 문제 등이 해결되지 않은 채 남아있다. 이러한 문제에 대응하는 법률로는 한부모가족지원법, 다문화가족지원법 등과 범죄 피해자들을 지원하기 위한 「성매매방지 및 피해자보호 등에 관한 법률」, 「성폭력방지 및 피해자보호 등에 관한 법률」, 「가정폭력방지 및 피해자보호 등에 관한 법률」, 「일제하 일본군위안부 피해자에 대한 생활안정지원 및 기념사업 등에 관한 법률」 등이 있다.

(5) 그 밖의 사회복지법

① 정신건강 증진 및 정신질환자 복지서비스 지원에 관한 법률

「정신건강 증진 및 정신질환자 복지서비스 지원에 관한 법률」은 정신질환의 예방·치료, 정신질환자의 재활·복지·권리보장과 정신건강 친화적인 환경조성에 필요한 사항을 규정함으로써 국민의 정신건강 증진 및 정신질환자의 인간다운 삶을 영위하는 데 이바지함을 목적으로 한다. 구 정신보건법에서는 정신병·인격장애·알코올 및 약물 중독, 기타 비정신병적 정신장애를 가진 자 전체를 정신질환자로 보았지만, 전부 개정을 통해 법령의 대상인 정신질환자를 "망상, 환각, 사고나 기분의 장애 등으로 인하여 독립적으로 일상생활을 영위하는 데 중대한 제약이 있는 사람"으로 한정하였다.

② 사회복지공동모금회법

사회복지공동모금이란 사회복지사업이나 그 밖의 사회복지활동 지원에 필요한 재원을 조성하기 위하여 이 법에 따라 기부금품을 모집하는 것을 말한다. 사회복지공동모금회법은 사회복지공동모금회의 공동모금을 통하여 국민이 사회복지를 이해하고 참여하도록 함과 아울러 국민의 자발적인 성금으로 조성된 재원(財源)을 효율적이고 공정하게 관리·운용함으로써 사회복지증진에 이바지함을 목적으로 한다.

③ 자원봉사활동 기본법

자원봉사활동 기본법은 자원봉사활동에 관한 기본적인 사항을 규정함으로써 자원봉사활동을 진흥하고 행복한 공동체 건설에 이바지함을 목적으로 한다.

Chapter

09 사회복지행정의 이해

1. 사회복지행정의 기초 개념

1) 사회복지행정의 개념

(1) 사회복지행정의 의미

사회복지행정은 사회복지와 행정의 합성어로서 사회복지를 행정·관리한다는 뜻이다. 일반적으로 사회복지 영역은 정책, 행정, 실천으로 구분되는데, 행정은 정책과 실천을 이어주는 가교 역할을 한다. 그래서 사회복지행정은 인적·물적·사회적 자원을 동원하여, 클라이언트를 위한 프로그램을 개발하고 실행하며, 지역사회와의 관계를 정립하고, 사회복지조직의 전 활동과정을 평가하고 혁신시키는 일을 한다.

오늘날 사회복지행정의 중요성은 부각되고 있지만, 그 개념에 대해서는 아직 이론적 일치를 이루지 못했다. 학자에 따라 사회복지행정을 다양하게 정의하고 있다. 관리적인 측면을 강조하는 학자가 있는가 하면, 기능적인 측면을 강조하는 학자도 있다. 사회복지행정을 협의의 사회복지행정과 광의의 사회복지행정으로 구분하면 다음과 같다.

(2) 협의의 사회복지행정

협의의 사회복지행정은 사회복지행정을 사회복지실천방법 중 하나로 간주하는 것이다. 이는 사회복지조직의 목표 달성을 용이하게 하고자 조직관리자가 체계적으로 개입하여 수행하는 과정을 의미한다. 협의의 사회복지행정을 사회사업행정(social work administration) 또는 사회복지시설기관행정(social agency administration)이라고도 부른다. 사회복지실천은 전통적으로 개별사회사업, 집단사회사업, 지역사회조직이라는 3대 방법으로 나뉘어 발달해 왔다. 개별사회사업(case work)은 구체적이며, 특수한 환경에 처한 개인과 그 가족을 대상으로, 집단사회사업(group work)은 집단을 대상으로, 지역사회조직(community organization)은 지역사회를 대상으로 변화를 모색하는 실천방법이다. 이와 마찬가지로 사회복지행정은 사회복지시설·기관에서 사회복지서비스를 계획하고 시행해 나가는 과정을 통하여 변화를 이루어 가는 활동으로 본다.

(3) 광의의 사회복지행정

광의의 사회복지행정은 사회복지조직에 다양하게 기여하는 조직구성원들이 협동하도록 조정하는 활동뿐만 아니라 국가의 사회복지정책을 사회복지서비스로 구체화하는 데 필요한 사회복지 분야의 총체적인 활동을 말한다. 즉, 다양한 사회과학적 지식을 접목시켜 사회복지가 원활하게 시행되도록 하는 활동이다. 오늘날 우리 사회에는 다양한 공공 및 민간 사회복지 조직이 생겨나고 있고, 사회과학이 지속적으로 발전하면서 사회복지행정의 범위가 점차 확대되고 있다. 따라서 광의의 사회복지행정은 협의의 사회복지행정을 포괄하고, 사회복지조직 자체의 관리와 업무의 집행, 국가에서 시행하는 사회복지정책을 구체화하는 것 등의 총체적인 활동을 의미한다.

2) 사회복지행정의 가치

사회복지행정의 가치는 사회복지행정이 지향하고자 하는 이념과 정신을 의미한다. 사회복지행정의 가치야말로 사회복지정책을 서비스로 전환시키는 과정에서 중요한 기준이자 목표로 작용하여 실천방향을 제시해 주는 나침판과 같다. 즉, 행정가가 맡은 바 임무를 수행하고 당면한 문제를 올바른 방향으로 이끌어 가는 지침, 그리고 행정 활동의 결과를 분석하고 평가하기 위한 기준이 된다. 사회복지행정의 가치에는 여러 가지가 있으나, 핵심적인 가치는 다음과 같다.

(1) 효과성

효과성은 처음 계획한 목표의 달성 정도를 뜻한다. 욕구충족이나 문제해결 과정에서 조직과 서비스가 어느 정도 유효한가를 뜻하는 것이다. 사회복지 조직의 목표가 명확하게 설정되어 있어야만 그 달성 여부를 파악할 수 있다. 따라서 조직의 목표 설정이 선행되어야 효과성을 평가할 수 있다.

(2) 효율성

효율성은 최소의 자원으로 어떻게 최대의 효과를 거둘 것인가의 문제이다. 즉, 가능한 한 적은 인적·물적 자원과 시간을 투입하여 많은 서비스를 제공할 수 있어야 한다는 것이다. 효율성은 자원이 한정되어 있는 사회복지 서비스를 공급하는 데 있어 중요한 가치이다. 그러나 사회복지의 특성상 현장에서 효율성을 추구한다는 것이 어려운 것은 사실이다. 따라서 자원의 한계를 넘어서 주어진 자원으로 최적의 서비스와 최대한의 만족을 클라이언트에게 주어야 한다는 뜻으로 효율성을 이해해야 한다.

(3) 공평성

공평성은 동일한 욕구를 가진 대상자에게는 동일한 혜택을 제공해야 함을 뜻한다. 이때 공평성이란 형식적 평등만을 뜻하는 것이 아니다. 기회의 평등이 확보되었어도, 그것이 반드시 결과의 평등으로 이어지는 것은 아니기 때문이다.

2. 사회복지행정조직과 서비스 전달체계

1) 사회복지행정 조직이론

(1) 폐쇄체계이론

사회복지행정 조직이론에서 환경을 고려하지 않고 조직 내부에만 관심을 두는 이론을 폐쇄체계이론이라고 한다. 폐쇄체계이론에는 관료제이론, 과학적관리론, 인간관계이론이 있다.

① 관료제이론

관료제이론은 베버(Max Weber)가 주창한 것으로 합리적이고 합법적인 규칙과 효율성을 강조한 이론이다. 베버는 조직구성원이 각자 할당받은 업무를 수행하면서 규칙만 잘 지킨다면 조직 생산성이 높아질 것이라고 보았다. 관료제이론은 엄격한 규칙과 업무분장에 따른 관리를 강조한 것이다. 그렇지만 조직내 어떤 업무가 주어졌을 때, 구성원은 자신이 맡은 일이 아닌 경우 무관심한 태도를 보인다. 이 때문에 관료제이론을 사회복지조직에 적용하는 데 한계가 있었다.

사회복지조직은 사람을 중요하게 생각하는데, 관료제이론은 사람보다 규칙이나 규정을 우선시하기 때문이다. 규칙이나 규정을 지나치게 중시할 경우 서비스 전달과정에서 클라이언트를 소외시키거나 직원과 클라이언트를 비인격화할 소지가 있다. 또한 원칙을 고수하다 보니 융통성이 결여될 소지가 있다.

② 과학적 관리론

과학적 관리론은 테일러(Frederick W. Taylor)가 주창한 것으로 생산의 극대화와 분업의 효율성을 강조하는 이론이다. 관리자는 기획을 하고, 구성원은 실행만 하면 된다 하여 기획과 실행의 분리를 실현했다.

테일러는 작업을 적은 수의 단위로 세분화시키고, 과학적 분석과 객관적 기준에 따라 작업자가 수행할 수 있는 범위를 정해줌으로써 구성원의 역할과 책임을 수량적으로 할당했다. 시간과 동작에 대한 연구를 기반으로 업무를 세분화한 것이다. 작업자는 표준화된 작업 매뉴얼을 따르기만 하면 되었고, 생산량이 많으면 더 많은 성과급을 받을 수 있었다. 그러나 테일러는 노동이 집단적으로 이루어질 때보다 개인적으로 이루어질 때 더 많은 성과를 낼 수 있다고 보았기 때문에, 조직 내 비공식적인 인간관계나 작업 외적요인의 중요성을 무시했다.

③ 인간관계이론

인간관계이론은 메이요(George Elton Mayo)의 호손 실험을 통해 알려진 이론이다. 하버드대학교 경영학과 메이요 교수가 당시 유행하던 이론인 과학적 관리론을 비판하며 미국의 호손 공장에서 실험한 결과를 토대로 연구한 것이다. 메이요는 작업장의 조명, 휴식시간 등 물리적·육체적 작업조건과 물질적 보상방법의 변화가 근로자의 동기유발과 노동 생산성에 어떤 영향을 미치는지를 연구했다. 그 결과 근로자의 생산성은 작업조건보다는 조직내 비공식집단, 인간관계에 의해 더 많은 영향을 받는 것으로 나타났다. 조직에는 공식, 비공식 집단이 존재하는데 공식집단보다는 비공식집단이 생산성에 더 중요한 영향을 미쳤던 것이다. 하지만 인간관계이론은 인간의 비합리적이고 정서적인 측면만 너무 강조했다는 점에서 비판을 받는다. 인간은 합리적인 면과 비합리적인 면을 모두 갖는 존재이기 때문이다. 따라서 사회복지조직에 인간관계이론을 적용할 때 구성원의 관계에만 지나치게 집중하다 보면, 조직에 중요한 영향을 미치는 환경을 간과할 수 있다는 점이 한계이다.

(2) 개방체계이론

① 체계이론

체계이론은 조직을 다양한 기능을 수행하는 많은 하위체계로 구성된 복합체로 본다. 체계이론에서 하위체계는 생산하위체계, 유지하위체계,

적응하위체계, 경계하위체계, 관리하위체계로 구성되며, 관리하위체계는 다른 4개의 하위체계들을 조정하는 기능을 수행한다.

② 정치경제이론

정치경제이론은 조직 운영에서 정치적 요인과 경제적 요인을 중시하는 이론이다. 조직과 환경의 상호작용을 중시하여 개방체계이론에 속한다. 조직은 외부 환경과 상호작용을 바탕으로 경쟁, 협력, 갈등, 계약의 전략을 사용하면서 독립성과 자율성을 확보한다. 정치경제이론은 업무환경(=과업환경)의 중요성을 강조하는 이론이다. 업무환경은 조직이 필요로 하는 중요한 자원을 통제하고, 조직을 통해 해당조직의 목표를 달성하려 하기 때문에 정치경제이론은 조직 내·외부의 역할관계가 전달체계에 어떤 영향을 미치는지를 분석하는 데 초점을 둔다.

③ 제도이론

제도이론은 제도적 환경이 조직의 특성과 형태를 좌우한다고 보기 때문에 조직 운영에서 제도적 요인을 중시하는 이론이다. 조직은 법률, 규칙, 사회적 여론 등의 영향을 받는다. 조직은 과업을 수행하는 데 필요한 기술을 도입할 때 지역사회의 가치를 반영하기 때문에 제도화된다고 본다.

④ 조직군생태학이론

조직군생태학이론은 조직과 환경의 상호작용을 중시하되, 조직의 생존을 결정하는 것을 환경이라고 보는 이론이다. 이 이론에 따르면 환경에 적응하는 조직은 살아남고 그렇지 않은 조직은 도태된다. 조직군 생태학이론은 다윈의 진화론, 특히 적자생존의 논리에 따른 이론이다. 환경은 절대적인 존재이고, 조직은 그 절대적인 존재에 의해 선택받는 입장이 된다. 환경이 갑자기 바뀐다고 해도 대부분 조직은 기존에 유지해 오던 관행을 쉽게 바꾸지 못한다. 이를 구조적 관성이라고 표현하는데, 조직군생태이론에서는 조직관리자가 환경에 큰 영향을 미치지 못한다고 본다.

(3) 현대조직이론

① 목표관리이론

목표관리(MBO: Management By Objectives)이론은 조직이나 프로그램을 목표 중심으로 관리할 것을 강조하는 이론이다. 의미있는 목표는 동기유발을 일으켜 조직성과 달성에 기여한다고 본다. 이 때문에 조직 차원에서 설정된 목적을 근거로 각 부서에서 목표를 설정하고, 조직구성원들은 이러한 목표를 달성하게 되며, 조직은 구성원들의 목표달성을 토대로 업무수행의 정도를 평가하게 된다.

② 총체적 품질관리이론

품질관리(Quality Control)는 소비자가 요구하는 품질의 제품과 서비스를 경제적으로 생산할 수 있도록 조직 구성원 전체의 적극적 참여가 뒷받침되어 품질을 유지·개선하는 관리활동을 말한다. QC(품질관리)기법을 일반 관리 사무에까지 확대 적용하여 전사적으로 결점이 없는 일을 하자는 운동이 무결점운동이며, 구체적으로는 전체 조직구성원에게 경영참가 의식을 갖게 하여 사기를 높임으로써 결점을 없애는 데 협력해 나가도록 하는 운동이다. 즉, 총체적 품질관리(TQM: Total Quality Management)이론은 품질을 전 부서에서 전 과정에 걸쳐 총체적으로 관리할 것을 강조하는 이론으로, 조직 구성원들의 집단적 노력을 강조한다.

③ 전략적 관리이론

전략적 관리이론은 조직을 전략적으로 관리해 나갈 것을 강조하는 이론이다. 환경과의 관계를 중시하는 이론으로 조직에 영향을 미치는 환경변화의 효율적 관리를 지향한다. 급변하는 조직환경에서 새로운 목표를 제시하고, 그에 부합하는 전략과 개입기술을 개발함으로써 조직이 환경을 통제할 수 있도록 한다. 전략적 이슈를 확인하기 위해서 SWOT(Strength, Weakness, Opportunity, Threat) 분석을 실시한다. SWOT 분석은 조직의 내부환경을 분석하여 강점과 약점을 발견하고, 외부 환경을 분석하여 기회와 위협을 찾아내며, 이를 토대로 강점은 살리고, 약점은 약화시키며, 기회는 활용하고, 위협은 억제하는 전략을 수립하는 것이다.

④ 학습조직이론

학습조직이론은 조직 내 학습을 통한 인적자원의 변화를 강조하는 이론이다. 학습조직은 조직구성원들을 학습하도록 하고 스스로 변화해 가도록 독려하는 조직을 의미한다. 학습조직이론의 장점은 조직구성원인 개인, 팀, 조직 사이에 지속적으로 학습을 권장하는 분위기로 조직을 변형, 발전시키는 결과를 가져온다는 점이다. 학습을 강조하는 조식문화와 리더십을 갖추고 새로운 지식과 기술을 축적하여 활용한다면, 그 조직은 경쟁력이 있는 조직으로 변모되고, 궁극적으로 조직의 역량이 크게 강화될 수 있기 때문에 학습조직이론은 사회복지조직에 부합하는 이론이다. 학습조직이론은 강점관점에 바탕을 둔 임파워먼트 모델과 맥락을 같이 한다.

2) 사회복지서비스 전달체계

(1) 사회복지서비스 전달체계의 개념

사회복지를 실천할 때 클라이언트에게 급여나 서비스를 제공하는 것이 바로 전달이다. 이때 전달하는 조직과 방법을 전달체계라고 한다. 어떠한 전달체계를 선택하느냐에 따라 클라이언트에게 제공되는 서비스의 질이 달라진다. 따라서 사회복지서비스 전달체계는 어떤 방법을 거칠 때 가장 효과적이고 효율적으로 클라이언트의 욕구를 충족시킬 수 있는지를 판단하는 과정이라 할 수 있다. 즉, 사회복지서비스 공급자와 클라이언트를 연결시키기 위한 체계적이고 조직적인 장치이다. 사회복지서비스 전달체계는 정부나 공공기관이 직접 관리·운영하는 공공전달체계와 민간단체나 기관이 직접·관리 운영하는 민간전달체계로 구분된다.

(2) 사회복지서비스 전달체계 구축의 원칙

① 전문성의 원칙

전문성은 사회복지서비스 관련 핵심 업무를 반드시 전문가가 담당해야 한다는 원칙이다. 전문가는 자격시험 등을 통해 자격요건을 객관적으로 인정받은 사람이다. 전문가는 자신의 전문 업무에 대한 권위와 자율적 책임성을 지녀야 한다. 일반적으로 사회복지 업무수행 과정에서 업무의 성격상 전문성이 덜 필요한 것은 준전문가가 담당하고, 비숙련업무 및 일반행정업무는 비전문가나 자원봉사자가 담당하도록 되어있다.

② 통합성의 원칙

통합성은 클라이언트의 문제가 많은 경우에 복합적이고 상호 연관되어 있기 때문에 이러한 문제를 해결하기 위한 서비스도 서로 연계되어야 한다는 원칙이다. 통합성을 갖추기 위해서는 클라이언트에게 여러 서비스들이 누락되지 않고 제공될 수 있도록 해야 한다. 프로그램이 제각기 세분화되어 있을 경우, 지역사회 내 유사한 서비스 영역들 간에도 중복된 프로그램이 서로 연결되지 않은 채 전달체계에 존재할 수 있다.

③ 포괄성의 원칙

포괄성은 다양한 욕구 해결을 위해 필요한 서비스를 종합적으로 제공하는 것을 의미한다. 클라이언트의 욕구는 다양할 뿐만 아니라 한 가지 문제는 다른 여러 가지 문제와 연관되어 있는 것이 일반적이다. 따라서 클라이언트의 다양한 욕구를 동시에 또는 순차적으로 해결하기 위해서는 다각적인 접근이 필요하며, 다양한 서비스를 제공해야 한다.

④ 적절성의 원칙

적절성은 클라이언트의 욕구 충족이나 문제해결, 서비스의 목표 달성을 위해서는 충분한 양과 질의 서비스가 제공되어야 한다는 원칙이다. 따라서 필요한 서비스의 양과 질이 부족하다면 적절성이 결여된 것이다. 적절성을 갖추기 위해서는 지역사회의 재정자원과 인적자원이 충분해야 하는데, 지역사회가 관련 문제를 해결하기 위한 뚜렷한 의지를 가지는 경우 일반적으로 적절성이 충족된다.

⑤ 연속성(지속성)의 원칙

연속성은 클라이언트가 필요로 하는 각종 서비스를 지속적으로 제공해야 한다는 원칙이다. 이를 지속성의 원칙이라고도 한다. 예를 들어, 직업훈련 프로그램이 취업 알선 프로그램과 연계되어 있어야 클라이언트의 고용에 대한 욕구가 충족될 수 있다. 만약 프로그램이 서로 연계되어 있지 않으면 서비스 전달체계의 비연속성이 발생하는 것이다.

⑥ 평등성의 원칙

사회복지서비스는 기본적으로 성별, 연령, 소득, 지역, 종교, 지위 등에 관계없이 모든 국민에게 평등하게 제공되어야 한다. 소득이나 연령 등에 따라 서비스 이용 자격을 제한하는 경우를 제외하고, 국가는 모든 사람에게 사회복지서비스를 평등하게 제공해야 한다.

⑦ 책임성의 원칙

책임성은 사회복지조직이 서비스 전달에 책임을 져야 한다는 원칙이다. 사회복지조직은 국가(사회)가 시민의 권리로 인정한 사회복지서비스를 전달하도록 위임받은 조직이기 때문이다. 책임져야 할 내용은 서비스가 클라이언트의 욕구에 적절히 대응하는지, 전달 절차가 적합한지, 서비스가 효과적이고 효율적인지에 관한 것이다. 책임져야 할 대상은 클라이언트나 서비스 공급자이다. 이용자 불만이나 불평을 표시, 파악할 수 있는 절차를 마련함으로써 책임성을 강화할 수 있다.

⑧ 접근성의 원칙

접근성은 사회복지 서비스가 필요한 사람은 누구나 쉽게 서비스를 받을 수 있도록 아무런 장벽이 없어야 한다는 원칙이다. 클라이언트의 서비스에 대한 접근성을 떨어뜨리는 주요 요인으로는 서비스에 대한 정보 결여나 부족, 원거리 또는 교통의 불편, 자신의 문제 노출에 대한 두려움・수치심 같은 심리적 장벽, 수급요건의 까다로움 같은 이용 절차의 어려움 등이 있다.

(3) 사회복지서비스 전달체계 개선전략

서비스 전달체계가 가지는 문제 중 가장 두드러지게 발생하는 것은 서비스의 비연속성과 파편성이다. 이에 대한 해결책으로 가장 많이 거론되는 것이 서비스 통합이다. 서비스 통합은 클라이언트의 욕구를 종합적으로 충족시켜 주기 위해 둘 이상의 서비스 공급자를 함께 묶는 것이다. 이러한 서비스 통합은 완전 통합과 단순 조정이라는 두 가지 방법으로 분류할 수 있다. 완전 통합은 각각의 조직에 의해 제공되던 서비스를 통합하기 위해 새로운 단일조직구조를 만드는 것이다. 단순 조정은 서로의 독립성을 유지하면서 조직 간 관계를 더욱 긴밀하게 연결시키는 것이다.

사회복지 전달체계의 궁극적인 목적은 서비스를 효과적이고 효율적으로 전달하는 것이다. 이와 마찬가지로 사회복지 전달체계를 개선하려는 궁극적인 목적도 서비스를 효과적이고 효율적으로 전달하는 데 있다. 길버트(Neil Gilbert)와 스펙트(Harry Specht)는 단편성, 비연속성, 비책임성, 비접근성을 사회복지서비스 전달체계에서 주로 대두되는 문제로 보았다. 이러한 문제를 해결하고 사회복지서비스 전달체계를 개선하기 위한 최선의 방법은 각각의 전달체계를 통합하는 것이다.

3. 사회복지조직의 기획과 리더십

1) 사회복지조직의 기획의 특성

(1) 기획의 개념과 특성

① 기획의 개념

기획의 정의는 학자마다 다양하다. 그러나 기획이 목표를 설정하고 그 목표를 달성하기 위한 수단을 결정하는 과정이라는 점에는 학자들이 동의하고 있다.

② 기획의 특성

기획은 미래지향적이고, 계속적인 과정이며, 의사결정과 연결되고, 목표지향적이며, 목표를 위한 수단적인 특성을 지닌다. 기획(planning)은 계획(plan)이라는 용어와 혼용되지만, 의미는 다르다. 기획이 계획을 세워가는 활동과 과정에 초점을 둔 계속적인 행동이라면, 계획은 세부 사업에 대한 연속적인 의사결정임과 동시에 기획과정을 통해 최종 도출된 안을 의미한다.

(2) 기획과정

스키드모어(Rex A. Skidmore)는 사회복지행정의 기본 기획을 7단계로 제시했다. 각 단계는 사회복지행정의 기획과정에서 필수적인 요소로 사회복지서비스 전달의 효율성과 효과성을 확보하기 위해 필요하다. 그 과정을 보면, 목표설정 → 가용자원고려 → 대안모색 → 결과예측 → 계획결정 → 구체적인 프로그램 수립 → 변화를 위한 개방성 유지를 들고 있다.

2) 리더십과 조직문화

(1) 리더십의 개념

리더십이란 조직의 목표달성을 위하여 구성원이 자발적으로 참여하고 활동하도록 이를 이끌어 내는 능력이다. 리더십 개념을 4P로 설명하면, 리더십은 리더가 조직의 목표달성(Performance)을 위해 구성원(People)에게 영향력을 발휘하는(Power) 과정(Process)이라고 할 수 있다.

(2) 사회복지조직의 리더십

사회복지조직은 대부분 법령과 규칙, 절차에 의해 민주적으로 리더십을 부여한다. 민주적 리더십을 기반으로 하여 칼리슬(K. Carlisle)은 사회복지조직의 리더십을 지시형, 참여형, 자율형/ 위임형의 세 가지 유형으로 제시했다.

① 지시적 리더십

지시적 리더는 명령과 복종을 강조하고 독선적이며, 조직구성원을 보상-처벌이라는 연속선에서 통제한다. 정책에 일관성이 있고, 신속한 결정이 가능하여 위기 시에 신속하게 대응할 수 있다는 장점이 있다. 하지만 리더가 통제하면 할수록 조직구성원은 사기가 저하되고 경직될 수밖에 없다.

② 참여적 리더십

참여적 리더는 민주적 리더의 전형적인 모습을 보여준다. 의사결정과정에 부하직원을 폭넓게 참여시키고, 의사소통의 경로를 개방하여 더 많은 정보를 얻고, 동기유발을 통해 개인의 지식과 기술을 활용한다. 그렇기 때문에 집단지식과 기술 활용이 용이하고, 직원들을 의사결정에 참여시켜 일에 대한 적극적 동기부여가 가능하다는 이점이 있다. 하지만 책임 분산으로 인해 조직이 무기력하게 될 수 있고, 구성원들의 참여로 많은 시간이 소요되다 보니 긴급한 결정을 내릴 경우에는 효율적이지 못하다.

③ 자율적/ 위임적 리더십

자율적/ 위임적 리더십은 다른 말로 자유방임적 리더십이라고 한다. 의사결정권을 부하직원들에게 위임하여 그들이 스스로 목표를 세우고 계획을 수립·시행하도록 하는 것이다. 전문적인 특정 과업을 수행하는데 적합한 리더십이다. 하지만 업무처리에 대한 정보가 부족하고 내부갈등이 발생할 경우 구성원들 간 조정이나 해결이 어려워 혼란이 발생할 수 있다.

(3) 조직문화

① 조직문화의 개념

조직문화는 조직마다 제각기 독특하게 갖고 있는 보편화된 생활양식, 조직구성원 대다수가 공통적으로 가지고 있는 신념, 가치관, 인지, 행위규범, 행동양식을 통틀어 이르는 말이다. 즉, 조직구성원의 가치관, 사고방식, 행동양식을 지배하는 근본 요소이다. 조직문화의 개념에는 두 가지 요소가 혼재되어 있다. 첫째, 조직구성원이 보유하는 가치, 신념 및 규범체계, 둘째, 외부에 표출되는 조직의 상징체계, 즉 언어, 일화, 의례, 의식, 영웅, 신화, 규칙, 구조, 제도 등이다.

② 조직문화의 기능

조직문화는 조직구성원의 공통된 경험을 바탕으로 하여 이루어진 것이므로 조직이라는 하나의 공동체를 결속시켜 주고 구성원으로 하여금 일체감과 조직에 대한 충성심을 갖도록 해주는 것이다. 조직에 안정감을 주고 의미를 부여하며 집단의 정체성과 의사결정 방식과 과업 수행방식에 영향을 미친다. 조직문화는 조직구성원을 결속시켜 주는 공유가치 및 의미체계 기능을 가지고 있기에 구성원 행동의 당위성과 방향을 제시한다.

③ 조직문화의 순기능과 역기능

순기능으로는 조직구성원의 일체감을 유도하고, 조직구성원의 개인적인 이익보다 조직의 목표를 위해 헌신하도록 한다. 또한 조직체계의 안정성을 높여주며, 조직구성원의 태도와 행동을 지도하는 통제수단이 된다. 조직구성원의 행동뿐만 아니라 선발과 승진에 영향을 끼친다.

역기능으로는 공유된 가치가 조직유효성을 촉진시키는 가치 등과 조화를 이루지 못할 때 조직에 부담이 된다. 즉, 안정적인 환경에서는 강한 문화에 의한 행동의 일관성은 조직의 자산이 된다. 그러나 급변하는 환경 속에서는 조직이 변화에 민감하게 반응하는 것을 저해하기 때문에 조직에 부담이 된다. 또 다른 역기능은 조직문화가 너무 강하면 구성원들의 생각과 행동이 지나치게 유사해져 새롭고 참신한 아이디어를 받아들이는 데 걸림돌이 되기 때문에 조직혁신이 필요한 상황에서 강한 조직문화는 장벽으로 작용한다.

4. 사회복지조직의 인적 및 재정관리

1) 사회복지조직의 인적자원관리

(1) 인적자원관리의 개념

자원에는 인적자원, 물적자원, 정보자원 등 많은 자원이 있는데, 사회복지조직에서 가장 중요한 자원은 인적자원이다. 인간을 노동력이 아니라 전인적 존재로 보기 때문이다. 따라서 일반행정에서 쓰는 인사관리 대신에 인적자원 관리라는 말을 사용한다.

광의의 인적자원 관리는 직무분석, 선발과 배치, 교육과 훈련, 직무평가, 보수제도 등을 말하고, 협의의 인적자원 관리는 고용관리, 단체교섭, 고충처리, 경영참가, 인사상담, 동기부여 등을 의미한다.

(2) 인적자원 관리의 목적

조직의 목표 달성에 기여하고, 구성원의 욕구를 충족시켜 줌으로써 직무에 대한 동기를 부여한다. 합리적인 인적자원 관리는 조직의 생산성 향상에 도움이 되며, 작업환경의 질을 향상시킨다. 그리고 서비스의 효과성 달성에 기여한다.

2) 사회복지조직의 재정관리

(1) 재정관리 중요성

사회복지조직은 전체 예산 중에서 정부 보조금이나 민간 후원금 혹은 기부금이 차지하는 비중이 크기 때문에 투명한 예산관리에 대한 책임이 중요하다. 따라서 조직의 목표달성을 위해 필요한 재정자원을 합리적이고, 계획적으로 동원・배분하고, 효율적으로 사용・관리하는 재정관리가 중요하다. 최근 사회복지서비스에 대한 효율성과 책임성이 강조되고 유료서비스 제공기관이 늘어나면서 예산수립 및 운영, 회계 절차 등에 대한 지식과 기술은 더욱 중요해졌다. 이에 반해 정부보조금은 줄어들면서 후원자 발굴이 증가하는 상황이어서, 후원금을 투명하게 관리하고, 기부자의 기부목적에 맞게 후원금을 사용했다는 보고 책임도 중요해졌다.

(2) 재정관리 과정

일반적인 재정관리 과정은 예산을 편성한 후, 예산에 대한 심의·의결을 거친다. 이때 민간 법인은 이사회 의결을, 시설은 시설운영위원회 보고를 거치며, 정부는 국회 본회의 심의·의결을 거쳐 예산을 확정하고 집행한다. 집행된 예산은 결산과 회계감사를 통해 올바르게 사용되었는지 확인한다. 사회복지조직 또한 예외는 아니다. 법적으로 위탁받은 서비스라 하더라도 사회복지조직이 재정을 임의로 할당할 수 없으며, 이사회의 의결과 시설운영위원회의 보고를 통해 사전에 의결해야 한다.

5. 사회복지 프로그램 개발과 환경관리

1) 사회복지 프로그램 개발과 평가

(1) 사회복지 프로그램 개발과정

욕구유형에 따른 욕구사정을 하고, 욕구사정에 결과에 따른 목적과 목표를 설정한다. 설정된 목적과 목표에 따라 프로그램을 설계 후, 실행 및 평가를 한다.

① 프로그램 개발과정

첫째, 문제확인과 욕구사정으로 프로그램 개발의 필요성과 타당성을 객관적으로 이해할 수 있도록 문제의 규모와 심각성, 필요성을 제기하고 기존 서비스의 중복이나 결함을 파악한다. 이때 문제는 욕구로 전환한다. 실례로는 빈곤문제는 경제적 안정에 대한 욕구로 전환한다.

둘째, 대상자 선정 단계로 클라이언트의 욕구, 프로그램이론, 법적 규정, 행정적 관례 등을 종합적으로 고려하여 일반집단, 위기집단, 표적집단, 클라이언트집단 순서로 대상자를 선정한다.

셋째, 목적과 목표의 설정단계로 프로그램의 목적을 설정한 후, 실현가능한 구체적인 목표를 설정한다.

넷째, 개입전략과 선정단계로 목표를 달성하기 위한 개입전략을 선정한다. 사례관리, 집단상담, 사회화집단, 자조집단 등을 선정한다.

다섯째, 프로그램 설계단계로 목표별로 어떤 프로그램을 제공할지 구체적으로 정한다. 각 회기의 실행계획과 활동계획, 자원확보 및 홍보방안 등을 수립한다.

여섯째, 실행단계로 프로그램 기획안대로 실행한다. 실행과정에서 과정평가를 실시한다.

일곱째, 평가단계로 당초 예상했던 목적을 달성했는지, 최소한의 비용으로 최대한의 성과를 도출했는지 평가한다.

② 욕구사정

일반적으로 욕구는 무엇을 얻거나 무슨 일을 하고자 바라는 일이다. 요구(wants)가 '개인'이 바라는 모든 것을 의미한다면, 욕구(need)는 요구 중에서 '사회구성원들'이 보기에 충분히 바랄 만하다고 생각되는 것을 의미한다. 따라서 사회복지학에서는 사회적 규범이 포함된 욕구를 더 주의 깊게 본다. 사회복지학에서도 단순히 서비스를 제공하는 것에 그치지 않고, 각 개인이나 가족, 집단, 지역사회가 무엇을 원하고 무엇을 필요로 하는지에 관심을 두며, 이에 따라 욕구조사를 하는 것이다. 이를 욕구사정, 욕구측정이라고도 하는데, 주로 해당 지역 사람들의 욕구 수준을 확인하여 수치화하고 계량화하는 것을 의미한다. 사회복지행정에서 욕구조사는 프로그램 개발과 예산편성의 기초자료가 되기 때문에 중요한 개념이다.

③ 프로그램 대상자 선정

프로그램 대상자를 선정하는 것은 매우 중요한 과제인데, 일반적으로 다음과 같이 분류할 수 있다.

첫째, 일반집단은 어려움을 겪고 있거나 욕구가 있는 전체 대상 인구로 클라이언트가 속한 관할 지역, 또는 행정구역 내에 있는 사람을 말한다. 예를 들면, 경상북도에 거주하고 있는 치매노인이다.

둘째, 위기집단은 일반집단 중에서 문제에 노출되었거나 문제에 취약한 인구집단이다. 예를 들면, 경상북도에 거주하는 중증 치매노인을 말한다.

셋째, 표적집단은 위기집단 중 프로그램을 통해 문제해결 대상으로 삼는 인구집단으로, 예컨대 경상북도에 거주하는 중증 치매 노인 중 부양가족이 없는 노인으로 한정된 경우이다.

넷째, 클라이언트 집단은 표적집단 중 실제로 프로그램에 참여하는 집단으로, 경상북도에 거주하면서 실제로 이 프로그램에 참여하는 중증 치매 노인을 의미한다.

④ 목적과 목표 설정

프로그램의 목적은 프로그램을 통해 궁극적으로 달성하고자 하는 포괄적·추상적인 지향점이다. 그리고 프로그램의 목표는 목적을 더욱 구체화한 것이다. 프로그램의 목표를 달성하기 위해 세부목표를 설정하게 되는데, 세부목표는 프로그램을 통해 달성하고자 하는 구체적인 목표이다. 세부목표를 설정할 때는 가능한 한 구체적이고 현실적이며, 측정 가능한 언어로 표현해야 하며, 달성 가능한 목표이어야 한다. 또한 시간적 한계가 명확하도록 작성한다.

(2) 사회복지 프로그램 목적에 따른 평가의 유형

① 총괄평가

총괄평가(목표지향적 평가)는 프로그램 투입에 대한 총체적인 판단을 내리기 위한 평가이다. 총괄평가는 성과와 비용에 관심이 크고 프로그램의 효과성과 효율성을 평가하기 위해 실시되며, 프로그램이 종결된 후에 이루어진다. 이때 평가 결과를 근거로 해당 프로그램을 계속 유지할 것인지 또는 확대할 것인지, 그렇지 않다면 축소하거나 중단할 것인지를 판단하게 된다.

② 형성평가

형성평가(과정평가)는 프로그램의 수행 및 전달 과정을 모니터링하기 위해 양적·질적 방법으로 실시하는 평가이다. 형성평가는 사업내용의 수정이나 변경을 결정하는 데 도움을 준다. 결과보다 과정을 중시하기 때문에 과정평가라고도 부른다. 프로그램 진행 중에 프로그램의 원활하고 성공적인 수행을 위하여 문제점을 찾아내고 수정·보완할 목적으로 실시되는 평가이다.

③ 통합평가

통합평가(혼합평가)는 형성평가와 총괄평가의 장점을 통합한 평가이다. 프로그램 초기에는 신속한 환류를 제공할 수 있는 형성평가 방법을 활용하며, 프로그램 종결 후에는 프로그램의 효과성 평가를 위한 총괄평가 방법을 사용한다.

2) 사회복지조직의 환경관리

(1) 사회복지조직의 환경

사회복지조직은 정치, 경제, 사회, 문화 등 여러 환경의 영향을 받는다. 이러한 환경변화를 직감하고 적절히 대응해 나가는 조직은 성장·발전하지만, 그렇지 않은 조직은 퇴보하게 된다. 사회복지조직 환경이 다양해서 크게 일반환경과 과업환경으로 구분하는 경우가 많다. 일반환경은 사회복지조직뿐만 아니라 모든 사회 체계가 영향을 받는 환경을 말한다. 과업환경은 사회복지 조직이 직접적으로 영향을 받는 환경만을 별도로 부르는 것이다. 예를 들어, 정치, 경제, 사회, 문화, 인구, 기술적 상황은 일반환경이다.

(2) 일반환경

① 정치적 · 법적 조건

정치적 · 법적 조건은 사회복지조직의 자원 흐름을 통제한다. 정치적과정을 통해 정책이나 법이 만들어질 경우, 사회복지조직이 제공하는 클라이언트 자격 요건, 서비스 내용, 서비스 조직화 방식, 재정 지원 방식 등을 규정하게 된다. 예를 들어, 선성장 후분배 또는 성장과 분배의 균형 등과 같은 정책기조, 국가나 지방자치단체에서 만든 법률, 명령, 규칙, 조례 등은 사회복지조직 활동을 제한하기도 한다. 우리나라의 민간 사회복지조직들은 전통적으로 정부 부문에 상당 부분 의존해 왔으며, 이로 인해 정치적 · 법적 조건의 영향을 크게 받았다.

② 경제적 조건

경기침체, 경제성장률, 실업률, 금융위기 등과 같은 경제적 조건은 사회복지조직에 직 · 간접적으로 영향을 미친다. 일반적으로 경제 상황은 사회복지조직의 자원 공급을 결정하며, 사회복지서비스 수요 결정의 주요 요인이 된다. 예를 들어, 실업이 장기화되는 상황이라면 사회복지조직들은 자활사업, 사회적 기업, 일자리 창출 관련 성과지표 마련 등에 관심을 기울일 수밖에 없다.

③ 인구 · 사회학적 조건

연령, 성별분포, 가족구성, 인종분포, 거주지역, 사회적 계급 등은 여러 가지 사회문제 및 욕구의 발생 빈도와 밀접한 관계가 있다. 예를 들어, 저출산 · 고령화, 결혼이주여성이나 이주노동자의 증가, 가족해체의 증가 등과 같은 인구 · 사회학적 변화는 아동, 장애인, 노인 등과 같은 전형적인 클라이언트에 대한 서비스 욕구를 증가시킬 뿐만 아니라 이주민을 비롯한 사회적 소수자에 대한 사회통합정책의 필요성 또한 증가시킨다. 이는 결과적으로 관련 서비스와 프로그램의 신설 또는 확대에도 영향을 미친다.

④ 문화적 조건

사회복지조직은 지역사회의 우세한 문화 및 가치 제도에 특히 민감하다. 사회복지조직은 당시의 지배적인 문화적·도덕적 체계를 받아들이기도 하고, 이러한 체계를 받아들여 새로운 조직이 출현하기도 한다. 예를 들어, 조직의 지배적 가치나 문화가 무엇인지에 따라 산출하는 서비스의 내용도 달라진다. 빈곤의 원인을 개인과 사회구조 중 어디에 두는지에 따라 저소득층에 대한 직업재활교육, 구직상담, 공공근로 확대 등 서로 다른 형태의 서비스를 만들어 낼 수 있다.

⑤ 기술적 조건

사회복지조직이 제공하는 서비스는 복지 이외에도 보건의료·교육·주거·문화 등 다양한 면에서 기술개발 정도에 따라 달라진다. 정보통신기술이 발달하면서 사회복지조직의 마케팅 방식에도 변화가 있으며, 항우울제가 개발되면서 탈시설화가 가능해졌다. 최근 사회복지조직의 기술 환경은 급변하고 있으며, 사회복지에서 사회적 목적과 경제적 목적 달성을 위한 사회적기업 운영, 프로그램 효과성 평가를 위한 논리모델 등의 기법이 각광을 받고 있다.

(3) 업무환경

① 재정자원의 제공자

사회복지조직은 외부의 재정적 지원에 의존하여 기관을 운영하는 경우가 많다. 따라서 재정자원 제공자가 많으냐 적으냐 혹은 제공자가 지원하는 금액이 어느 정도냐에 따라 운영에 직접적인 영향을 받을 수밖에 없다. 사회복지조직에 재정자원을 제공하는 주체는 중앙 및 지방정부,

기업체, 사회복지공동모금회, 개인후원자 등이 있다. 재정자원 제공자들은 자신들만의 운영 조건이나 보고 절차, 평가, 책임성 등 기준을 요구하는 경향이 있다. 재정자원 제공자들은 자신의 요구 사항을 제시하는 경우가 있으므로 각각 다른 형식의 사업평가보고서를 작성해야 한다.

② 합법성 및 권위의 제공자

합법성 및 권위의 제공자는 사회복지조직에 대하여 사회적 지지와 정당성, 권위를 제공하는 주체이다. 주로 보건복지부 같은 정부 부처를 비롯하여 시·군·구청 등의 공공 사회복지 전달체계, 한국사회복지협의회와 한국사회복지사협회 같은 사회복지 관련 단체, 의회, 시민단체 등과 같은 사회복지조직에 정당성을 부여한다. 사회복지사업법에 기반을 두고 사회복지시설·기관을 운영하는 것 또한 정부와 지방자치단체로부터 합법성을 부여받기 위해서이다. 이 때문에 사회복지공동모금회는 프로그램 공모사업에 선정된 기관들에게 '사랑의 열매' 현판을 걸 수 있도록 하여 지역사회 내의 합법성과 권위를 부여한다.

③ 클라이언트의 공급자

클라이언트 당사자가 사회복지 시설·기관에 직접 찾아와서 서비스를 요청하는 경우가 많지 않을 것이다. 대개는 가족이나 학교, 경찰, 청소년단체, 교회, 다른 사회복지 시설·기관으로부터 의뢰되는 경우가 많다. 이렇게 직접 찾아오는 클라이언트와 클라이언트를 의뢰한 사람을 통틀어 클라이언트의 공급자라고 한다.

④ 서비스의 소비자

서비스의 소비자라고 하면 실제로 서비스를 이용하는 클라이언트인 경우가 많다. 그러나 서비스를 통해 직접 혜택을 받는 사람은 클라이언트뿐만 아니다. 클라이언트의 변화로 가족, 학교, 지역사회 또한 혜택을 받을 수 있다. 따라서 서비스의 소비자는 사회복지조직으로부터 직접 서비스를 제공받거나 혹은 부차적으로 혜택을 받는 이해관계자를 모두 포함하는 것이다. 예를 들어, 클라이언트를 비롯한 클라이언트의 가족, 교정기관, 아동복지시설, 학교 등이 서비스의 소비자가 된다.

⑤ 보충적 서비스의 제공자

클라이언트의 욕구가 다양해지면서 하나의 사회복지조직이 모든 서비스를 제공하기란 매우 어렵다. 따라서 사회복지조직들은 다른 조직과 공식적 혹은 비공식적인 연계 체계를 마련하는 경우가 많다. 예를 들어, 사회복지관을 이용하는 한 클라이언트가 명의를 도용당해 핸드폰 요금이 과다하게 청구되는 바람에 요금 미납으로 신용불량자가 되었다면 사회복지사는 신용불량자에서 벗어나도록 도와주는 것이 해결책이 아니다. 법률가의 자문을 통해서 명의도용, 부당한 요금 청구, 신용회복 등의 문제를 해결해 나가는 것이 바람직하다.

⑥ 경쟁조직

경쟁조직은 클라이언트나 인적·물적 자원 등 조직 운영에 필요한 제반 자원을 놓고 서로 경쟁관계에 있는 모든 조직을 말한다. 특히 노인장기요양보험 제도의 시행, 바우처 사업의 확대 등은 사회복지조직들 사이의 경쟁을 심화시키고 있다.

PART 04

사회서비스

사회서비스는 국가 · 지방자치단체 및 민간부문의 도움이 필요한 모든 국민에게 복지와 보건의료, 교육, 고용, 주거, 문화, 환경 등의 분야에서 인간다운 생활을 보장하고 상담, 재활, 돌봄, 정보의 제공, 관련 시설의 이용, 역량 개발, 사회참여 지원 등을 통하여 국민의 삶의 질이 향상되도록 지원하는 제도를 말한다(사회보장기본법 제3조 제4항). 즉, 일반적인 의미에서 개인 또는 사회 전체의 복지증진 및 삶의 질 향상을 위해 사회적으로 제공되는 서비스를 말하며, 공공행정(일반행정, 환경, 안전), 사회복지(보육, 아동, 장애인, 노인 보호), 보건의료(간병, 간호), 교육(방과 후 활동, 특수 교육), 문화(도서관, 박물관, 미술관 등 문화시설 운영)를 포괄하는 개념으로 볼 수 있다. 이러한 다양한 개념들 중에서 제4부에서는 사회복지서비스 영역에 속하는 아동, 노인, 장애인복지서비스에 대해 살펴보고자 한다.

Chapter

10 아동복지서비스

1. 아동복지서비스의 대상과 주요 원칙

1) 아동복지서비스

아동복지서비스는 아동이 행복한 삶을 누릴 수 있는 기본적인 여건을 조성하고 조화롭게 성장하고 발달할 수 있도록 사회적, 경제적, 정서적 지원을 해주는 것을 말한다.

(1) 아동복지서비스의 대상

아동복지서비스는 기본적으로 모든 아동을 대상으로 하며, 대개 요보호아동과 일반아동으로 구분된다. 1961년 아동복리법 제정 당시 요보호아동을 보호하는 소극적 아동복지서비스에서 일반아동의 복지에 대한 관심을 갖기 시작한 것은 1981년 개정된 아동복지법에서였다. 2000년에는 아동학대 예방에 관한 조항을 확대하여 전폭적 개정을 하였다. 이로써 아동복지서비스는 요보호아동의 보호라는 소극적 목표에 모든 아동의 건전한 발달과 성장을 지향하는 적극적이고 포괄적인 목표로 나아가기 시작하였다.

아동복지의 대상은 과거 아동복지서비스의 주요 대상이었던 요보호아동이나 현대적 의미에서 아동복지서비스의 실천대상으로 포함된 일반아동이다. 또한 부모의 보호와 양육을 통해서 건강한 성장과 발달이 가능하다는 점에서 아동복지서비스는 아동뿐 아니라 아동의 부모도 복지의 대상으로 포함하는 특징을 갖는다. 다음에서 보호대상아동과 지원대상아동, 일반아동의 정의를 살펴보기로 한다.

① 보호대상아동

아동복지법에서 '보호대상아동'이란 보호자가 없거나 보호자로부터 이탈된 아동 또는 보호자가 아동을 학대하는 경우 등 그 보호자가 아동을 양육하기에 적당하지 아니하거나 양육할 능력이 없는 경우의 아동을 말한다(아동복지법 제3조 제4항).

② 지원대상아동

아동복지법에서 '지원대상아동'이란 아동이 조화롭고 건강하게 성장하는 데에 필요한 기초적인 조건이 갖추어지지 아니하여 사회적, 경제적, 정서적 지원이 필요한 아동을 말한다(아동복지법 제3조 제5항).

③ 일반아동

아동복지법에서 '일반아동'은 사회의 특별한 보호를 받지 않고 아동이 속한 가정에서 양육과 보호를 받으며 생활할 수 있는 아동을 의미한다. 이는 아동이 태어나서 자립할 때까지 충분히 역량을 갖출 수 있도록 여건을 조성하고, 균형 있고 조화로운 성장을 위한 기회를 보장함으로써 아동이 건강하고 행복한 삶을 영위할 수 있도록 하는 것을 기본 이념으로 한다. 일반 아동복지서비스는 아동이 특별한 문제나 장애가 있기보다 아동의 행복과 건강한 발달을 촉진하기 위해 실시되는 서비스이다. 우리나라의 경우는 초·중등학교의 의무교육제도가 여기에 해당되고, 어린이공원, 어린이놀이터, 아동회관, 체육, 연극, 영화, 과학 실험전시 시설, 아동 휴게숙박시설, 야영장, 청소년수련관 등 아동전용시설, 보육료지원, 육아 휴직 등을 포함한다. 일반아동들은 현재 별다른 어려움 없이 지내고 있다 하더라도 사회·경제적 환경의 급변에 따라 가족 기능의 문제가 언제든지 야기될 수 있다.

1997년 우리나라가 외환위기에 처해 사회적, 경제적 어려움을 겪었을 당시 사회적 안전망 부족으로 중산층에서 빈곤층으로 전락했던 것과

2008년 글로벌 금융위기나 유럽 국가들의 재정악화 등이 한국 사회에 직·간접적 영향을 미쳐 중산층 위기를 초래했던 경우가 이에 해당된다고 볼 수 있다.

(2) 아동복지서비스의 대상 아동 분류

① 욕구와 문제

아동복지서비스 대상 아동을 분류해 보면, 〈표 10-1〉과 같이 욕구와 문제의 차원에서 요보호아동을 욕구결핍 아동, 사회문제 아동으로 구분해 볼 수 있다(김영모, 1984). 욕구는 소득, 건강, 교육, 주거, 문화의 다섯 가지 욕구 범주이고, 문제는 구조적, 해체적, 탈선적인 것으로 분류해 볼 수 있다.

〈표 10-1〉 욕구와 문제 중심 분류

구 분	영 역	대상 아동
욕구결핍 아동	소득욕구	빈곤아동, 실업아동
	건강욕구	영양실조아동, 질병아동, 장애아동
	교육욕구	미취학아동, 재수생, 학교중퇴자
	주거욕구	시설아동, 가출아동, 부랑아동, 무직청소년
	문화욕구	문화실조 아동, 자폐아동
사회문제 아동	구조적 문제	빈곤아동, 근로아동
	해체적 문제	결손아동, 기아·가출아동, 학대아동
	탈선적 문제	비행청소년, 성격결함 아동·청소년, 약물남용 청소년

② 환경과 신체 및 법적 기준

〈표 10-2〉와 같이 양육 환경상 보호가 필요한 요보호아동은 보호자가 없거나, 혹은 있더라도 보호자의 무관심, 질병, 방임, 빈곤, 노동, 기타에 의하여 필요한 의식주 및 보호를 받지 못하는 아동이다. 장애아동은 신체장애, 지적장애, 정신장애, 정서장애 등 심신의 결함으로 일상생활 및 사회활동에 제약이 따르는 아동이다. 사회적, 법적 보호가 필요한

대상은 가출, 비행아동이다. 가출한 아동은 부랑, 비행, 성매매, 범죄와 관련되기 쉽다. 그리고 특별 보호가 필요한 대상은 학대, 유기 등에 의해 아동의 권리를 침해받는 아동이다(장인협 · 오정수, 2001).

〈표 10-2〉 환경과 신체 및 법적 중심 분류

구 분	대상 아동 및 청소년
양육 환경상 보호가 필요한 아동	• 가족의 구조와 기능이 결손되어 건강한 양육 환경하에서 성장하기 힘든 경우 • 빈곤가정 아동, 한부모가정 아동, 부모부재 아동
신체적, 정신적, 정서적으로 문제나 장애를 가진 아동	• 아동이 가진 독특한 심신상의 결함으로 인해 정상적인 사회 참여에 제한을 받고 있고, 독립적인 인격체로서의 존엄성을 침해받는 경우 • 신체장애아동, 정신장애아동, 정서장애아동
사회적 · 법적 보호가 필요한 아동	• 가출아동, 비행아동
특별 보호를 요하는 아동	• 학대 및 유기된 아동, 미혼모의 아동

③ 부모와 아동과 지역사회

아동복지서비스의 대상은 부모와 자녀의 사회적 역할 수행에서 찾을 수 있으며 역할 수행이 제대로 이루어지지 못할 때, 그리고 개인의 역할이 지역사회의 기대에 어긋나거나 지역사회 자원 부족으로 인해 역할 수행을 할 수 없을 때 아동복지서비스의 대상이 된다(Kadushin, 1988). 그 구체적인 예는 아래 〈표 10-3〉과 같다.

〈표 10-3〉 부모와 아동과 지역사회 중심 분류

구 분	서비스 대상 아동 및 청소년
부모 역할이 없는 경우	부모 사망, 별거, 이혼, 신체적 · 정서적 질환, 수감, 비합법성 이민
부모의 역할 거부	태만, 자포자기, 신체학대, 유기
부모의 무능력	신체적 · 정신적 또는 정서적 부적절성, 지식 또는 훈련의 결여, 정신적 미성숙(지체), 약물중독, 무직
아동의 무능력과 장애	정서적 결함, 정서적 혼란, 뇌손상
지역사회 자원의 결함	부적절한 주택, 실업

요보호아동을 분류하는 방법의 차이는 있으나 대체적으로 장애나 문제를 가진 아동과 기본적 욕구를 충족시킬 수 없는 조건 및 환경 속에 있는 아동이 복지 대상이 됨을 알 수 있다.

(3) 아동복지의 원칙

아동기는 부모와 사회의 특별한 보호와 지도 속에서 성장발달을 해야 하는 시기로 아동의 복지를 위한 정책과 서비스를 마련하고 수행하도록 노력해야 한다. 따라서 아동복지의 기본 원칙에 입각하여 아동복지정책 및 서비스가 마련되어야 할 것이다. 이 원칙은 권리와 책임의 원칙, 보편성과 선별성의 원칙, 개발성의 원칙, 전문성의 원칙, 예방성과 치료성의 원칙, 통합성의 원칙 여섯 가지이다.

① 권리와 책임의 원칙

아동복지서비스는 〈표 10-4〉와 같이, 아동과 부모 그리고 사회(아동-부모-사회)의 상호관계를 바탕으로 실시되어야 할 뿐 아니라, 이들 세 주체 간에 계속적인 균형유지와 상호관계를 지녀야 한다.

〈표 10-4〉 아동-부모-사회의 권리와 책임

구분	내용
아동의 권리와 책임	• 모든 아동은 인간으로서 독자적 권리를 가진다. • 아동은 부모와 사회로부터 의식주를 제공받아 생존하고 신체적, 정신적으로 건강하고 위생적인 삶을 보장받아야 하며, 적절한 교육과 문화적 혜택을 받으면서 성장하고 발달할 권리가 있다. • 아동은 자신들을 책임지고 있는 어른들의 긍정적인 기대를 충족시켜야 하고 그들에게 부과되는 합리적 요구를 받아들여 자신의 책임감을 발전시켜야 하며 능동적으로 자신의 발달을 촉진시키도록 하는 책임이 있다.
부모의 권리와 책임	• 아동의 보호와 양육에 대한 일차적 권리와 책임이 있다. • 후견인으로서의 권리와 책임이 있다. • 아동의 생활방식과 행동기준을 결정할 권리와 아동을 사회적으로 필요한 인간으로 성장시켜야 할 의무와 책임이 있다. • 부모는 재정적 지원, 신체적 보호, 정서적 보호의 책임이 있다(제대로 수행하지 못하면 부모의 권리가 제한당할 수 있다).

사회의 권리와 책임	• 아동을 보호하고 건전하게 육성하기 위한 제반 권한을 행사하여 입법조치와 실질적 대책을 마련해야 한다. • 의무교육을 통한 교육권을 보장해야 한다. • 유해환경으로부터 보호하는 법률을 제정하여야 한다. • 부모의 양육 보호가 법률에 규정하는 수준에 미치지 못할 경우 부모에 대해 강제력을 행사하여 아동을 강제 보호하거나 위탁가정이나 시설의 보호를 받도록 해야 한다.

② 보편성과 선별성의 원칙

아동복지서비스는 〈표 10-5〉와 같이, 보편성과 선별성이 동시에 적용되어야 한다. 보편성은 전체 아동을 대상으로 하는 포괄적이고 기회균등적인 제도로 예방적 서비스이고, 선별성은 요보호 아동과 특수아동을 대상으로 하는 보충적이고 열등처우적인 서비스 제공을 의미한다.

〈표 10-5〉 보편성과 선별성

보편성	전체 아동을 대상으로 급여나 서비스를 제공하는 원칙으로 아동수당, 가족수당, 무상의무교육 등이다.
선별성	빈곤계층의 아동이나 기본적 욕구가 충족되지 않은 아동에게 급여나 서비스를 제공하는 것이다. 하지만 선별주의에 의해 제공되는 서비스는 낙인에 의한 수치심을 초래할 가능성이 있다.

③ 개발성의 원칙

아동복지서비스는 〈표 10-6〉과 같이, 사회복지의 주요 기능인 개발성을 통해 문제아동의 변화를 유도하는 데 그 의미를 두고 있다. 개발성의 원칙은 제도적인 변화를 초래하는 것은 물론, 국가의 경제개발과 사회개발의 제 조건을 향상시키고 창조하는 일에 참여한다는 의미가 있다. 즉, 아동의 변화를 유도하고 아동들이 가진 능력을 최대한 발휘할 수 있도록 해야 한다.

〈표 10-6〉 개발성

개발성	• 문제 발생 후 대응하는 복지체계에서 벗어나 예방적이며, 의도적 변화를 가져올 수 있는 사회복지체계의 구축해야 한다. • 사회문제들이 사회구조 또는 사회적·경제적 변천과정에서 일어난다는 인식을 기반으로 한다. • 여러 부분적 접근을 통해 사회문제를 야기하는 사회구조나 조건에 변화를 유도하여 사회적 발전을 촉진하여야 한다.

④ 전문성의 원칙

아동복지서비스는 산업화, 도시화, 정보화 사회에 따라 점차 높은 전문성이 요구되면서 기존의 보육활동이나 자원봉사자로서는 당면한 아동문제를 쉽게 해결할 수가 없는 실정이고 아동의 욕구를 충족시키기 위해서는 〈표 10-7〉과 같이 전문적인 지식과 기술을 지닌 전문인력이 활용되어야 한다.

〈표 10-7〉 전문성

전문성	• 아동의 건전한 발달과 성장을 위해 아동복지사업은 전문기구와 전문적 인력에 의해서 이루어져야 한다. • 아동들의 욕구나 사고 및 행동문제 등에 관한 전문적 지식이나 기술 없이는 문제해결을 기대하기 어렵다. • 아동복지학을 중심으로 아동학, 보육학, 유아교육학, 교육학, 사회복지학, 심리학 등을 전공한 사람들이 아동정책이나 사업 분야에서 관계되어야 한다. • 아동복지 전문직의 지도력을 위한 정부 수준의 제도적 보장이 필요하다.

⑤ 예방성과 치료성의 원칙

아동복지서비스에서 중요하게 생각해야 할 점은 아동의 문제를 미연에 방지하는 것이며, 동시에 문제가 발생할 경우에는 확인된 문제의 해결을 위해 최선의 조치를 실시해야 한다.

〈표 10-8〉 예방성과 치료성

예방성	아동기에 입을 수 있는 상처는 아동의 일생에 중요한 영향을 미치기 때문에 가능한 한 문제가 발생하지 않도록 하는 예방의 원칙이 중요하다.
치료성	문제 발생 시 실시되는 조치를 말하는 것으로 일단 확인된 문제는 해결이 가능하다고 하는 전제하에서 출발한다.

⑥ 통합성의 원칙

아동복지서비스의 기본 조건은 〈표 10-9〉와 같이, 아동을 둘러싼 환경을 포괄적이고 통합적으로 고려하여 접근하여야 한다는 것이다. 아동이 하나의 정체성을 가진 인간으로서 아동에게 관련되는 여러 측면들이 서로 상호적 관계를 가지면서 건전한 성장과 발달을 도모할 수 있도록 하는 것이다.

〈표 10-9〉 통합성

통합성	• 복지대책을 강구할 때 여러 서비스를 종합적으로 마련하는 포괄성의 원칙이 고려되어야 한다. • 통합적 관점으로 접근한다. • 포괄적인 대책을 수립해야 한다. • 관계부처와 기관 등의 유기적인 연계 및 협력체계와 포괄적인 상호조정체계가 확립되어야 한다.

2. 아동복지서비스 분류

1) 서비스 제공 장소에 따른 분류

아동복지서비스를 직접적으로 제공받는 아동이 어떠한 장소에서 생활하고 있는가에 따라 재가서비스와 가정외 서비스로 분류하는 방법이다. 재가서비스는 원가정의 기능 가운데 결핍되거나 부족한 부분을 지지하고 보충함으로써 원가정의 붕괴나 해체를 막는 기능을 수행한다. 그리고 가족의 구조적 결손은 없지만 심각한 스트레스나 역기능적 위험요소를 지니고 있을 때 제공된다. 가정외 서비스는 아동이 원가정을 떠나 일정한 기간 동안 가정 밖의 시설이나 위탁가정에서 생활하면서 제공받는 양육 및 보호 서비스를 말한다.

2) 서비스 기능에 따른 분류

아동복지서비스는 아동이 속한 원가정에 대한 서비스가 수행하는 기능에 따라 지지적 서비스(Supportive service), 보충적 서비스(Supplementary service), 대리적 서비스(Substitutive service)로 나누어 볼 수 있다(Kadushin & Martin, 1988).

지지적 서비스는 부모와 아동이 그들 각자의 책임을 다할 수 있도록 그들의 능력을 지원하고 강화시키고자 하는 서비스를 말하며, 자기 집에 거주하고 있는 아동을 위해 제공되고 있으므로 재가보호이며, 예방적인 접근방법이다. 지지적 서비스의 구체적인 활동으로 부모 및 가족교육으로 방임아동 및 학대아동의 부모교육과 미혼남녀를 위한 예비부모교육, 장애 및 영재아동과 같은 특수아동의 부모교육, 재혼가정아동의 부모교육 등이 있다. 상담사업으로는 개인면접을 통한 케이스워크 서비스, 집단상담 및 프로그램, 가족치료, 지역사회 프로그램 등이 있다(박정란 외, 2002).

보충적 서비스는 지지적 서비스의 제공으로는 가정의 기능이 회복되거나 강화되지 않을 경우 사회가 부분적으로 아동양육에 대한 책임을 지고 부모역할의 일부를 대신 보충해 주는 2차적 방어선으로 제공되고 있다(Zuckerman, 1983).

대리적 서비스는 부모의 역할 전부가 상실되었을 경우 아동에게 부모를 대신하여 제공되는 서비스이다. 대리적 서비스의 구체적 활동은 가정위탁서비스, 입양서비스, 시설보호 등이 있다.

3) 방어선 위치에 따른 분류(Zuckerman, 1983)

방어선 위치에 따른 분류로는 제1차 방어선, 제2차 방어선, 제3차 방어선으로 구분할 수 있다.

제1차 방어선은 가정이 아동의 기본적 욕구를 충족시킬 수 없는 위험에 처하거나 부모와 자녀의 관계에 장애가 있을 때 가정의 기능을 회복하거나 유지하고 강화하기 위한 서비스 제공이다. 지지적 서비스와 많은 부분이 중복된다.

제2차 방어선은 가정의 기능이 원활하게 수행되지 못할 경우 원가정과 가장 유사한 환경을 만들어 주는 것이다. 가정생활의 환경에 가장 가까우면서 지역사회에 대한 자유로운 접근이 보장되는 보호의 장이 제2차 방어선으로 제공되어야 한다. 대표적인 형태로는 보육서비스, 가정위탁, 입양서비스 등이 있다.

제3차 방어선은 아동의 원가정과 대리가정을 통해 아동의 보호와 양육서비스를 제공할 수 없는 경우 시설에 수용하여 집단적인 보호를 제공하는 것이다. 원가정을 대리한다는 점에서는 제2차 방어선과 동일하지만 집단적 생활환경에서 서비스가 제공된다는 차이점이 있다.

3. 아동복지시설의 종류

1) 아동복지시설

아동복지시설은 아동복지법 제50조에 따라 설치된 시설로 보호대상아동을 건전한 사회인으로 자랄 수 있도록 보호조치하기 전 일시보호하거나 가정복귀, 입양 등 가정위탁이 어려운 아동을 보호 및 양육하고 아동복지시설을 퇴소한 사람에게 취업 준비 기간 또는 취업 후 일정 기간 동안 보호함으로써 자립 지원하는 시설이다. 보호대상아동 보호체계는 ❙그림 10-1❙같은 흐름으로 살펴볼 수 있다.

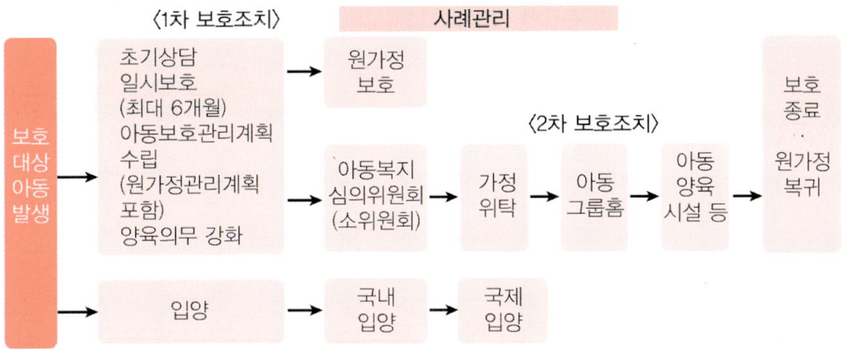

그림 10-1 보호대상아동 보호체계

자료: 서울특별시(2020). 아동복지 사업안내.

2) 아동복지시설의 종류 및 기능

아동복지시설에 대해서는 아동복지법 제52조에서 규정하고 있는 시설의 종류는 다음과 같다. 첫째, 보호가 필요한 아동을 입소시켜 보호와 양육 그리고 취업 훈련과 자립지원서비스 등을 제공하는 아동양육시설이 있다. 둘째, 보호가 필요한 아동을 일시 보호하고 아동의 향후 양육 대책수립과 보호조치를 목적으로 하는 아동일시보호시설, 셋째, 불량 행위를 하거나 할 우려가 있는 아동 또는 정서적, 행동적 장애가 있는 아동 또는 학대로 인해 부모로부터 일시 격리가 되어 치료가 필요한 아동 등을 보호 및 치료를 목적으로 하는 아동보호치료시설, 넷째, 보호가 필요한 아동에게 가정과 같은 주거와 보호·양육·자립지원서비스를 제공하는 공동생활가정, 다섯째, 아동복지시설 퇴소자의 취업준비 또는 취업 후 일정 기간 보호를 통해 자립을 지원하는 자립지원시설, 여섯째, 아동 그리고 그 가족의 문제에 대한 상담과 치료, 그리고 예방 및 연구 등을 목적으로 하는 아동상담소, 일곱째, 어린이공원과 어린이놀이터 등 아동에게 건전한 놀이와 오락 그 밖의 다양한 편의 제공을 통해 아동의 복지 증진에 필요한 서비스를 제공하는 아동전용시설, 여덟째, 지역사회 아동의 보호와 교육 그리고 건전한 놀이와 오락 제공 등 종합적인 아동복지서비스를 제공하는 지역아동센터로 〈표 10-10〉과 같이 구분하고 있다.

〈표 10-10〉 아동복지시설의 종류와 기능

시설구분	시설의 기능
아동양육시설	보호대상아동을 입소시켜 보호, 양육 및 취업훈련, 자립지원 서비스 등을 제공하는 것을 목적으로 하는 시설
아동일시보호시설	보호대상아동을 일시보호하고 아동에 대한 향후의 양육대책수립 및 보호조치를 행하는 것을 목적으로 하는 시설
아동보호치료시설	아동에게 보호 및 치료 서비스를 제공하는 다음 각 목의 시설 가. 불량행위를 하거나 불량행위를 할 우려가 있는 아동으로 보호자가 없거나 친권자나 후견인이 입소를 신청한 아동 또는 가정법원, 지방법원소년부지원에서 보호 위탁된 19세 미만인 사람을 입소시켜 치료와 선도를 통하여 건전한 사회인으로 육성하는 것을 목적으로 하는 시설 나. 정서적·행동적 장애로 인하여 어려움을 겪고 있는 아동 또는 학대로 인하여 부모로부터 일시 격리되어 치료받을 필요가 있는 아동을 보호·치료하는 시설
공동생활가정	보호대상아동에게 가정과 같은 주거여건과 보호, 양육, 자립지원 서비스를 제공하는 것을 목적으로 하는 시설
자립지원시설	아동복지시설에서 퇴소한 사람에게 취업준비기간 또는 취업 후 일정 기간 동안 보호함으로써 자립을 지원하는 것을 목적으로 하는 시설
아동상담소	아동과 그 가족의 문제에 관한 상담, 치료, 예방 및 연구 등을 목적으로 하는 시설
아동전용시설	어린이공원, 어린이놀이터, 아동회관, 체육·연극·영화·과학실험전시 시설, 아동휴게숙박시설, 야영장 등 아동에게 건전한 놀이·오락, 그 밖의 각종 편의를 제공하여 심신의 건강유지와 복지증진에 필요한 서비스를 제공하는 것을 목적으로 하는 시설
지역아동센터	지역사회 아동의 보호·교육, 건전한 놀이와 오락의 제공, 보호자와 지역사회의 연계 등 아동의 건전육성을 위하여 종합적인 아동복지서비스를 제공하는 시설

자료: 보건복지부(2020). 아동복지사업안내 재구성.

4. 아동복지법의 주요 내용

1) 아동복지법의 필요성

현대 사회생활에서 발생하는 사회·경제적 문제와 더불어 발생하는 산업재해의 증가는 이혼 등 가족해체의 발생 증가와 피해가정의 아동들을 요보호대상으로 만들 가능성을 높이고 있다. 또한 일반가정의 아동도 성격 및 정서 장애, 유기, 학대 등 그 피해가 다양한 양상으로 표출되고 있다. 따라서 가족해체 등에 의한 요보호아동의 발생을 방지하고 보호하기 위한 제도적 대응 방안이 국가・사회적 차원에서 마련되어야 할 필요가 있다. 일반아동들은 물론 시설보호아동, 소년소녀가정, 모자가정 등 불우아동들도 행복하고 안전하게 양육되고 그들의 인간다운 삶이 보장되어야 한다. 아동복지법은 이러한 사회적 필요에 따라 아동들이 건강하고 행복하게 양육되도록 복지를 보장하기 위해 제정되었다.

2) 아동복지법의 목적

아동복지법 제1조는 아동이 건강하게 출생하여 행복하고 안전하게 자라나도록 복지를 보장함을 목적으로 한다. 이 법의 대상인 아동은 18세 미만의 자이다(아동복지법 제3조 제1호). 오늘날의 아동복지법은 요보호아동을 포함하여 모든 아동을 대상으로 아동이 가진 문제해결과 동시에 건전하게 자랄 수 있도록 지원하는 적극적인 사회복지법으로서 목적을 반영하고 있다.

3) 아동복지법의 주요 내용

아동복지법의 조문은 크게 7장으로 나누어져 있다.

제1장 **【총칙】**에서는 아동복지법의 목적, 기본 이념, 정의, 국가와 지방자치단체의 책무, 보호자 등의 책무, 어린이날 및 어린이 주간에 대한 내용이 명시되어 있다.

제2장 **【아동복지정책의 수립 및 시행】**에서는 아동정책기본계획의 수립, 연도별 시행계획의 수립 · 시행 등, 계획수립의 협조, 아동정책조정위원회, 아동종합실태조사, 아동복지전담 공무원, 아동위원의 내용이 명시되어 있다.

제3장 **【아동에 대한 보호서비스 및 아동학대의 예방 및 방지】**에서는 아동보호서비스와 아동학대의 예방 및 방지에 대한 법률이 명시되어 있다.

제4장 **【아동에 대한 지원서비스】**에서는 아동 안전 및 건강지원, 취약계층 아동

통합서비스지원 및 자립지원, 방과 후 돌봄서비스 지원에 관한 내용이 명시되어 있다.
제5장 【아동복지시설】에서는 아동복지시설, 아동복지전담기관 및 아동보호전문기관에 관한 관리 · 처분에 관한 내용이 명시되어 있다.
제6장 【보칙】
제7장 【벌칙】 으로 구성되어 있다.

세부내용을 간략히 살펴보면 다음과 같다.[1)]

(1) 어린이날 및 어린이주간(제6조)

어린이에 대한 사랑과 보호의 정신을 높임으로써 이들을 옳고 아름답고 슬기로우며 씩씩하게 자라나도록 하기 위해 매년 5월 5일을 어린이날로 하며, 5월 1일부터 7일까지를 어린이 주간으로 한다.

(2) 보건소(제36조)

보건소는 다음의 업무를 행한다.
첫째, 아동의 전염병 예방조치
둘째, 아동의 건강상담, 신체검사와 보건위생에 관한 지도
셋째, 아동의 영양개선

(3) 건강한 심신의 보존(제35조)

첫째, 아동의 보호자는 아동의 건강 유지와 향상을 위하여 최선의 주의와 노력을 하여야 한다.

둘째, 국가와 지방자치단체는 아동의 건강 증진과 체력 향상을 위하여 다음 각 호에 해당하는 사항을 지원하여야 한다.

① 신체적 건강 증진에 관한 사항

1) 아동복지법 제17784호 재구성(2022. 7. 1).

② 자살 및 각종 중독의 예방 등 정신적 건강 증진에 관한 사항
③ 급식지원 등을 통한 결식예방 및 영양개선에 관한 사항
④ 비만방지 등 체력 및 여가 증진에 관한 사항

(4) 보호조치(제15조)

첫째, 전담공무원, 민간전문인력 또는 아동위원에게 보호대상아동 또는 그 보호자에 대한 상담·지도를 수행하게 하는 것이다.

둘째, 8촌 이내의 혈족 및 4촌 이내의 인척에 해당하는 친족의 가정에서 아동을 보호·양육할 수 있도록 필요한 조치를 하는 것이다.

셋째, 보호대상아동을 적합한 유형의 가정에 위탁하여 보호·양육할 수 있도록 조치하는 것이다.

넷째, 보호대상아동을 그 보호조치에 적합한 아동복지시설에 입소시키는 것이다.

다섯째, 약물 및 알콜중독, 정서·행동·발달장애, 성폭력 피해 등으로 특수한 치료나 요양 등의 보호를 필요로 하는 아동을 전문치료기관 또는 요양소에 입원 또는 입소시키는 것이다.

여섯째, 입양특례법에 따른 입양과 관련하여 필요한 조치를 하는 것이다.

(5) 아동학대의 신고의무와 절차

누구든지 아동학대를 알게 된 경우에는 아동보호전문기관 또는 수사기관에 신고할 수 있다.

(6) 아동에 대한 금지행위

누구든지 다음 각 호의 어느 하나에 해당하는 행위를 하여서는 안된다.

① 아동을 매매하는 행위
② 아동에게 음란한 행위를 시키거나 이를 매개하는 행위 또는 아동에게 성적 수치심을 주는 성희롱 등의 성적 학대행위

③ 아동의 신체에 손상을 주거나 신체의 건강 및 발달을 해치는 신체적 학대행위

④ 아동의 정신건강 및 발달에 해를 끼치는 정서적 학대행위

⑤ 자신의 보호·감독을 받는 아동을 유기하거나 의식주를 포함한 기본적 보호·양육·치료 및 교육을 소홀히 하는 방임행위

⑥ 장애를 가진 아동을 공중에 관람시키는 행위

⑦ 아동에게 구걸을 시키거나 아동을 이용하여 구걸하는 행위

⑧ 공중의 오락 또는 흥행을 목적으로 아동의 건강 또는 안전에 유해한 곡예를 시키는 행위 또는 이를 위하여 아동을 제3자에게 인도하는 행위

⑨ 정당한 권한을 가진 알선기관 외의 자가 아동의 양육을 알선하고 금품을 취득하거나 금품을 요구 또는 약속하는 행위

⑩ 아동을 위하여 증여 또는 급여된 금품을 그 목적 외의 용도로 사용하는 행위

오늘날 보편주의적 추세에 따라서 사회복지의 대상이 특수 욕구를 가진 클라이언트에서 일반 욕구를 가진 클라이언트로 바뀌고 있는 경향을 보이고 있다. 이에 따라 아동복지의 주요 대상이 요보호 아동을 보호하는 데에서 모든 아동을 보호하는 방향으로 바뀌어야 할 것이다. 또한 사회변화에 따라 꾸준히 증가하고 있는 조손가정의 아동과 다문화가정의 아동들에게도 폭 넓은 지원제도의 필요성이 요구되며 국가의 장래를 짊어지고 나갈 우리의 후대가 신체적으로 건강하고 정신적·심리적으로 건전하게 양육될 수 있도록 하는 모든 활동과 조치를 포함하는 개념으로 아동복지의 개념을 확대해야 할 것이다.

Chapter

11 노인복지서비스

1. 고령화 사회와 노화

고령화 사회는 전체 인구 대비 노인 인구의 비율이 계속해서 증가하는 상태, 즉 인구의 고령화가 진행 중에 있는 사회를 의미한다. 일반적으로 65세 이상 노인 인구의 비율이 전체 인구의 7% 이상인 사회를 고령화 사회(aging society), 14% 이상인 사회를 고령 사회(aged society), 20% 이상인 사회를 초고령 사회로 구분하고 있다. 우리나라의 고령화 사회에 대한 인식은 인구구조에서 인구연령층의 변화에 관심을 가지면서 시작되었다. 인구구조 변화는 다른 국가들과 달리 인구전환현상 및 인구 재분배 현상에 의해 이루어졌다(조성남, 2004). 즉, 정부의 인구 억제정책과 국가 계획에 의한 출산율 저하, 위생 및 의학 발달로 인한 사망률 감소 등으로 인구구조 변화가 나타났다. 이 중에서도 저출산으로 인한 인구감소가 한국의 가장 심각한 고령화 원인으로 지적되어 왔다(홍성태, 2007; Hewitt, 2009). 이처럼 노인인구의 구성비가 전체 인구에서 차지하는 비율이 높아지면서 고령화는 기존의 사회적인 균형과 질서를 심각하게 위협하는 사회구조적인 변화로 인식되고 있다.

노화(老化)는 생물이 문자 그대로 '늙는' 현상을 말한다. 영어로는 aging 또는 senescence라 쓴다. 현대적으로 볼 때 노화는 연령이 증가하면서 사망률이 연령에 따라 증가하는 현상과 연령이 증가할수록 신체 능력이 퇴화하는 현상을 말한다(https://namu.wiki).

노화의 유형은 생물학적 노화, 심리학적 노화, 사회학적 노화가 있다.

생물학적 노화는 나이가 들어감에 따라 신체구조 및 신체 내부의 세포, 조직, 장기 등 유기체 전반에 걸쳐 일어나는 쇠퇴적 발달 현상으로 유전 요인뿐만 아니라 환경 요인이나 생활양식 요인도 영향을 미친다.

심리학적 노화는 노화에 따른 심리구조 및 기능의 변화, 인지발달과 학습, 자아통합과 죽음, 그리고 정서 및 성격 변화 등이다.

사회적 노화는 크게 은퇴와 사회적 지위와 역할의 변화, 사회생활 습성(기상 시간, 취침 시간, 식사 장소, 주로 만나는 사람 등)의 변화를 들 수 있다. 연령에 맞는 역할 수행, 사회적 기대나 규범 등이 반영된 개념이다.

2. 노인복지시설의 종류

노인복지법 제31조에서는 노인복지시설 종류로 노인주거복지시설(양로시설, 노인공동생활가정, 노인복지주택), 노인의료복지시설(노인요양시설, 노인요양공동생활가정), 노인여가복지시설(노인복지관, 경로당, 노인교실), 재가노인복지시설(방문요양서비스, 방문목욕서비스, 방문간호서비스, 주·야간보호서비스, 단기보호서비스, 재가노인지원서비스, 복지용구지원서비스), 노인보호전문기관, 노인일자리지원기관, 학대피해노인 전용쉼터를 명시하고 있다.

〈표 11-1〉 노인복지시설의 종류

시설종류	세부 유형
노인주거복지시설	양로시설
	노인공동생활가정
	노인복지주택
노인의료복지시설	노인요양시설
	노인요양공동생활가정

노인여가복지시설	노인복지관
	경로당
	노인교실
재가노인복지시설	방문요양서비스
	방문목욕서비스
	방문간호서비스
	주·야간보호서비스
	단기보호서비스
	재가노인지원서비스
	복지용구지원서비스
노인보호전문기관	노인보호전문기관
노인일자리지원기관	노인일자리지원기관
학대피해노인 전용쉼터	학대피해노인 전용쉼터

1) 노인주거복지시설

(1) 양로시설

양로시설은 노인을 입소시켜 급식과 그 밖에 일상생활에 필요한 편의를 제공하는 시설이다.

(2) 노인공동생활가정

노인공동생활가정은 노인들에게 가정과 같은 주거여건과 급식, 그 밖에 일상생활에 필요한 편의를 제공하는 시설이다.

(3) 노인복지주택

노인복지주택은 노인에게 주거시설을 임대하여 주거의 편의·생활지도·상담 및 안전관리 등 일상생활에 필요한 편의를 제공하는 시설이다.

2) 노인의료복지시설

(1) 노인요양시설

노인요양시설은 치매·중풍 등 노인성 질환 등으로 심신에 상당한 장애가 발생하여 도움을 필요로 하는 노인을 입소시켜 급식·요양과 그 밖에 일상생활에 필요한 편의를 제공하는 시설이다.

(2) 노인요양공동생활가정

노인요양공동생활가정은 치매·중풍 등 노인성 질환으로 심신에 상당한 장애가 발생하여 도움을 필요로 하는 노인에게 가정과 같은 주거여건과 급식·요양, 그 밖에 일상생활에 필요한 편의를 제공하는 시설이다.

3) 노인여가복지시설

(1) 노인복지관

노인복지관은 노인의 교양, 취미생활 및 사회참여활동 등에 대한 각종 정보와 서비스를 제공하고, 건강증진 및 질병예방과 소득보장·재가복지, 그 밖에 노인의 복지증진에 필요한 서비스를 제공하는 곳이다.

(2) 경로당

경로당은 지역노인들이 자율적으로 친목도모·취미활동·공동작업장 운영 및 각종 정보교환과 기타 여가활동을 할 수 있도록 하는 장소를 제공하는 곳이다.

(3) 노인교실

노인교실은 노인들에 대하여 사회활동 참여욕구를 충족시키기 위하여 건전한 취미생활·노인건강유지·소득보장 기타 일상생활과 관련한 학습 프로그램을 제공하는 곳이다.

4) 재가노인복지시설

(1) 방문요양서비스

방문요양서비스는 가정에서 일상생활을 영위하고 있는 노인으로서 신체적·정신적 장애로 어려움을 겪고 있는 노인에게 필요한 각종 편의를 제공하여 지역사회 안에서 건전하고 안정된 노후를 영위하도록 하는 서비스이다.

(2) 주·야간보호서비스

주·야간보호서비스는 부득이한 사유로 가족의 보호를 받을 수 없는 심신이 허약한 노인과 장애노인을 주간 또는 야간 동안 보호시설에 입소시켜 필요한 각종 편의를 제공하여 이들의 생활안정과 심신기능의 유지·향상을 도모하고 그 가족의 신체적·정신적 부담을 덜어주기 위한 서비스이다.

(3) 단기보호서비스

단기보호서비스는 부득이한 사유로 가족의 보호를 받을 수 없어 일시적으로 보호가 필요한 심신이 허약한 노인과 장애노인을 보호시설에 단기간 입소시켜 보호함으로써 노인 및 노인가정의 복지증진을 도모하기 위한 서비스이다.

(4) 방문목욕서비스

방문목욕서비스는 목욕장비를 갖추고 재가노인을 방문하여 목욕을 제공하는 서비스이다.

(5) 방문간호서비스

방문간호서비스는 간호사 등이 의사, 한의사 또는 치과의사의 지시서(방문간호 지시서)에 따라 수급자의 가정 등을 방문하여 간호, 진료의 보조, 요양에 관한 상담 또는 구강위생 등을 제공하는 서비스이다.

(6) 재가노인지원서비스

재가노인지원서비스는 재가노인에게 노인생활 및 신상에 관한 상담을 제공하고, 재가노인 및 가족 등 보호자를 교육하며 각종 편의를 제공하여 지역사회 안에서 건전하고 안정된 노후생활을 영위하도록 하는 서비스이다.

(7) 복지용구지원서비스

복지용구지원서비스는 수급자의 일상생활·신체활동 지원 및 인지기능의 유지·향상에 필요한 용구를 제공하는 서비스이다.

5) 노인보호전문기관

노인보호전문기관는 시·도지사가 노인보호전문기관을 지정·운영, 노인학대 신고, 상담, 보호, 예방 및 홍보, 24시간 신고·상담용 긴급전화(1577-1389)를 운영하는 곳이다.

6) 노인일자리지원기관

노인일자리지원기관은 지역사회 등에서 노인일자리 개발·지원, 창업·육성 및 노인에 의한 재화의 생산·판매 등을 직접 담당하는 노인일자리전담기관을 운영하는 곳이다.

7) 학대피해노인 전용쉼터

학대피해노인 전용쉼터는 노인학대로 피해를 입은 노인을 일정 기간 보호하고 심신치유 프로그램을 제공한다.

3. 노인복지서비스 주요 분류

1) 노인의 소득정책

(1) 직접급여

① 데모그란트

데모그란트는 고용상태, 경제적 수준에 관계없이 한 나라의 국민 전체 또는 일정한 부류에 속하는 사람, 전체에게 국가가 일정한 액수의 금품이나 서비스를 제공하는 것으로 노년기의 경제적 욕구 충족 또는 사회발전에 기여한 공헌에 대한 보상(대표적으로 노인교통수당)이 있다.

② 사회보험

사회보험은 국가, 공익단체가 고용주로서 국가 공동부담으로 납입한 보험료를 상황에 따라 지급하는 형태로 강제성이 있고 납입자에게만 지급하게 되는 급여(국민연금법, 공무원연금, 군인연금 등)이다.

③ 공공부조

공공부조는 최저한도의 빈곤자에게 국고에서 최저한의 생활을 할 수 없는 노인에게 지급되는 급여(현금, 물품, 의료급여, 주거급여, 장제급여 등)이다.

④ 사적연금 또는 퇴직연금

사적연금 또는 퇴직연금은 공적 연금제도에 의한 퇴직 후 연금 또는 일시금을 뜻하고 급여자가 퇴직한 경우 급여 자격이 부여되며, 현금과 퇴직연금, 장해연금, 유족연금의 형태로 지급되며, 근로연수와 봉급수준 기여금 부담 등에 따라 차등 분배한다.

(2) 간접급여

① 세금감면 할인혜택

세금감면 할인은 제산세를 감면해 주고 할인혜택을 부여하는 것으로 지출의 감소형태로 나타나며, 재정은 재산세 감면과 할인혜택 등으로 충당되며 현금, 물품의 지급이 아니지만 지출을 감소시킨다는 것과 노인이 동거하는 가족의 재산세를 감면한다는 것으로 재산세 감면, 경로우대제도가 있다.

② 고용촉진

고용촉진은 퇴직한 노인이나 저소득층에 취업의 기회를 제공하는 제도로 노인을 고용하는 것은 유휴인력를 적절히 활용하면서 그들의 경제적 욕구도 충족시켜 주는 것이다(시간제 고용 등).

(3) 소득보장 프로그램

① 국민연금

국민연금의 수령조건은 최소 10년 동안 연금보험료를 납부하고, 만 60세 이상이다. 그러나 수령 나이는 출생연도에 따라 달라진다(표 11-2).

〈표 11-2〉 출생연도별 연금 수급개시 연령

출생연도	53~56년생	57~60년생	61~64년생	65~68년생	69년생~
수급연령	만 61세	만 62세	만 63세	만 64세	만 65세

② 기초연금

기초연금은 65세 이상인 사람으로서 소득인정액이 보건복지부장관이 정하여 고시하는 금액 이하인 사람에게 정기적이고 안정적인 소득기반 제공을 통한 노후소득보장을 위한 기초급여를 지급하는 제도이다. 수급 대상은 만 65세 이상 한국 국적을 가지고 국내 거주하는 전체 노인 인구 중 소득 하위 70%에 해당하는 사람들에게 제공된다.

③ 공무원연금

공무원연금은 국가공무원법, 지방공무원법, 교육공무원법에 의한 공무원 및 대통령이 정하는 국가 또는 지방자치단체의 기타 직원에게 지급되며 급여의 종류나 급여 내용, 수급방법 등도 규정되어 있다. 공무원

연금관리공단을 통하여 지급되고 지부나 공공관서에 위탁하여 지급되고 재정은 공무원의 기여금과 지방자치단체의 부담금, 공탁운영 보조금으로 충당한다.

④ 사립학교 교직원 연금

사립학교 교직원 연금은 사립학교법 제3조에서 규정하는 각급 학교에 근무하는 교직원과 교육부장관이 지정하는 사립학교의 교직원에게 지급되며 사립학교 교원연금관리공단을 통해서 전달받는다. 본부와 지부를 두고 각종 학교에 위탁하며, 기여금, 학교법인 부담금, 국가 부담금, 운영수익금 등으로 재정이 충당된다.

⑤ 군인연금

군인연금은 부사관 이상의 현역, 소집되어 실역에 복무하는 군인에게 적용되며, 은행, 우체국, 기타 금융기관을 통해 전달되며, 군인의 기여금이나 국가 부담금 및 이자로 충당된다.

⑥ 국민기초생활보장

국민기초생활보장은 65세 이상의 노인으로 부양받지 못하여 최저생계를 유지할 수 없는 노인도 해당되며 당사자가 신청을 하고 사회복지 전담 공무원이 대신 신청할 수도 있다. 현금 지급 방식이며, 생계급여, 의료급여, 자활급여, 장제급여, 교육급여, 해산급여, 주거급여 등이 있고 보건복지부를 통해 전달되며, 재정은 모두 국비와 지방비에서 충당한다.

2) 노인의 건강정책

(1) 노인건강 관련 정책의 법적 근거

① 노인복지정책

정부는 제4차 저출산·고령사회 기본계획(2021~2025) 수립에서 고령자가 살던 곳에서 편안한 노후를 보낼 수 있도록 기본 생활에 대한 국가

책임을 강화하고 지역사회의 통합 돌봄 체계를 구축하고 있다. 특히 사각지대 없는 만성질환 관리(건강보험 빅데이터 연계), 건강 인센티브제 도입을 명시하고 있다.

② 노인의료정책

의료법 제1조에서는 모든 국민이 수준 높은 의료 혜택을 받을 수 있도록 국민의료에 필요한 사항을 규정함으로써 국민의 건강을 보호하고 증진하여야 한다고 규정하고 있다.

③ 노인정신건강정책

「정신건강증진 및 정신질환자 복지서비스 지원에 관한 법률」 제1조는 정신질환의 예방·치료, 정신질환자의 재활·복지·권리보장과 정신건강 친화적인 환경 조성에 필요한 사항을 규정함으로써 국민의 정신건강증진 및 정신질환자의 인간다운 삶을 영위하는 데 이바지하도록 하고 있다.

④ 치매관리정책

치매관리법 제1조에서는 치매의 예방과 치매환자에 대한 보호와 지원 및 치매퇴치를 위한 연구 등에 관한 정책을 종합적으로 수립·시행함으로써 치매로 인한 개인적 고통과 피해 및 사회적 부담을 줄이고 국민건강증진에 이바지함을 목적으로 하고 있다.

⑤ 노인장기요양정책

노인장기요양보험법 제1조에서는 고령이나 노인성 질병 등의 사유로 일상생활을 혼자서 수행하기 어려운 노인 등에게 제공하는 신체활동 또는 가사활동 지원 등의 장기요양급여에 관한 사항을 규정하여 노후의 건강증진 및 생활안정을 도모하고, 그 가족의 부담을 덜어줌으로써 국민의 삶의 질을 향상하도록 함을 목적으로 한다.

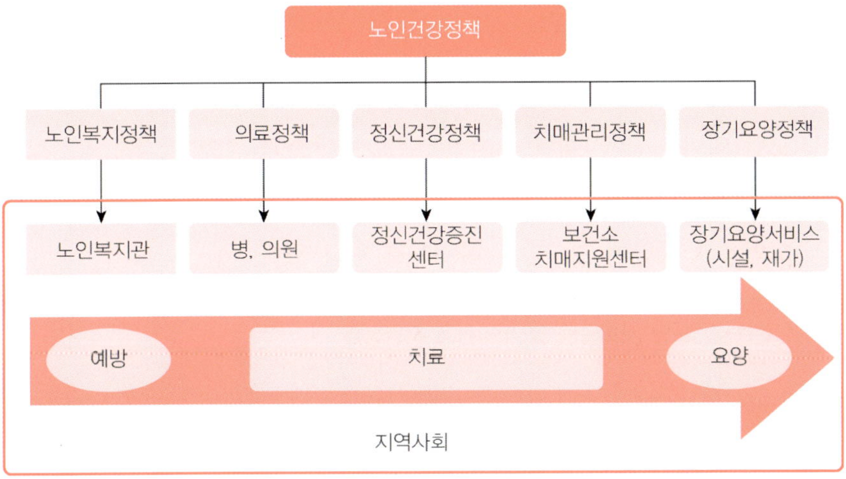

| 그림 11-1 | 노인건강정책

자료: 박영란 외(2017) 재구성.

3) 노인의 여가보장정책[1)]

(1) 노인과 여가

여가는 두 가지 의미를 내포하고 있는데, 한 가지는 피로와 스트레스 등을 풀고 휴식을 취함으로써 내일을 위한 에너지를 충전하는 창조적인 여가이고, 다른 하나는 즐거운 시간을 보내는 오락의 의미이다.

카플란(Kaplan, 1961)이 제시하고 있는 여가는 일과 반대되는 것, 즐거운 것을 기대하고 회상될 수 있는 것, 사회적 역할을 수항하기 위해서 자발적이면서 의무성이 적은 것, 놀이의 요소를 포함하고 있다. 해비거스트(Havighurst, 1973)는 여가활동의 영역을 창조적 여가의 내용을 담고 있으며, 가정유지활동, 가사활동, 교회활동, 시민정치활동, 사회클럽활동, 친구관계, 취미생활이다. 즉, 노후생활의 여러 활동이 의무감으로 작용할 때에는 노동이 될 수 있으나 즐거운 역할로 간주될 때 여가생활이 될 수 있다는 것이다. 결국 노후생활은 어떠한 활동이든지 자신이 원하고 즐겁게 대할 수 있으면 여가가 될 수 있지만 의무감으로 작용한다면 노동이 될 수 있다는 것이다.

1) 보건복지부(2021). 노인보건복지사업안내 재구성 및 재인용.

(2) 노인 사회활동 및 여가활동 지원정책

① 노인 일자리 및 사회활동 지원

노인 일자리 및 사회활동 지원은 〈표 11-3〉과 같이 활기차고 건강한 노후생활을 영위할 수 있도록 다양한 일자리 및 사회활동을 지원하여 노인복지 향상에 기여함을 목적으로 하고 있다.

〈표 11-3〉 노인 사회활동 및 여가활동 지원정책

<table>
<tr><th>구분</th><th>유형</th><th>주요 내용</th><th>예산지원 형태</th><th>활동성격</th></tr>
<tr><td rowspan="2">공공형</td><td>공익활동</td><td>노인이 자기만족과 성취감 향상 및 지역사회 공익증진을 위해 참여하는 활동</td><td>지자체 경상보조</td><td rowspan="2">봉사
(사회활동)</td></tr>
<tr><td>재능나눔활동</td><td>재능을 보유한 노인이 자기만족과 성취감 향상, 지역사회 공익 증진을 위해 자발적으로 참여하는 봉사 성격의 각종 활동</td><td>민간 경상보조</td></tr>
<tr><td colspan="2">사회서비스형</td><td>노인의 경력과 활동역량을 활용하여 사회적 도움이 필요한 영역(지역사회 돌봄, 안전 관련 등)에 서비스를 제공하는 일자리</td><td>지자체 경상보조</td><td rowspan="5">근로</td></tr>
<tr><td rowspan="4">민간형</td><td>시장형 사업단</td><td>참여자 인건비 일부를 보충지원하고 추가 사업 수익으로 연중 운영하는 노인일자리</td><td>지자체 경상보조</td></tr>
<tr><td>취업 알선형</td><td>수요처의 요구에 의해서 일정 교육을 수료하거나 관련된 업무능력이 있는 자를 해당 수요처로 연계하여 근무기간에 대한 일정 임금을 지급받을 수 있는 일자리</td><td>지자체 경상보조, 민간경상 보조</td></tr>
<tr><td>시니어 인턴십</td><td>만 60세 이상자의 고용촉진을 위해 기업에 인건비를 지원하여 계속고용을 유도하는 사업</td><td>민간경상 보조</td></tr>
<tr><td>고령자 친화기업</td><td>고령자가 경쟁력을 가질 수 있는 적합한 직종에서 다수의 고령자를 고용하는 기업 설립 지원</td><td>민간경상 보조</td></tr>
</table>

② 노인 자원봉사 활성화 지원

노인 자원봉사 활성화 지원은 〈표 11-4〉와 같이 노인의 경륜을 사회에 재투자할 수 있도록 노인자원봉사를 활성화하여 노인의 적극적 사회참여 및 노인의 인적자원 활용 극대화 추진에 목적이 있다.

〈표 11-4〉 노인 자원봉사 활성화 지원 현황

지원사업	내 용
노인자원봉사활동 지원체계구축	• 노인자원봉사 지원 네트워크 구축 - 위탁기관 및 각 수행기관 간 협의체계 구축 - 노인자원봉사클럽 및 회원관리시스템 운영 • 노인자원봉사 활성화 연구사업(보고서 발간)
노인자원봉사봉사단(클럽) 사업수행 그룹의 역량강화	• 노인자원봉사 교육 - 클럽코치 양성 및 보수교육 - 클럽(봉사단)지원그룹 교육 - 노인자원봉사 강사양성 및 보수교육 • 노인자원봉사지원센터 · 지역센터 실무자 교육
노인자원봉사봉사단(클럽) 지원	• 노인자원봉사봉사단(클럽) 조직 및 운영지원 - 노인자원봉사봉사단(클럽) 행정 등 지원 - 노인자원봉사봉사단(클럽) 프로그램, 운영매뉴얼 지원 - 노인자원봉사자 교육 지원 - 자원봉사활동인증 및 보험가입 • 사업수행체계 점검 및 평가 - 중간점검 및 최종 평가 • 노인자원봉사 홍보 - 봉사단(클럽) 홍보물 제작 · 배포 - 온라인 노인자원봉사지원센터 운영 • 노인자원봉사봉사단(클럽) 성과대회

③ 경로당 운영 지원

경로당 운영 지원은 대표적으로 〈표 11-5〉와 같은 여가 프로그램 제공으로 노인이 가장 손쉽게 접근할 수 있는 다기능 공간으로 활용하고 있다.

〈표 11-5〉 경로당 여가 지원

지원사업	내 용
여가활동	노래교실 등 각종 레크리에이션 활동 등을 통해 노년의 건전한 여가 · 취미생활을 유지할 수 있는 프로그램 제공

④ 노인복지관 설치 · 운영 지원

노인복지관 설치 · 운영 지원은 시 · 군 · 구별로 지역실정에 따라 최소 1개소 이상의 노인복지관을 설치 · 운영하여 〈표 11-6〉과 같이 지역사회 노인들의 여가복지 증진 추진에 그 방향성을 두고 있다.

〈표 11-6〉 노인복지관 설치 및 운영 지원

지원구분		프로그램 예시
노년 사회화 교육	평생교육지원	노인역량강화교육, 정보화교육, 사회화교육, 시민사회교육, 한글교실, 외국어교실, 교양교실, 인문학교육, 예비노인 은퇴준비 프로그램, 경제교육, 생애말기 준비·설계 교육, 웰다잉교육 등
	취미·여가지원	예능활동(음악, 미술, 생활도예, 서예, 댄스), 문화활동(연극, 사진, 영화, 바둑, 장기, 레크리에이션), 취미활동(종이접기, 손뜨개질, 민속놀이), 체육활동(탁구, 당구, 게이트볼, 파크골프), 동아리활동 등

⑤ 노인교실 지원

노인교실 지원은 노인들에 대하여 사회활동 참여욕구를 충족시키기 위하여 〈표 11-7〉과 같이 건전한 취미생활과 노인 건강유지 및 소득보장 기타 일상생활과 관련한 학습 프로그램을 제공하는 것에 목적이 있다.

〈표 11-7〉 노인교실 지원

지원구분	프로그램 예시
취미·여가	각종 문화·예술 활동 등
건 강	체조, 요가, 단전호흡, 건강관리 등
교 양	한글, 외국어, 컴퓨터, 교양강좌 등
사회참여	시민단체 및 사회활동, 자원봉사 활동 등

4. 노인복지법의 주요 내용[2)]

1) 총칙

노인복지법 제1조는 노인의 질환을 사전예방 또는 조기발견하고 질환상태

2) 노인복지법 법률 제18609호 재구성(시행 2022. 3. 22).

에 따른 적절한 치료와 요양으로 심신의 건강을 유지하고 노후의 생활안정을 위하여 필요한 조치를 강구함으로써 노인의 보건복지증진에 기여함을 목적으로 하고 있다. 기본 이념(동법 제2조)은 다음과 같다.

첫째, 노인은 후손의 양육과 국가 및 사회의 발전에 기여하여 온 자로서 존경받으며 선선하고 안정된 생활을 보장받는다.

둘째, 노인은 그 능력에 따라 적당한 일에 종사하고 사회적 활동에 참여할 기회를 보장받는다.

셋째, 노인은 노령에 따르는 심신의 변화를 자각하여 항상 심신의 건강을 유지하고 그 지식과 경험을 활용하여 사회의 발전에 기여하도록 노력하여야 한다.

그리고 가족제도의 유지·발전과 보건복지증진의 책임, 안전사고 예방, 노인실태조사, 노인의 날, 인권교육 등이 명시되어 있다.

2) 보건·복지조치

국가 또는 지방자치단체는 노인의 사회참여 확대를 위하여 노인의 지역봉사 활동기회를 넓히고 노인에게 적합한 직종의 개발과 그 보급을 위한 시책을 강구하며 근로능력있는 노인에게 일할 기회를 우선적으로 제공하도록 노력하여야 한다. 노인의 지역봉사 활동 및 취업의 활성화를 기하기 위하여 노인지역봉사기관, 노인취업알선기관 등 노인복지관계기관에 대하여 필요한 지원을 할 수 있도록 명시하고 있다(제23조).

따라서 노인일자리전담기관의 설치와 운영, 생산품 우선구매, 지역봉사지도원 위촉 및 업무, 생업지원, 경로우대, 건강지원, 홀로 사는 노인에 대한 지원, 독거노인종합지원센터 설치 및 운영 등이 명시되어 있다.

3) 노인복지시설의 설치·운영

노인복지법에서는 노인주거복지시설, 노인의료복지시설, 노인여가복지시설, 재가노인복지시설, 노인보호전문기관, 노인일자리지원기관, 학대피해노인 전용쉼터를 설치·운영할 수 있도록 명시하고 있다.

4) 비용

노인복지시설은 노인일자리전담기관의 설치·운영 또는 위탁에 소요되는 비용과 건강진단 등과 상담·입소 등의 조치에 소요되는 비용, 노인복지시설의 설치·운영에 소요되는 비용은 대통령령이 정하는 바에 따라 국가 또는 지방자치단체가 부담하도록 명시하고 있다.

5) 보칙

노인 또는 그 부양의무자는 이 법에 따른 복지조치에 대하여 이의가 있을 때에는 해당 복지실시기관에 이의를 신청할 수 있다. 이의신청은 해당 복지조치가 있음을 안 날부터 90일 이내에 문서로 하여야 한다. 다만, 정당한 사유로 인하여 그 기간 이내에 이의신청을 할 수 없었음을 증명한 때에는 그 사유가 소멸한 날부터 60일 이내에 이의신청을 할 수 있다. 그리고 복지실시기관은 양로시설, 노인공동생활가정, 노인복지주택, 노인요양시설 및 노인요양공동생활가정의 입소노인의 보호를 위하여 노인복지명예지도원을 둘 수 있다.

6) 벌칙

노인복지법은 업무를 수행 중인 노인보호전문기관의 직원에 대하여 폭행 또는 협박하거나 위계 또는 위력으로써 그 업무를 방해한 자는 5년 이하의 징역 또는 5천만 원 이하의 벌금에 처한다라고 규정하고 있다. 그리고 단체 또는 다중의 위력을 보이거나 위험한 물건을 휴대하고 죄를 범하여 노인보호전문기관의 직원을 상해에 이르게 한 때에는 3년 이상의 유기징역에 처한다. 사망에 이르게 한 때에는 무기 또는 5년 이상의 징역에 처한다고 명시하고 있다.

Chapter

12 장애인복지서비스

1. 장애인의 정의와 유형

1) 장애인의 정의

1975년 UN에서 발표한 장애인 권리선언에 따르면, 장애인은 선천적이든 후천적이든 신체적, 정신적 능력의 불완전으로 인하여 개인적 또는 사회적 생활에 필요한 것을 확보하는 데 자기 자신이 완전하게 또는 부분적으로 할 수 없는 사람을 말한다. 장애인복지법 제2조에서는 장애인을 신체적·정신적 장애로 오랫동안 일상생활이나 사회생활에서 상당한 제약을 받는 자로 정의하고 있다.

제2조【장애인의 정의 등】

① "장애인"이란 신체적·정신적 장애로 오랫동안 일상생활이나 사회생활에서 상당한 제약을 받는 자를 말한다.

② 이 법을 적용받는 장애인은 제1항에 따른 장애인 중 다음 각 호의 어느 하나에 해당하는 장애가 있는 자로서 대통령령으로 정하는 장애의 종류 및 기준에 해당하는 자를 말한다.

1. "신체적 장애"란 주요 외부 신체 기능의 장애, 내부기관의 장애 등을 말한다.
2. "정신적 장애"란 발달장애 또는 정신 질환으로 발생하는 장애를 말한다.

2) 장애유형

장애는 크게 신체적 장애와 정신적 장애로 나눈다. 신체적 장애는 다시 외부신체 기능의 장애와 내부기관의 장애로 분류할 수 있다. 과거 우리나라 장애범주는 지체, 시각, 청각, 언어, 지적장애에 국한되어 있었다가 두 차례에 걸쳐 장애범주를 확대하였다. 2000년 1차 장애범주 확대에 뇌병변, 자폐, 정신, 신장, 심장 5종을 추가하였고, 2003년 2차 장애범주 확대에 안면변형, 장루, 간, 간질, 호흡기장애 5종을 더 추가하여 【그림 12-1】과 같이 현재 총 15개 장애 유형[1)]이 존재한다.[2)]

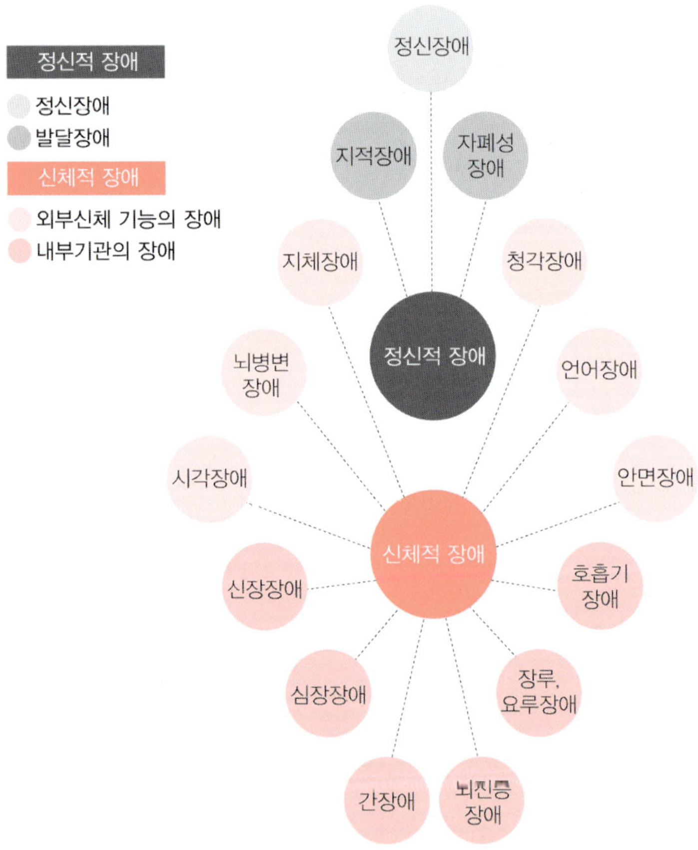

【그림 12-1】 장애의 15가지 유형

출처: 보건복지부.

1) DWBnews(장애인복지뉴스)(https://www.dwbnews.kr) 재구성.
2) 발달장애는 자폐성장애, 정신지체는 지적장애로 명칭변경(2007. 4), 간질장애는 뇌전증장애로 명칭 변경(2015. 11), 현재 장애유형은 지체, 뇌병변, 시각, 청각, 언어, 지적, 정신, 자폐성, 신장, 심장, 호흡기, 간, 안면, 장루·요루, 뇌전증의 15가지 유형임.

(1) 신체적 장애

① 외부신체기능의 장애

㉠ 지체장애

지체장애는 골격이나 근육 혹은 신경 중 어느 부분이 손상되어 영구적으로 그 기능을 제대로 발휘하지 못해 일상활동에서 한 가지 이상의 제한을 받는 사람을 의미한다. 발생원인에 따라 소아미비, 뇌성마비, 뇌졸중, 척수손상, 사지절단, 관절염, 신경 근골격계 손상, 근이양증 등이 있다.

㉡ 뇌병변장애

뇌병변장애는 중추신경의 손상으로 인한 복합적인 장애로 뇌성마비, 외상성뇌손상, 뇌졸중 등 뇌의 기질적 병변으로 인해 보행 또는 일상생활동작에 제한을 받는 것을 의미한다. 뇌병변장애의 판정시기는 뇌졸중, 뇌손상 등 기타 뇌병변이 있는 경우는 발병 또는 외상 후 6개월 동안 지속적으로 치료한 후에 장애의 판정을 할 수 있으며, 6개월이 경과하였다 하더라도 뚜렷하게 기능의 향상이 진행되고 있는 경우에는 판정을 미루어야 한다. 또한 식물인간 또는 장기간의 의식소실 등의 경우 발병(외상) 후 6개월이 경과하면 장애판정을 할 수 있으며, 이 경우 최초 판정일로 부터 2년 후에 재판정을 하도록 해야 한다.

㉢ 시각장애

시각장애는 사물의 존재와 형태를 판별하거나 물건의 색깔을 구분하는 눈의 기능에 장애가 있을 때를 말하는데, 일반적으로는 눈의 주기능인 시력을 중심으로 생각하게 된다. 시각장애는 그 정도에 따라 크게 약시와 실명으로 나누는데, 약시는 그 원인을 알 수 없이 시력이 저하된 상태로 일반적으로 일상생활은 영위할 수 있으나 신문이나 책에 실린 보통 크기의 글자를 읽을 수 없는 교정시력 0.3 미만을 말한다. 교정 시력이 0.05 미만일 때는 실명이라 하는데, 특히 눈앞에 물체가 움직이는 것을 전혀 분별할 수 없는 경우를 완전 실명 또는 전맹이라 한다. 시각장애의 원인은 크게 선천적인 것과 후천적인 것으로 구분할 수 있는데, 후천적 원인으로 발생하는 경우가 더 많으며 그 확실한 원인을 알 수 없는 경우도 있다.

㉣ 청각장애

청각장애는 귀에서부터 뇌에 이르기까지 청각에 관여하는 기관의 어느 부분의 이상으로 소리를 듣지 못하거나 들은 소리의 뜻을 이해하지 못하는 경우를 총칭하여 말하는데, 작은 소리는 알아듣지 못하나 큰 소리만 알아들을 수 있는 난청과 전혀 알아듣지 못하는 농으로 구분할 수 있나. 청각장애는 청력검사로 확인하게 된다. 청력검사상 25db(데시벨) 이상을 난청이라 하고, 90db 이상일 때를 농이라 하는데 실제로는 70db 이상의 고도의 난청에서는 일상생활의 언어를 알아들을 수 없기 때문에 사회적인 농(socially deaf)이라 하기도 한다.

㉤ 언어장애

언어장애는 음성 또는 언어장애로 의사소통이 어렵거나 의사소통이 이루어지지 않는 경우를 말하는데, 그 정도에 따라 그 기능을 상실한 사람과 현저한 장애가 있는 사람으로 구분한다. 언어장애로는 소리를 내는 데 이상이 있는 음성장애, 발음이 정확하지 못한 조음장애, 말의 리듬이 깨진 말더듬, 말을 정상으로 잘하던 사람이 뇌졸중이나 뇌손상을 받은 후 말을 할 수 없게 된 실어증, 그리고 자라나는 어린아이 중에서 말이 자기 나이에 비해 늦어지고 있는 언어발달지체 등이 있다.

㉥ 안면장애

안면장애의 대부분은 약간의 호전은 가능하나 완치는 거의 불가능하며 추형으로 인한 장애는 영구적이라고 간주할 수 있다. 안면장애의 주요 증상에는 선상반흔, 색소침착, 조직의 비후나 함몰・모발결손・결손이 포함된다.

② 내부기관의 장애

㉠ 신장장애

신장장애는 만성신부전증으로 인하여 1개월 이상 혈액투석 또는 복막투석을 받고 있는 사람과 신장을 이식받은 사람으로 정의하고 있다. 신장장애는 회복할 가능성이 극히 희박할 때에 신장장애로 판정하며, 판정시기는 1개월 이상 지속적으로 혈액투석 또는 복막투석치료를 받고 있는 사람 또는 신장을 이식받은 사람에 대하여 장애인으로 판정한다.

㉡ 심장장애

심장장애는 심장기능의 장애가 지속되며, 심부전증 또는 협심증 증상 등으로 일상생활에 현저히 제한되는 심장기능 이상이 있는 사람으로 정의하고 있다.

㉢ 호흡기장애

호흡기장애는 충분한 내과적 치료에도 불구하고 장애가 지속적으로 유지되는 만성 호흡기질환으로 인한 것이다. 주로 만성 호흡기질환에 의한 호흡기능의 손실로 오는 장애며, 일단 장애가 오면 기능의 손실이나 산소-이산화탄소의 가스교환에 이상이 발생하여 호흡 기능의 회복이나 호전이 불가능한 내부장애이다. 장애진단은 장애인등록 직전 2개월 이상 진료한 의료기관의 내과 혹은 호흡기 분과 흉부외과·소아과·결핵과 전문의가 원인 질환 등을 충분히 치료하여 장애가 고착되었음을 1년 이상의 정기적인 흉부 X-선 소견, 폐기능검사, 동맥혈가스검사 등을 포함한 진단서, 소견서, 진료기록 등으로 확인하여야 한다.

㉣ 간장애

간장애는 간의 만성적 기능부전과 그에 따른 합병증 등으로 인한 간기능의 장애로 인하여 일상생활을 하는 데 있어 상당한 제한을 받는 것을 말한다. 호흡기·간장애로 판정을 받기 위해서는 장애인 등록 직전 2개월 이상 진료한 의료기관의 진료기록이 있어야 한다.

㉤ 장루, 요루장애

장루, 요루장애는 배변기능 또는 배뇨기능의 장애로 인하여 장루 또는 요루를 시술하여 일상생활을 하는 데 있어 상당한 제한을 받는 것을 말한다. 외과 전문의가 장애가 고착되거나 복원 수술이 가능한 경우 1년 이상 경과되었음을 장루조성술 시의 수술기록지, 병리소견서, 진단서, 진료기록 등으로 확인한다.

㉥ 뇌전증장애

뇌전증장애는 뇌전증에 의한 뇌신경세포의 장애로 인하여 일상생활 또는 사회생활을 하는 데 있어 상당한 제한을 받아 다른 사람의 도움이 필요한 것을 말하며, 6개월을 기준으로 하여 발작을 하는 횟수로 장애판정을 받을 수 있다.

(2) 정신적 장애

① 발달장애

㉠ 지적장애

지적장애(정신지체라고 알려짐, 지능지수가 70 이하인 경우)는 개인의 능력이 기대에 못 미치는 학습능력과 생활기술에 한계가 있는 경우를 일컫는다. 지적장애의 정도는 매우 광범위하여 아주 경도에서 중증도까지의 장애로 나타난다. 지적장애를 가지고 있는 아이들은 다른 사람들이 무엇을 원하고 필요로 하는지 이해하는 데 어려움이 있으며 장애가 심한 경우 남의 보살핌을 평생 필요로 한다. 지적장애 아동은 또래 아이들보다 학습과 발달이 느리다. 그래서 지적장애 아동들은 말하는 것, 걷는 것, 옷 입는 것, 도움 없이 식사하는 것 등을 배우는 데 많은 시간이 걸리며 학교에서 학습하는 데 많은 어려움이 있다. 지적장애는 만 18세 이전에 언제든지 나타날 수 있으며 장애를 가지고 태어나기도 한다. 외상이나 질병 또는 뇌의 이상이 원인이 되나 대부분의 지적장애 원인은 알려지지 않고 있다. 일반적으로 많이 알려진 지적장애의 사례로는 다운증후군(Down Syndrome), 태아 알코올 증후군(Fetal Alcohol Syndrome), 프래자일엑스증후군(Fragile X Syndrome)과 같이 유전자 상태에 의한 선천적 장애로 인한 경우이며 생후 감염이나 뇌막염과 같이 질병에 의한 지적장애와 같이 후천적인 경우가 있다. 간혹 어른이 될 때까지 지적장애가 나타나지 않는 경우가 있는데 이것은 심각한 뇌수술을 받거나, 머리를 심하게 부딪치거나, 감염에 의해서 나타나기도 하는 것이다. 일반적으로 심각한 정도의 지적장애를 가진 아이들은 그 증상을 쉽게 알아볼 수 있다. 그러나 어떻게 그들의 삶에 영향을 주게 될지는 말하기 어려우며 지적장애에 관한 특징을 보면 다음과 같다.

- 앉거나, 기어다니거나, 걷는 것이 다른 아이들보다 늦다.
- 이야기하는 것도 늦게 배우며 말하는 데 어려움을 겪는다.
- 기억하는 것을 힘들어한다.
- 사회적인 규칙 같은 것들을 이해하는 데 어려움이 있다.
- 다른 사람들의 행동의 결과를 이해하지 못한다.
- 문제해결 능력에 어려움이 있다.

ⓛ 자폐성장애

자폐성장애는 의사소통의 어려움과 제한적이고 반복적인 행동을 특징으로 최근에는 자폐성장애의 진단기준을 온전히 만족하지 않는 자폐 스펙트럼(ASD)과의 구분에 대한 논의가 이어지고 있다. 대부분의 자폐증은 2~3세의 아동기부터 발견되며 성장기 동안 전반적 발달에 문제를 보인다. 자폐장애의 빈도는 대략 1,000명에 1~2명꼴인 것으로 조사되며, 자폐 스펙트럼 장애(ASD)는 약 1% 내외의 아동에게 진단된다. 발생 원인은 명확히 밝혀져 있지 않으나, 유전적·환경적 요소가 복합적으로 작용하는 것으로 추정된다. 성장하는 아기들은 일반적으로 사람들을 응시하거나 목소리를 주목하거나 손가락을 움켜쥐거나 웃음을 보이는 등의 사회적 활동을 보인다. 하지만 자폐증상이 있는 아기는 얼굴을 마주 보는 것을 싫어하고, 인간 사회의 상호 작용을 이해하는 것에 굉장한 어려움을 겪는 것으로 보인다. 태어난 지 몇 달이 지나지 않아도 자폐를 가진 아기는 보통의 아기에 비하여 눈을 마주 보는 것이나 상호작용하는 것을 거부하며 이것은 다른 사람에게 무관심으로 비칠 수 있다. 자폐증상이 있는 아이는 다른 친구들과 떨어져 혼자 있는 것을 선호하는 경향이 강하다. 또한 그들은 다른 사람들에게서 평온을 얻지 못하고, 부모의 감정 표현에 거의 반응하지 않는다. 연구 결과에 따르면 그들은 부모에 애정이 없는 것이 아니지만 그들 자신의 감정을 나타내는 것을 어려워하는 것으로 추측된다. 그들은 남들과 소통하기 어려워하기도 한다. 반복적 행동은 자폐증의 특징 중 하나인데, 사람에 따라 정도나 양상이 다양하게 드러날 수 있다. 손이나 머리를 흔드는 등의 상동증을 비롯하여, 정해진 행동을 함으로써 불안을 해소하려 하는 강박증, 물건의 위치를 바꾸기 싫어하는 등 항상성에 관한 집착, 매일 정해진 옷만을 입거나 특정 상황에서 부자연스럽게 인사하는 등 의례(ritual)에 관한 집착, 아동에게서 주로 관찰되는 자해적 행동 등이 반복적 행동의 분류에 포함된다.

② 정신장애

정신장애는 정신 기능에 이상을 나타내어 사회생활에 적응하지 못하고 일상생활에 지장을 초래하는 장애를 의미한다. 정신장애는 사회적 편견 때문에 '사회심리적 장애'라고 바꿔 부르자는 움직임이 2005년부터 현재까지 있지만 실현되지는 않고 있다. 좁은 의미에서는, 망상과 환각을 보고 환청을 들으며 현실 검증력까지 날아간 증상이 있는 정신병인 정신증을 좁은 의미의 정신장애로 부른다. 장애인복지법에 나와 있는 정신장애인은 조현병, 분열형 정동장애, 양극성장애, 반복성 우울장애의 네 가지 만성 정신질환자 중 일정 기준에 해당되는 사람을 가리킨다. 2000년부터 해당 정신질환들이 정신장애로 인정되기 시작했다. 복지법상으로 지적장애나 자폐성 장애와 다르게 구분된다. 발달장애는 지능이나 사회성 등의 발달문제로 인한 것이고, 정신장애는 지능이나 자폐증과는 상관없이 정신질환으로 인한 것이다. 즉, 정신장애란 일반적으로 생각, 느낌, 행동이 병리학적으로 특징지어지는 상태를 의미하며 어떤 조건에 의하여 영구적이거나 반영구적인 정신적 장애를 갖게 되거나 질병으로 인하여 이전의 정신적 기능으로 되돌아갈 수 없는 것을 말한다. 정신장애는 질병 자체의 활발한 진행 이외에 질병으로 인한 기타 사회적 기능까지 손상되어 증상이 사라진 후에도 질병 이전의 상태로 복귀하지 못하는 것을 말한다.

2. 장애인복지 이념과 관점[3)]

1) 장애인복지의 이념

(1) 인권보장의 이념

우리 사회는 장애라는 이유로 인간의 기본적 권리인 인간의 존엄성, 생존권, 생명 존중의 가치가 부인되기 쉽다. 인권보장은 모든 인간이 태어나면서부터 가지는 권리, 즉 천부인권설이나 우리나라의 기본법인 헌법, 장애인 인권에 대한 법 조항들, 그리고 세계 선언이나 헌장의 정신에도 나타나고 있다.

(2) 정상화 이념

정상화는 가치 있는 사회적 역할 강화로 이전에 가치를 박탈당하였던 사람들이 지역사회에서 가치 있는 역할을 할 수 있도록 교육 · 훈련 · 노동을

3) 김용득(2007). 한국 장애인복지의 이해를 참고로 구성.

하며 완전한 사회참여를 하여야 함을 나타내는 이념이며 이후 사회통합의 이념과 연계된 이념이기도 하다.

(3) 사회통합의 이념

사회통합은 장애인이 사회구성원으로서 역할을 수행하며 살아가는 것을 의미하는데, 진정한 사회구성원의 역할을 수행하기 위하여서는 그 사회에서 인정하는 생활방식과 기회들에 완전하게 참여하여야만 가능한 것이다.

(4) 자립생활의 이념

자립생활은 장애인 스스로가 자신의 삶을 선택하고 결정하며 자신의 생활 전반에 대한 통제력을 가지고 있음을 나타내는 것이다.

(5) 사회(국가) 책임의 이념

사회(국가) 책임은 산업화·현대화 과정을 거치면서 사회에서 발생하는 실업, 해고와 같은 문제들이 특히 장애인들에게는 더욱더 심각하게 나타났고 결국은 인간의 존엄성과 생존권, 생명이 위협받기에 이르렀다. 이러한 문제를 극복하기 위해서는 개인 또는 자선에 의한 서비스 접근과 더불어 국가가 이런 문제를 해결하기 위하여 개입하여야 한다는 국가 책임의 이념이 제기되었다.

2) 장애인복지의 관점

(1) 의료재활 관점

의료재활 중심의 관점은 기존의 치료 중심의 시각과 더불어 장애 자체가 문제의 원인이라고 생각하고 그 장애를 회복 또는 치료하는 것이 해결책임을 주장하였다. 그러나 1950년대 이후 장애인 관련 운동이 활발해지고 성숙됨에 따라 장애인의 신체적 손상 회복이 장애인복지를 완성시킨다는 지금까지의 시각들이 잘못되었다고 자각하게 되었다. 왜냐하면 장애인복지의 근본 목표인 사회통합이 이루어지지 않는 경우가 지속적으로 발생하였기 때문이다. 즉, 장애 자체의 제거만으로는 완전한 재활이 보장되는 것이 아님을 뜻하는 것이다.

(2) 심리재활 관점

의학적 측면에서의 장애인복지 실패 원인을 논의하는 과정에서, 장애로 인한 문제는 단순히 장애 자체의 문제뿐만 아니라 장애로 인한 심리적인 문제에까지 이른다는 것을 발견하게 되었다. 이러한 활동의 결과, 장애로 인하여 파생되는 문제에 대해 새로운 이해와 장애의 개념을 재정립하여야 할 필요성이 나타나게 되었다.

(3) 기능주의(역할이론) 관점

기능주의 또는 역할이론에서는 장애로 인한 문제를 가지고 있는 사람들이 병자 역할을 수행한다고 보고 있다. 이러한 역할을 수행하는 사람들은 개인의 심리사회적인 능력에 영향을 미쳐 자동적으로 개인에게 요구되는 특정한 책임과 사회적인 역할수행에 대한 기대에서 제외될 뿐만 아니라 개인이 수행하여야 할 모든 일상적인 일에 대한 책임도 면제된다고 주장하고 있다.

(4) 심리사회 관점

심리사회 관점은 장애로 인하여 발생되는 대부분의 문제는 개인의 내적 측면에 속한 것이라기보다는 장애인이 속한 사회환경 또는 그러한 환경들과의 부적절한 상호작용에서 기인된다는 것이다. 따라서 이 시각은 높은 수준의 자존심이나 긍정적 자기존중감 같은 내면적인 상태를 바람직한 개인적 적응과 관련시키고 있지만, 그와 동시에 내면적인 면에서의 적응 정도를 결정짓는 요인으로서 물리적인 조건이나 대인환경 등이 장애적응의 형성에 영향력으로 작용하고 있음을 강조하고 있다.

(5) 사회학적 관점

사회학적 관점은 장애인의 사회참여와 통합을 방해하는 요인으로 장애 개인의 심리적인 부적응도 일부 장애인에게는 중요한 원인이지만 이보다도 모든 장애인들의 사회통합을 방해하는 것으로 사회환경, 즉 장애 개인의 생태체계 안의 부적절한 환경이나 기존 사회의 편견과 근거 없는 차별 등이 더욱 중요한 저해요인이다.

3. 장애인복지시설의 종류

1) 장애인 거주시설

(1) 장애유형별 거주시설

장애유형별 거주시설은 장애유형이 같거나 유사한 장애를 가진 사람들을 이용하게 하여 그들의 장애유형에 적합한 주거지원·일상생활지원·지역사회생활지원 등의 서비스를 제공하는 시설을 말한다.

(2) 중증장애인 거주시설

중증장애인 거주시설은 장애의 정도가 심하여 항상 도움이 필요한 장애인에게 주거지원·일상생활지원·지역사회생활지원·요양서비스를 제공하는 시설을 말한다.

(3) 장애영유아 거주시설

장애영유아 거주시설은 6세 미만의 장애영유아를 보호하고 재활에 필요한 주거지원·일상생활지원·지역사회생활지원·요양서비스를 제공하는 시설을 말한다.

(4) 장애인 단기거주시설

장애인 단기거주시설은 보호자의 일시적 부재 등으로 도움이 필요한 장애인에게 단기간 주거서비스, 일상생활지원서비스, 지역사회생활서비스를 제공하는 시설을 말한다.

(5) 장애인 공동생활가정

장애인 공동생활가정은 장애인들이 스스로 사회에 적응하기 위하여 전문인력의 지도를 받으며 공동으로 생활하는 지역사회 내의 소규모 주거시설을 말한다.

2) 장애인 지역사회 재활시설

(1) 장애인복지관

장애인복지관은 장애인에 대한 각종 상담 및 사회심리 · 교육 · 직업 · 의료재활 등 장애인의 지역사회생활에 필요한 종합적인 재활서비스를 제공하고 장애에 대한 사회적 인식 개선사업을 수행하는 시설을 말한다.

(2) 장애인 주간보호시설

장애인 주간보호시설은 장애인을 주간에 일시 보호하여 장애인에게 필요한 재활서비스를 제공하는 시설을 말한다.

(3) 장애인 체육시설

장애인 체육시설은 장애인의 체력증진 또는 신체기능 회복활동을 지원하고 이와 관련된 편의를 제공하는 시설을 말한다.

(4) 장애인 수련시설

장애인 수련시설은 장애인의 문화·취미·오락활동 등을 통한 심신수련을 조장·지원하고 이와 관련된 편의를 제공하는 시설을 말한다.

(5) 장애인 생활이동지원센터

장애인 생활이동지원센터은 이동에 상당한 제약이 있는 장애인에게 차량운행을 통한 직장 출퇴근 및 외출 보조나 그 밖의 이동서비스를 제공하는 시설을 말한다.

(6) 한국수어 통역센터

한국수어 통역센터는 의사소통에 지장이 있는 청각·언어장애인에게 한국수어 통역 및 상담서비스를 제공하는 시설을 말한다.

(7) 점자도서관

점자도서관은 시각장애인에게 점자간행물 및 녹음서를 열람하게 하는 시설을 말한다.

(8) 점자도서 및 녹음서 출판시설

점자도서 및 녹음서 출판시설은 시각장애인을 위한 점자간행물 및 녹음서를 출판하는 시설을 말한다.

(9) 장애인 재활치료시설

장애인 재활치료시설은 장애아동을 포함한 장애인에게 언어·미술·음악 등 재활치료에 필요한 치료, 상담, 훈련 등의 서비스를 제공하고 서비스를 이용한 자로부터 비용을 수납하여 운영하는 시설을 말한다.

3) 장애인 직업재활시설

(1) 장애인 보호작업장

장애인 보호작업장은 직업능력이 낮은 장애인에게 직업적응능력 및 직무기능 향상훈련 등 직업재활훈련 프로그램을 제공하고, 보호가 가능한 조건에서 근로의 기회를 제공하며, 이에 상응하는 노동의 대가로 임금을 지급하며, 장애인 근로사업장이나 그 밖의 경쟁적인 고용시장으로 옮겨갈 수 있도록 돕는 역할을 하는 시설을 말한다.

(2) 장애인 근로사업장

장애인 근로사업장은 직업능력은 있으나 이동 및 접근성이나 사회적 제약 등으로 취업이 어려운 장애인에게 근로의 기회를 제공하고, 최저임금 이상의 임금을 지급하며, 경쟁적인 고용시장으로 옮겨갈 수 있도록 돕는 역할을 하는 시설을 말한다.

(3) 장애인 직업적응훈련시설

장애인 직업적응훈련시설은 작업능력이 극히 낮은 장애인에게 작업활동, 일상생활훈련 등을 제공하여 기초작업능력을 습득시키고, 작업평가 및 사회적응훈련 등을 실시하여 장애인 보호작업장 또는 장애인근로사업장이나 그 밖의 경쟁적인 고용시장으로 옮겨갈 수 있도록 돕는 역할을 하는 시설을 말한다.

4) 장애인 의료재활시설

장애인 의료재활시설은 장애인을 입원 또는 통원하게 하여 상담, 진단·판정, 치료 등 의료재활서비스를 제공하는 시설을 말한다.

5) 장애인 생산품 판매시설

장애인 생산품 판매시설은 장애인 생산품의 판매활동 및 유통을 대행하고, 장애인 생산품이나 서비스·용역에 관한 상담, 홍보, 판로 개척 및 정보제공 등 마케팅을 지원하는 시설을 말한다.

〈표 12-1〉 장애인 복지시설의 종류

구 분	시설의 종류
장애인 거주시설	장애유형별 거주시설
	중증장애인 거주시설
	장애영유아 거주시설
	장애인 단기거주시설
	장애인 공동생활가정
장애인 지역사회 재활시설	장애인복지관
	장애인 주간보호시설
	장애인 체육시설
	장애인 수련시설
	장애인 생활이동지원센터
	한국수어 통역센터
	점자도서관
	점자도서 및 녹음서 출판시설
	장애인 재활치료시설
장애인 직업재활시설	장애인 보호작업장
	장애인 근로사업장
	장애인 직업적응훈련시설
장애인 의료재활시설	장애인 의료재활시설
장애인 생산품 판매시설	장애인 생산품 판매시설

자료: 장애인복지법 시행규칙 제41조 재구성.

4. 장애인복지서비스 종류[4)]

장애인복지서비스 지원대상 및 지원내용은 〈표 12-2〉와 같이 요약될 수 있다.

〈표 12-2〉 장애인복지서비스 지원대상 및 지원내용

주요 서비스	지원대상	지원내용
장애인 활동 지원	• 만 6세~만 64세의 장애인복지법상 등록 장애인 중 서비스 지원 종합조사 결과에 따라 산출된 종합점수가 42점 이상인 자	• 월 한도액 - 활동지원급여: 구간별 월 778~6,221천원 - 특별지원급여: 출산, 자립준비, 보호자 일시 부재의 생활환경에 따라 월 260~1,037천 원 최대 6개월까지 한시적으로 지원 • 본인부담금 - 생계·의료급여 수급자: 면제 - 차상위계층(생계·의료급여수급자 제외): 2만 원 - 가구별 소득수준에 따라 활동지원급여의 4~10% 차등 부담 ☞ 활동지원급여: (1~15구간) 24.4~158.9천 원 ☞ 특별지원급여: 면제
장애아 가족 양육 지원	• 연령기준: 만 18세 미만 중증장애아동 • 장애유형: 장애인복지법에 근거한 장애정도가 심한 장애아동 • 소득기준: 기준중위소득 120% 이하	• 1아동당 연 600시간 범위내 지원 • 아동의 가정 또는 돌보미 가정에서 돌봄서비스 제공(장애아동 보호 및 휴식 지원)
발달장애인 공공후견인 심판청구 비용지원	• 연령기준: 만 19세 이상 발달장애인 • 장애유형: 장애인복지법에 근거한 지적·자폐성 장애인	• 공공후견인 선임을 위해 가정법원 심판 청구 시 소요되는 인지대 등 행정비용 지원(청구 건당 최대 50만 원)

4) 보건복지부(2021). http://www.mohw.go.kr 참고로 재구성

발달장애인 공공후견인 활동비용지원	• 가정법원에서 발달장애인의 공공후견인으로 선임 결정을 받은 자	• 공공후견인 선임(월 150천 원) -월 지급 상한(월 400천 원): ☞ 1인: 150천 원, ☞ 2인: 300천 원, ☞ 3인 이상: 400천 원
발달장애인 부모상담지원	• 발달장애인 자녀를 가진 부모 및 보호자 • 장애인 유형: 장애인복지법에 근거한 지적·자폐성 장애인	• 상담(개별/ 단체) 서비스 지원 - 1인당 월 160천 원 바우처 지원(초과금액은 본인부담) - 월 3~4회, 회당 50분~100분, 12개월간 제공(특별한 경우 연장 최대 12개월 가능)
발달장애인 가족휴식지원	• 발달장애인 및 그 가족 • 장애인 유형: 장애인복지법에 근거한 지적·자폐성 장애인	• 힐링캠프(가족캠프, 인식개선캠프, 동료상담캠프), 테마여행(역사, 문화 기관방문 등) 지원 - 1인당 최대지원 금액: 240,000원 - 돌보미 및 캠프(여행도우미) (발달장애인 2인당 1명까지 지원)
장애인거주시설 운영	• 등록장애인 - 무료이용 대상자 ☞ 등록장애인으로서 국민기초생활보장법에 따른 수급권자 ☞ 수급권자가 아닌 경우라도 등록장애인으로 부양의무자(국민기초생활보장법에 의한 부양의무자를 말한다)가 없거나 부양의무자가 있어도 부양능력이 없거나 부양을 받을 수 없는 자 ☞ 입양기관 보호 장애아동 - 실비이용 대상자 소득조건에 관계없이 등록장애인	• 일반가정에서 생활하기 어려운 장애인에게 일정 기간 거주·요양·지원 등의 서비스를 제공
실비 장애인거주시설 입소 이용료 지원	• 아래의 소득조건을 만족하여 실비장애인 거주 시설에 입소한 장애인 • 소득조건 - 기준 중위소득 이하인 자 ☞ 보건복지부 고시 중위소득 및 생계·의료급여 산정 기준과 최종보장수준]의 기준 중위소득	• 실비장애인거주시설로 지정되어 있는 시설입소 시 입소비용 최대입소로 648천 원 중 매월 286천 원 지원

장애인자동차표지 발급	• 장애인 또는 장애인과 주민등록표상의 주소를 같이 하면서 함께 거주하는 배우자, 직계존·비속, 직계비속의 배우자, 형제 ·자매, 형제·자매의 배우자 또는 자녀의 명의로 등록 하여 장애인이 주로 사용하는 자동차 1대 • 「재외동포의 출입국과 법적 지위에 관한 법률」 제6조에 의하여 국내거소신고를 한 재외동포와 출입국관리법에 의한 외국인 등록을 한 외국인으로서 보행장애가 있는 사람 명의로 등록한 자동차 1대 • 장애인복지법 제58조에 따른 장애인복지시설 및 동법 제63조에 따른 단체 명의로 등록하여 장애인복지사업에 사용하는 자동차 ※ 지방자치단체의 명의로 등록하여 장애인복지시설이나 장애인복지단체가 장애인복지사업에 사용하는 자동차 포함 • 노인복지법 제34조에 따른 노인의료복지시설 명의의 자동차 • 「장애인 등에 대한 특수교육법」 제28조 제5항에 따라 각급학교의 명의로 등록하여 장애인의 통학을 위하여 사용되는 자동차 • 영유아보육법 제26조에 따라 장애아를 전담하는 어린이집의 명의로 등록하여 장애아 보육 사업에 사용되는 자동차 • 「교통약자의 이동편의 증진법」 제16조에 따른 특별교통수단으로서 장애인의 이동 편의를 위해 사용되는 자동차	• 주차가능 표지 부착 차량에 대해 장애인전용주차구역에 주차 가능 ※ 장애인의 보행상 장애 여부에 따라 장애인전용주차구역을 이용할 수 있는 표지가 발급 되며, 장애인이 탑승한 경우에만 표지의 효력을 인정
방송수신기 무료보급 (자막방송수신기, 화면해설방송 수신기, 난청 노인용수신기)	• 시·청각장애인, 난청노인 - 저소득층 및 중증장애인 우선보급	• 청각장애인을 위한 자막방송수신기보급 • 시각장애인을 위한 화면해설방송수신기보급 • 난청노인을 위한 난청노인용수신기 보급

장애인방송시청 지원	• 시・청각장애인 (자막방송, 화면해설방송, 수화방송)	• 시・청각장애인을 위한 장애인방송 (자막, 수화, 화면해설방송) 지원 - 방송사업자(지상파, SO, PP, 종편, 위성 등)의 장애인방송 제작 지원 • EBS 장애인교육방송물 보급 - 시・청각장애 학생을 위해 EBS교육 방송물을 자막・화면해설방송으로 재제작하여 웹을 통해 지원 (http://free.ebs.co.kr)
	• 발달장애인(발달장애인용 방송프로그램)	• 발달장애인이 쉽게 이해할 수 있도록 기 제작된 영상물을 '알기 쉬운 자막・음성해설방송'로 재제작하여 보급
공동주택 특별 분양알선	• 무주택 세대주(지적장애 또는 정신 및 장애정도가 심한 뇌병변 장애인의 경우 그 배우자 포함)	• 청약저축에 상관없이 전용면적 85제곱미터 이하의 공공분양 및 공공임대 주택 분양 알선
무료 법률구조제도 실시	• 기준 중위소득 125% 이하인 등록 장애인(외국인 포함) - 법률구조공단에서 심의 하여 무료 법률 구조를 결정한 사건에 한함	• 중증장애인 소송 시 법원에 소요되는 일체의 비용(인지대, 송달료, 변호사 비용 등)을 무료로 법률구조 서비스 제공 - 무료 법률 상담 - 무료 민사・가사사건 등 소송 대리 (승소가액이 2억 원 초과시 소송 비용 상환) - 무료 형사변호(단, 보석보증금 또는 보석보증 보험 수수료 본인 부담) ※ 4급 이하 등록장애인은 변호사 비용만 지원하며 인지대 등 소송비용은 본인부담

1) 장애인 활동지원

장애인 활동지원은 만 6세~만 64세의 장애인복지법상 등록 장애인 중 서비스 지원 종합조사 결과에 따라 산출된 종합점수가 42점 이상인 자이다.

2) 장애아 가족 양육 지원

장애아 가족 양육 지원은 연령기준은 만 18세 미만 중증장애아동으로 장애유형은 장애인복지법에 근거한 장애정도가 심한 장애아동으로 기준중위소득 120% 이하가 대상이다.

3) 발달장애인 공공후견인 심판청구 비용지원

발달장애인 공공후견인 심판청구 비용지원은 연령기준은 만 19세 이상 발달장애인으로 장애유형은 장애인복지법에 근거한 지적·자폐성 장애인이 대상이다.

4) 발달장애인 공공후견인 활동비용지원

발달장애인 공공후견인 활동비용지원은 가정법원에서 발달장애인의 공공후견인으로 선임 결정을 받은 자가 대상이다.

5) 발달장애인 부모상담지원

발달장애인 부모상담지원은 발달장애인 자녀를 가진 부모 및 보호자로 장애인 유형은 장애인복지법에 근거한 지적·자폐성 장애인이다.

6) 발달장애인 가족휴식지원

발달장애인 및 그 가족을 대상으로 장애인 유형은 장애인복지법에 근거한 지적·자폐성 장애인이다.

7) 장애인거주시설운영

장애인거주시설운영은 무료이용 대상자는 등록장애인으로서 국민기초생활보장법에 따른 수급권자이다. 수급권자가 아닌 경우라도 등록장애인으로 부양의무자(국민기초생활보장법에 의한 부양의무자)가 없거나 부양의무자가 있어도 부양 능력이 없거나 부양을 받을 수 없는 자나 입양기관 보호 장애아동이다. 실비이용 대상자는 소득조건에 관계없이 등록장애인이다.

8) 실비 장애인거주시설 입소 이용료 지원

실비 장애인거주시설 입소 이용료 지원은 기준 중위소득이 보건복지부 고시 기준 중위소득 및 생계·의료급여 산정 기준과 최종보장수준의 기준 중위소득 이하인 자가 대상이다.

9) 장애인자동차표지 발급

장애인전용주차구역에 주차 가능할 수 있도록 장애인자동차표지를 발급한다. 그 대상은 〈표 12-2〉와 같다.

10) 방송수신기무료보급

방송수신기무료보급은 자막방송수신기, 화면해설방송수신기, 난청 노인용 수신기, 시·청각장애인, 난청노인 저소득층 및 중증장애인 우선보급 대상자이다.

11) 장애인방송시청 지원

장애인방송시청 지원은 시·청각장애인(자막방송, 화면해설방송, 수화방송)이 대상이다.

12) 공동주택 특별 분양알선

공동주택 특별 분양알선은 무주택 세대주로 지적장애 또는 정신 및 장애 정도가 심한 뇌병변 장애인의 경우 그 배우자 포함하여 대상이 된다.

13) 무료 법률구조제도 실시

무료 법률구조제도는 기준 중위소득 125% 이하인 등록장애인(외국인 포함)으로 법률구조공단에서 심의 하여 무료 법률 구조를 결정한 사건에 한하여 제공된다.

5. 장애인복지법의 주요 내용[5)]

1) 총칙

장애인복지법은 장애인의 인간다운 삶과 권리보장을 위한 국가와 지방자치단체 등의 책임을 명백히 하고 장애발생 예방과 장애인의 의료·교육·직업재활·생활환경개선 등에 관한 사업을 정하여 장애인복지대책을 종합적으로 추진하며, 장애인의 자립생활·보호 및 수당지급 등에 관하여 필요한 사항을 정하여 장애인의 생활안정에 기여하는 등 장애인의 복지와 사회활동 참여증진을 통하여 사회통합에 이바지함을 목적으로 한다.

장애인이란 신체적·정신적 장애로 오랫동안 일상생활이나 사회생활에서 상당한 제약을 받는 자를 말하며 장애인복지법을 적용받는 장애인은 장애가 있는 자로서 대통령령으로 정하는 장애의 종류 및 기준에 해당하는 자를 말하며 신체적 장애와 정신적 장애로 나누어 볼 수 있다. 신체적 장애는 주요 외부 신체 기능의 장애, 내부기관의 장애 등을 말하며, 정신적 장애는 발달장애 또는 정신 질환으로 발생하는 장애를 말한다.

장애인복지의 기본 이념은 장애인의 완전한 사회 참여와 평등을 통하여 사회통합을 이루는 데에 있다. 장애인은 인간으로서 존엄과 가치를 존중받으며, 그에 걸맞은 대우를 받아야 하며, 국가·사회의 구성원으로서 정치·경제·사회·문화, 그 밖의 모든 분야의 활동에 참여할 권리를 가진다. 또한

5) 장애인복지법 제18625호 재구성(2022. 12. 22)

장애인은 장애인 관련 정책결정과정에 우선적으로 참여할 권리가 있다. 따라서 국가 및 지방자치단체는 장애인 정책의 결정과 그 실시에 있어서 장애인 및 장애인의 부모, 배우자, 그 밖에 장애인을 보호하는 자의 의견을 수렴하여야 한다. 이 경우 당사자의 의견수렴을 위한 참여를 보장하여야 한다. 누구든지 장애를 이유로 정치 · 경제 · 사회 · 문화 생활의 모든 영역에서 차별을 받지 아니하고, 누구든지 장애를 이유로 정치 · 경제 · 사회 · 문화 생활의 모든 영역에서 장애인을 차별하여서는 아니 된다. 장애인을 비하 · 모욕하거나 장애인을 이용하여 부당한 영리행위를 하여서는 아니 되며, 장애인의 장애를 이해하기 위하여 노력하여야 한다.

2) 기본정책의 강구

국가와 지방자치단체는 장애의 발생 원인과 예방에 관한 조사 연구를 촉진하여야 하며, 모자보건사업의 강화, 장애의 원인이 되는 질병의 조기 발견과 조기 치료, 그 밖에 필요한 정책을 강구하여야 한다. 또한 교통사고 · 산업재해 · 약물중독 및 환경오염 등에 의한 장애발생을 예방하기 위하여 필요한 조치를 강구하여야 한다. 그리고 장애인이 생활기능을 익히거나 되찾을 수 있도록 필요한 기능치료와 심리치료 등 재활의료를 제공하고 장애인의 장애를 보완할 수 있는 장애인보조기구를 제공하는 등 필요한 정책을 강구하여야 한다. 그리고 장애인이 재활치료를 마치고 일상생활이나 사회생활을 원활히 할 수 있도록 사회적응 훈련을 실시하여야 한다.

국가와 지방자치단체는 장애인이 적성과 능력에 맞는 직업에 종사할 수 있도록 직업 지도, 직업능력 평가, 직업 적응훈련, 직업훈련, 취업 알선, 고용 및 취업 후 지도 등 필요한 정책을 강구하여야 하며, 직업재활훈련이 원활히 이루어질 수 있도록 장애인에게 적합한 직종과 재활사업에 관한 조사 · 연구를 촉진하여야 한다.

보건복지부장관은 장애인에 대한 차별 · 편견 및 학대의 예방과 방지 등에 관한 홍보영상을 제작하여 방송편성책임자에게 배포하여야 한다. 보건복지부장관은 방송사업자에게 대통령령으로 정하는 비상업적 공익광고 편성비율의 범위에서 홍보영상을 채널별로 송출하도록 요청할 수 있다. 또한 전광판방송사업자에게 대통령령으로 정하는 비상업적 공익광고 편성비율의 범위에서 홍보영상을 전광판으로 송출하도록 요청할 수 있다. 전광판방송사업자는 홍보영상 외에 독자적인 홍보영상을 제작하여 송출할 수 있다. 이 경우 보건복지부장관에게 필요한 협조 및 지원을 요청할 수 있다.

3) 복지조치

보건복지부장관은 장애인 복지정책의 수립에 필요한 기초 자료로 활용하기 위하여 3년마다 장애실태조사를 실시하여야 한다. 장애인, 그 법정대리인 또는 대통령령으로 정하는 보호자는 장애 상태와 그 밖에 보건복지부령이 정하는 사항을 특별자치시장·특별자치도지사·시장·군수 또는 구청장에게 등록하여야 하며, 특별자치시장·특별자치도지사·시장·군수·구청장은 등록을 신청한 장애인의 기준에 맞으면 장애인등록증을 내주어야 한다. 장애인의 등록, 등록증의 발급, 장애 진단 및 장애 정도에 관한 정밀심사, 장애판정위원회 등에 관하여 필요한 사항은 보건복지부령으로 정한다. 그리고 장애인 복지 향상을 위한 상담 및 지원 업무를 맡기기 위하여 시·군·구에 장애인복지상담원을 두어야 한다.

4) 자립생활의 지원

국가와 지방자치단체는 장애인의 자기결정에 의한 자립생활을 위하여 활동지원사의 파견 등 활동보조서비스 또는 장애인보조기구의 제공, 그 밖의 각종 편의 및 정보제공 등 필요한 시책을 강구하여야 한다. 자립생활을 실현은 장애인자립생활지원센터를 통하여 필요한 각종 지원서비스를 제공받는다. 그리고 국가와 지방자치단체는 장애인이 일상생활 또는 사회생활을 원활히 할 수 있도록 활동지원급여를 지원할 수 있으며, 임신 등으로 인하여 이동이 불편한 여성

장애인에게 임신 및 출산과 관련한 진료 등을 위하여 경제적 부담능력 등을 고려하여 활동지원사의 파견 등 활동보조서비스를 지원받을 수 있다.

5) 복지시설과 단체

국가와 지방자치단체는 장애인이 장애인복지시설의 이용을 통하여 기능회복과 사회적 향상을 도모할 수 있도록 필요한 정책을 강구하여야 한다. 장애인복지시설을 이용하는 장애인의 인권을 보호하기 위하여 필요한 정책을 마련하고 관련 프로그램을 실시할 수 있는 기반을 조성하여야 한다. 장애인복지실시기관은 장애인복지시설에 대한 장애인의 선택권을 최대한 보장하여야 한다. 그리고 학대받은 장애인을 신속히 발견·보호·치료하고 장애인학대를 예방하기 위하여 업무를 담당하는 지역장애인 권익옹호기관을 특별시·광역시·특별자치시·도에 두어야 한다.

6) 장애인보조기구

장애인보조기구는 장애인이 장애의 예방·보완과 기능 향상을 위하여 사용하는 의지(義肢)·보조기 및 그 밖에 보건복지부장관이 정하는 보장구와 일상생활의 편의 증진을 위하여 사용하는 생활용품을 말한다. 보건복지부장관은 장애인의 일상생활의 편의증진 등을 위하여 다른 법률이 정하는 바에 따라 장애인보조기구의 지원 및 활용촉진 등에 관한 사업을 실시할 수 있다.

7) 장애인복지 전문인력

국가와 지방자치단체 그 밖의 공공단체는 의지·보조기 기사, 언어재활사, 장애인재활상담사, 한국수어 통역사, 점역(點譯)·교정사 등 장애인복지 전문인력, 그 밖에 장애인복지에 관한 업무에 종사하는 자를 양성·훈련하는 데에 노력해야 한다.

8) 보칙

장애인복지시설의 설치·운영에 드는 비용은 예산의 범위 안에서 대통령령으로 정하는 바에 따라 장애인복지실시기관이 부담하게 할 수 있다. 장애인복지시설을 이용하는 데 드는 비용의 전부 또는 일부를 부담할 수 있으며, 시설 이용자의 자산과 소득을 고려하여 본인부담금을 부과할 수 있다. 이 경우 본인부담금에 관한 사항은 대통령령으로 정하고 있다. 장애인이나 법정대리인 등은 이 법에 따른 복지조치에 이의가 있으면 해당 장애인복지 실시기관에 이의신청을 할 수 있다.

참고문헌

감정기 외(2005). 지역사회복지론: 이론, 기술, 현장. 나남.

강영걸 외(2004). 사회복지조사론. 현학사.

강영실(2007). 사회복지정책의 이해. 신정.

고수현(2020). 사회복지법제와 실천. 정민사.

김경호(2010). 사회복지실천론. 양서원.

김기태(2008). 사회복지실천론. 공동체.

김기원(2001). 사회복지조사방법론. 나눔의 집.

김기원(2009). 사회복지법제론. 나눔의 집.

김남수 외(2020). 사회복지행정론. 공동체.

김만두(2000). 현대사회복지개론. 홍익제.

김연명 편(2002). 한국복지국가 성격논쟁. 인간과 복지.

김영모(1984). 한국의 사회변동과 계층구조. 사상과 정책, 1(2), 6-18.

김영종(1999). 사회복지조상방법론. 학지사.

김영화(2020). 사회복지정책론. 공동체.

김용득(2007). 한국 장애인복지의 이해. 인간과 복지.

김용환 외(2019). 사회복지실천기술론. 동문사.

김융일 외(2005). 사회사업실천론. 나남출판.

김정출(2006). 노인복지시설의 현황과 개선방안에 관한 연구. 세종대학교 행정대학원 석사학위논문.

김태성(2003). 사회복지정책입문. 청목출판사.

김형준(2012). 노인복지시설 사회복지사의 조직몰입에 영향을 미치는 요인에 관한 연구. 광주대학교 사회복지전문대학원 박사학위논문.

김혜란 외(2001). 사회복지실천기술론. 나남출판.

남기민(2015). 사회복지정책론. 학지사.

노화준(1999). 기획과 결정을 위한 정책분석론. 박영사.

박경일 외(2019). 사회복지프로그램 개발과 평가. 양성원.

박병현(2003). 사회복지정책론. 현학사.

박병현(2004). 사회복지정책론: 이론과 분석. 현학사.

박석돈 외(2020). 사회복지법제와 실천. 양성원.

박영란 · 손덕순 · 박경순(2017). 노인건강 정책 및 서비스 전달체계 현황과 과제. **입법과 정책, 9**(2), 275-298.
박용치(1997). **현대조사방법론**. 경세원.
박정란 · 서홍란(2002). **아동복지론**. 학지사.
박진화(2020). **사회복지법제와 실천**. 지식공동체.
박차상 외(2007). **한국노인복지론**. 학지사.
보건복지부(2017). 읍면동 맞춤형 복지 업무 매뉴얼.
__________(2020). 아동복지사업안내.
__________(2021). 노인보건복지사업안내.
서울특별시(2020). 아동복지사업안내.
신복기 외(2021). **사회복지행정론**. 공동체.
양승일(2019). **사회복지정책론**. 양서원.
양정남 외(2009). **사회복지실천론**. 양서원.
엄명용 외(2011). **사회복지실천의 이해**. 학지사.
엄명용(2008). **사회복지실천기술의 이해**. 학지사.
원석조(2019). **사회복지정책론**(제8판). 공동체.
이우언 외(2017). **인간행동과 사회환경**. 동문사.
이진숙(2021). **사회복지정책론**. 양성원.
장인협 · 오정수(2000). **아동 · 청소년 복지론**. 서울대학교출판부.
조성남(2004). **에이지붐 시대: 고령화 사회의 미래와 도전**. 이화여자대학교 출판부.
조홍식 외(2013). **군사회복지론**. 동문사.
최구묵(2001). **사회복지조사론**. 양서원.
최서일(1992). **사회과학조사방법론**. 학현사.
최성재(2005). **사회복지조사방법론**. 나남.
최해경(2010). **사회복지실천론**. 학지사.
한국복지행정학회(2014). **사회복지행정론**. 양서원.
한국보건사회연구원(2019). 비전2040 사회보장 및 제2차 사회보장기본계획 연구.
현외성(2004). **사회복지정책론**. 양서원.
홍성태(2007). 저출산 고령화와 한국 사회: 상징주의를 넘어 복지주의로. **민주사회와 정책연구, 11**, 15-40.

노인복지법.
노인장기요양보험법.

사립학교법.
사회보장기본법.
아동복지법.
의료법.
장애인복지법.
정신건강증진 및 정신질환자 복지서비스 지원에 관한 법률.
치매관리법.

국민건강보험공단홈페이지(www.nhis.or.kr)
국민연금공단(www.nps.or.kr)
노인장기요양보험(www.longtermcare.or.kr)
법제처 국가법령정보센터(www.law.go.kr)
보건복지부(www.mohw.go.kr)
복지포털 복지로(www.bokjiro.go.kr)
DWBnews(장애인복지뉴스)(www.dwbnews.kr)
http://free.ebs.co.kr
http://w3devlabs.net/hb/archives/5329
https://namu.wiki

Gilbert, N., & Terrell, P.(2020). *Dimensions of Social Welfare Policy*(8th ed.). 남찬섭·조성은·김기태·민기채·김수정 공역. **사회복지정책론**. 지식공동체.

Havighurst, R. J.(1973). History of developmental psychology: Socialization and personality development through the life span. In P. B. Baltes & K. W. Schaie(Eds.), *Life-span Developmental Psychology*(pp. 3-24). New York: Academic Press.

Hewitt, P.(2009). 미국 및 한국의 고령화: 세계 고령화 위원회 권고안 재점검. **보건복지포럼, 151**, 92-103.

Kadushin, A., & Martin, J. A.(1988). *Child Welfare Services*. New York: Macmillan.

Kaplan, M. A., & Katzenbach, N. D.(1961). *The Political Foundations of International Law*(pp. 56-80). New York: Wiley.

Zastrow, C.(1995). *The Practice of Social Work*(5th ed.). Brooks/ Cole Publishing Company.

Zukerman, E.(1983). *Child Welfare*. NY: The Free Pree.

찾아보기

ㅇ

ㅈ

ㅎ

기타

저/자/약/력

■ **류기덕**
(현) 구미대학교 사회복지과 교수
(전) 경북대, 계명대, 대구대, 대구교대 강사
대구대학교 사회복지학 석사, 계명대학교 경제학 박사

■ **안외자**
(현) 구미대학교 사회복지과 교수
(전) 대구가톨릭대학교 강사, 대구가톨릭대학교 특수대학원 강사
대구가톨릭대학교 대학원 사회복지학과 박사수료

■ **김문수**
(현) 구미대학교 사회복지과 교수
(전) 대구대학교, 경북과학대 강사
(전) 행정고등고시 사회복지직 사회복지학 재검토위원
대구대학교 철학(사회복지학) 박사

■ **이원주**
(현) 수성대학교 사회복지과 교수
(현) 더불어사회복지경영연구소 소장
(전) 대구공업대학교 사회복지경영계열 교수

■ **류동수**
(현) 청암대학교 사회복지과 교수

사회복지학개론

|공저자| 류기덕 · 안외자 · 김문수 · 이원주 · 류동수

|1판 1쇄| 발행 2022년 3월 10일
|1판 2쇄| 발행 2024년 2월 26일
|1판 3쇄| 발행 2026년 1월 20일

|발행인| 김 동 훈
|발행처| 공 동 체

|주소| 경기도 고양시 일산동구 호수로 358-39, 동문타워 I 905호(백석동)
|전화| 031) 814-3000(대표)
|팩스| 031) 814-3100
|홈페이지| http://www.compub.co.kr
|전자우편| compub@naver.com
|출판등록| 2005년 10월 6일
|등록번호| 제396-2005-36호

|ISBN| 979-11-6725-132-9
정가 19,000원